Peter Orzechowski

# BESATZUNGSZONE

Wie und warum die USA noch immer
Deutschland kontrollieren

1. Auflage Oktober 2019
2. Auflage Januar 2022 als Sonderausgabe

Copyright © 2019, 2022 bei
Kopp Verlag, Bertha-Benz-Straße 10, D-72108 Rottenburg

Lektorat: Jorinde Reznikoff
Umschlaggestaltung: Stefanie Huber
Satz und Layout: opus verum, München

ISBN: 978–3–86445–873–6

*Gerne senden wir Ihnen unser Verlagsverzeichnis*
Kopp Verlag
Bertha-Benz-Straße 10
D-72108 Rottenburg
E-Mail: info@kopp-verlag.de
Tel.: (0 74 72) 98 06–10
Fax: (0 74 72) 98 06–11

*Unser Buchprogramm finden Sie auch im Internet unter:*
www.kopp-verlag.de

# Inhalt

# Kontrolliert: Die Besatzungsrechte gelten immer noch

»Akzeptiert es endlich, Deutschland ist unser Protektorat!« Mit dieser Überschrift zitierte am 20. März 2019 eine Nachrichtenagentur den US-Botschafter in Deutschland, Richard Grenell. Die Agentur, die diese Meldung verbreitete, heißt *fna* – und das steht für *fake news agency*. Sie gibt also selbst zu, Falschnachrichten zu verbreiten. Das dürfte den Berliner Spaß-Journalisten in diesem Fall allerdings leichtgefallen sein, denn sie mussten sich von der Wahrheit kaum entfernen: Tatsächlich haben die USA fast 75 Jahre nach Ende des Zweiten Weltkrieges immer noch »umfangreiche Befugnisse« in Deutschland. Welche Konsequenzen das haben könnte, legen die anschließenden Fake-Aussagen, die die Berliner dem Amerikaner in den Mund legen, dar:

Entweder werde den US-Forderungen Folge geleistet, oder man werde »die Feindstaatenklausel der Vereinten Nationen etwas genauer unter die Lupe nehmen und vielleicht 200 000 zusätzliche Soldaten in Deutschland stationieren.«[1] Ebenso wie die Feindstaatenklausel der Vereinten Nationen, die einen Einmarsch alliierter Truppen in Deutschland ohne Kriegserklärung erlaubt, bis zum heutigen Tag gilt, könnten die USA, wenn sie wollten, tatsächlich ihr Truppenkontingent in Deutschland erhöhen. Was sie dazu berechtigt, werden wir im ersten Kapitel sehen.

Ebenfalls nahe an der Realität ist »Grenells« Drohung: »Wenn wir sagen, ihr kauft kein russisches Gas, sondern amerikanisches Gas, dann wird das so gemacht. Und wenn wir sagen, ihr Deutschen erhöht das Rüstungsbudget auf 2 Prozent der Wirtschaftsleistung, dann sind das keine 1,23 Prozent.« Tatsächlich haben die USA immer wieder versucht, Deutschland vom Gashandel mit Russland abzuhalten und zur Erhöhung seiner Militärausgaben zu zwingen, wie ein paar interessante Details im ersten Kapitel erläutern werden.

Wenn »Grenell« schließlich so weit geht zu behaupten, »die Deutschen« sollten »sich nicht länger der Illusion hingeben, souverän zu sein« und ihnen empfiehlt: »Akzeptiert es endlich: Deutschland ist immer noch ein US-Protektorat«, ist er, wie wir im Lauf dieser Untersuchung noch sehen werden, tatsächlich nicht weit von der aktuellen Lage entfernt.

Es ist wohl kein Zufall, dass Deutschland gerade heute einen US-Botschafter hat, der die US-Interessen im Stil eines »Hochkommissars« vertritt. Sein Auftreten spiegelt die Unverblümtheit wider, mit der die USA derzeit ihre Hegemonialpolitik demonstrieren. Gleich an seinem ersten Arbeitstag am 8. Mai 2018 – dem Jahrestag der bedingungslosen deutschen Kapitulation – adressiert der reale Richard Grenell einen frech-forschen Tweet an die deutsche Wirtschaft,[2] in dem er deutsche Unternehmen aufforderte, unverzüglich ihre Geschäftsbeziehungen zum Iran zu beenden. Auch wenn sie damit nicht gegen Vorschriften der Vereinten Nationen, sondern nur gegen den politischen Willen Amerikas verstießen, sei dieser Aufforderung nachzukommen. Berlin horchte auf. Ein frischer Wind wehte von der anderen Seite des Atlantiks: Hegemonie, nicht mehr emotional verschleiert wie bei Barack Obama oder Bündnistreue einfordernd wie bei George W. Bush, sondern knallhart kommuniziert: Wir oben, ihr unten.

2019 kritisierte Grenell die Bundesregierung in der *Welt am Sonntag* dafür, sich nicht an den Luftangriffen auf die syrischen Städte Damaskus und Homs beteiligt zu haben. Danach drohte er mit Konsequenzen, sollte sich der chinesische Konzern Huawei am Ausbau des 5G-Netzes beteiligen.[3] Und da kam sogar etwas Gegenwind aus Berlin auf. Wolfgang Kubicki, stellvertretender FDP-Vorsitzender, empörte sich gegenüber der französischen Nachrichtenagentur AFP: »Wer sich als US-Diplomat wie ein Hochkommissar einer Besatzungsmacht aufführt, der muss lernen, dass unsere Toleranz auch Grenzen kennt ... dass der US-amerikanische Botschafter sich abermals in politische Fragen der souveränen Bundesrepublik einmischt, ist nicht mehr zu tolerieren.«[4]

Aber ist die Bundesrepublik wirklich souverän? Schlagen wir im *Duden* nach, dann finden wir zwei Erklärungen für Souveränität:

»höchste Gewalt; Oberhoheit des Staates« und »Unabhängigkeit eines Staates (vom Einfluss anderer Staaten)«.[5] Wenn wir uns auf die Suche machen, wie ich es in diesem Buch tue, ob die deutsche Regierung tatsächlich in allen Belangen die staatlichen Hoheitsrechte ausübt, dann werden wir herausfinden, dass dem nicht so ist.

Souveränität heißt auch Selbstständigkeit. Gewiss erweckt die Bundesrepublik den Anschein, selbstständig zu sein. Sehen wir uns aber im Folgenden die teilweise immer noch gültigen Besatzungsrechte an, dann erkennen wir: Die Truppen der ehemaligen Westalliierten haben nach wie vor das Recht, sich auf bundesrepublikanischem Boden aufzuhalten und ihre Geheimdienstkameraden gleich mitzubringen. Diese wiederum haben das Recht, uns nach allen Regeln der Kunst auszuspähen. Belangt werden können sie nicht, im Zweifelsfall werden sie kurz und schmerzlos in die USA zurückgeholt, und genaue Angaben über die Zahl der stationierten Truppen oder ihrer Stützpunkte auf deutschem Boden müssen die ehemaligen Sieger nicht machen; auch davon wird noch die Rede sein.

In den alliierten Sonderrechten ist auch geregelt, dass der deutsche Steuerzahler für den Unterhalt der US-Basen in Deutschland aufkommen muss, und das nicht zu knapp. Ausgabenfaktor Nummer eins ist Ramstein, die größte US-Luftwaffenbasis in Europa und Drehscheibe für die US-Kriege in Nahost und Relaisstation, von der aus Drohnen auf tödliche Mission geschickt werden.

Der Wissenschaftliche Dienst des Bundestags hat 2006 in einem Gutachten bestätigt, dass die Westalliierten nie auf ihre Besatzungsrechte in Deutschland verzichtet haben. In dem Gutachten, dessen Titel »Überleitungsvertrag und Feindstaatenklauseln im Lichte der völkerrechtlichen Souveränität der Bundesrepublik Deutschland«[6] lautet, erläutert die Seite 7, bei den fortgeltenden Bestimmungen handle es sich im Wesentlichen um ein sogenanntes »versteinertes Besatzungsrecht«, das seit Ende des Zweiten Weltkriegs gelte. Auf Seite 8 des Gutachtens heißt es: »Der Fortbestand des Besatzungsrechts basiert darauf, dass die Bundesrepublik Deutschland freiwillig eine entsprechende völkerrechtliche Bindung eingegangen ist. Die Tatsache, dass sich ein Staat gegenüber anderen Staaten Bindungen auferlegt, ist jedoch kein Beweis für eine nur unvollständige Souveränität des Staates, sondern im Gegenteil gerade Ausfluss seiner Souveränität.« Da widerspreche ich dem Wissenschaftlichen Dienst des Deutschen Bundestages. Dieses Buch wird zeigen, dass die Souveränität Deutschlands in der Tat »unvollständig« ist. »Ausfluss seiner Souveränität« wäre zum Beispiel eine freiwillige »völkerrechtliche Bindung«, aber kein Besatzungsrecht.

Der ehemalige Bundesminister Andreas von Bülow bestätigt diesen Befund: »Es ist ein großer Irrtum zu glauben, dass Deutschland die letzte Stufe der Souveränität erreicht hat … Wir haben nach wie vor eine Art Besatzung hier, die jederzeit für Konflikte – sei es in Afrika, sei es im Nahen Osten, sei es Richtung Osten – eingesetzt werden kann. Wir sind keine Herren im eigenen Lande. Wir haben die ganzen Geheimdienst- und CIA-Operationen der Alliierten auf deutschem Territorium, die unter Vorbehalt stehen. Wir müssen sie behandeln, als ob es unsere eigenen Spione wären. Wir haben keinen Einfluss darauf. Wir wissen auch nicht, wieweit der CIA in der rechtsradikalen Szene mitmischt … Es ist zudem die Frage, inwieweit US-Geheimdienste politischen, personellen und operativen Einfluss auf Agenten des Bundesverfassungsschutzes nehmen.« Die Aussagen von Gregor Gysi (Die Linke), wonach Deutschland als Staat »nicht souverän« sei, kommentiert von Bülow, Gysi habe »völlig Recht. Das hat ja auch die politische Satire-Sendung *Die Anstalt* sehr schön dargestellt. Nein, wir haben nach wie vor eine Besatzung hier.«[7] Interessant ist, dass sogar die Bundesregierung das so sieht. Der damalige Finanzminister Wolfgang Schäuble sagte Ende November 2011 in einer Rede beim European Banking Congress vor 300 Gästen aus der Bankwirtschaft: »Und wir in Deutschland sind seit dem 8. Mai 1945 zu keinem Zeitpunkt mehr voll souverän gewesen.«[8]

Sehen wir noch einmal im *Duden* nach, welche Synonyme das Lexikon für das Wort »souverän« anbietet, so stoßen wir auf: »autonom«, »eigenstaatlich«, »eigenständig«, »eigenverantwortlich«, »emanzipiert«, »frei«, »selbstbestimmt«, »selbstständig«, »unabhängig«, »ungebunden«.[9] Im Laufe dieser Untersuchung werden wir sehen, dass keines dieser Adjektive auf Deutschland zutrifft, sondern eher gegenteilige Charakterisierungen wie »überwacht«, »verpflichtet«, »gehirngewaschen«, »ausverkauft«, »überrannt« und »angekettet«. Denn genau dies alles ist die Bundesrepublik Deutschland, sehen wir uns die Entwicklungen der letzten Jahre an.

Wir werden überwacht – und zwar flächendeckend. Von US-Geheimdiensten, denen die deutschen Dienste zuarbeiten. Im zweiten Kapitel werden wir sehen, dass Bundesnachrichtendienst und Verfassungsschutz gar keine andere Wahl haben, weil ihre Kooperation mit den Kollegen beziehungsweise, besser gesagt, Chefs aus Übersee vertraglich festgeschrieben ist. Daher war auch die Entrüstung der deutschen Politik und der Mainstream-Medien nur ein Schmierentheater, als im Jahr 2013 durch die Enthüllungen des Whistleblowers Edward Snowden klar wurde, dass die USA Telefone und Internetverbindungen umfassend anzapfen, und das bis hin zum Handy der Bundeskanzlerin. In Wirklichkeit wusste man das längst, denn das Ausspähen ist den US-Diensten ja vertraglich erlaubt. Da die USA auch die Lufthoheit über Deutschland haben – ich werde das am Beispiel der US-Spionage-Drohne Global Hawk zeigen –, ist es durchaus möglich, dass sie auch unser Wetter beeinflussen. Ich stelle diese immerhin denkbare Möglichkeit im letzten Abschnitt des zweiten Kapitels zur Diskussion.

Doch vertraglich verpflichtet zur Zusammenarbeit ist Deutschland nicht nur mit den US-Geheimdiensten, sondern auch mit dem amerikanischen Militär. Im dritten Kapitel beleuchte ich die Sonderrechte, die US-Truppen bis heute auf deutschem Boden haben. In diesem Zusammenhang müssen wir uns auch die Rolle der Bundeswehr als US-Hilfstruppe in weltweitem Einsatz ansehen und die Verschleierung einiger Einsätze durch die Bundesregierung. Deutschland ist – das müssen wir klar erkennen – Basis und Drehscheibe für die weltweiten Einsätze des US-Militärs.

Richtig bedenklich wird es, wenn wir die Propaganda der transatlantischen Netzwerke und Stiftungen in den von ihnen gesteuerten Mainstream-Medien ernst nehmen, insbesondere die Gedanken zur nuklearen Teilhabe bis hin zur deutschen Atombombe. Sie sind es, die die öffentliche Meinung in Deutschland bestimmen, denn ihre Mitglieder sitzen an den Schaltstellen von Medien und Politik. Auf diese transatlantischen Netzwerke gehe ich im vierten Kapitel ein. Wie das funktioniert, werde ich am Beispiel der Verbindung zwischen Multimilliardär George Soros und dem Springer-Verlag aufzeigen. Denn sie sind es, die seit Jahrzehnten das Mantra vom demokratischen Amerika, dem Befreier der Menschheit, verbreiten und vom bösen Russland, dem Inbegriff von Despotismus und Aggression. Sie sind es, die Kritiker dieser Ideologie an den Pranger stellen und als rechte Populisten und Putin-Anhänger brandmarken. Und sie sind es auch, die Fake News in die Welt setzen, wie zum Beispiel die von einer rechtsextremen Untergrundarmee in der Bundeswehr.

Da diese Netzwerke die Meinungs- und Deutungshoheit in Deutschland innehaben, erfährt man auch wenig über den Ausverkauf der deutschen Wirtschaft. Das werde ich im fünften Kapitel nachholen, wo ich zeige, dass die im Deutschen Aktienindex notierten Unternehmen zu 80 Prozent in ausländischem Aktienbesitz sind und dass gegen deutsche Automobilbauer, Banken und Chemiegiganten wie Bayer seit Jahren ein Wirtschaftskrieg geführt wird; dass die deutsche Wirtschaft ausgespäht und überwacht wird; und dass die von den USA verhängten Sanktionen gegen Russland, Iran und andere Nationen vor allem einen treffen: Deutschland. Die von den Netzwerken gesteuerten Mainstream-Medien hingegen preisen diese Sanktionen als Abwehrmaßnahmen gegen die Länder, die sich nicht in das westliche Wirtschaftssystem einordnen wollen, und verschweigen, dass es dabei nur um den Versuch geht, ihnen zu eigenen Gunsten Marktanteile wegzunehmen: teures amerikanisches Fracking-Gas statt günstigem russischem Erdgas oder US- und Saudi-Öl statt iranischem.

Um einen etwaigen deutschen Drang nach Selbstständigkeit zu unterbinden, werden Probleme geschaffen. Von den Vereinten Nationen im Dezember 2018 nachträglich abgesegnet, setzt sich seit September 2015 eine Flut von Migranten in Bewegung, die in den Aufnahmeländern – allen voran in Deutschland, das es immer wieder auf Platz eins in der Beliebtheitsskala der Wanderungswilligen schafft – die bisherige innere Sicherheit und Ordnung gefährden. Darum wird es im sechsten Kapitel gehen. Kelly M. Greenhill, Professorin für Politikwissenschaften und Internationale Beziehungen an der Tufts University in Boston und Beraterin des Hohen Kommissars für Flüchtlinge der Vereinten Nationen (UNCHR), hat in ihrem Buch *Massenmigration als Waffe. Vertreibung, Erpressung und Außenpolitik* [10], das von der International Studies Association (ISA) als bestes Buch des Jahres 2011 ausgezeichnet wurde, darauf hingewiesen, dass Migration schon immer eine beliebte Waffe zur Destabilisierung der Aufnahmeländer war. In Deutschland wäre Frau Greenhill für diese Forschungsarbeit vermutlich die Lehrbefugnis entzogen worden.

Im aktuellen Fall sind es jedoch nicht nur die Zuwanderer, die die bisherige Ordnung infrage stellen. Es sind vor allem die in ihrem Schlepptau einsickernden Terroristen, etwa jene des Islamischen Staats (IS), die den deutschen Sicherheitsorganen Kopfschmerzen bereiten. Die deutsche Bevölkerung jedenfalls – »diejenigen, die schon länger hier leben«, um Angela Merkel selbst zu zitieren [11] – fühlt sich stark verunsichert, die Zahl der Auswanderer steigt kontinuierlich an.

Warum aber wird Deutschland durch Massenmigration destabilisiert? Warum wird seine Wirtschaft kontrolliert und geschwächt? Warum wird die öffentliche Meinung gesteuert? Warum wird die

Bundeswehr als Hilfstruppe eingesetzt? Warum werden unsere Gespräche und elektronischen Nachrichten überwacht? Warum gelten
nach wie vor einige der Besatzungsrechte? Weil Deutschland der
Brückenkopf der USA in Europa ist, wie ich im siebten Kapitel erläutern werde. Und weil den Brückenkopf zu verlieren bedeuten würde,
den größten Kontinent der Erde – Eurasien – den Mitbewerbern um
die Vormacht in der Welt zu überlassen. Denn wir müssen erkennen,
dass wir, global betrachtet, Zeuge einer gewaltigen Schlacht sind: Der
bisherige Hegemon USA wird von China und von Russland heraus-
gefordert; die beiden eurasischen Nationen sind gerade dabei, eine
multipolare Weltordnung aufzubauen. Doch die bisher »einzige
Weltmacht« – wie es Zbigniew Brzeziński formulierte,[12] von dem
noch die Rede sein wird – will das nicht widerstandslos hinnehmen.
Deshalb müssen die USA mit allen Mitteln verhindern, dass Deutschland die Seiten wechselt. Verlieren sie den mächtigsten Staat am westlichen Rand des eurasischen Kontinents, dann verlieren sie möglicherweise Europa und damit die Tür zu Eurasien.

An dieser Stelle möchte ich eine wichtige Tatsache einschieben: Regierung, Militär und Geheimdienste der USA, von denen im Folgenden die Rede sein wird, sind nur die Ausführenden, nicht die eigentlichen Drahtzieher dieser Überwachungsstrategie. Ich will mich hier
nicht darauf einlassen, ob es eine geheime Weltverschwörung bestimmter Machteliten gibt, etwa der Bilderberger oder der verschiedenen Round-Table-Organisationen wie zum Beispiel dem Entre-
preneurs Roundtable. Im vierten Kapitel werden wir deren höchst
einflussreiche Denkfabriken kennenlernen, so zum Beispiel das
Council on Foreign Relations, dem die deutsche Stiftung Wissenschaft und Politik entspricht, und transatlantische Netzwerke wie die
Atlantik-Brücke, die die Agenda dieser Denkfabriken unters Volk
bringen.
Gewiss zählen mächtige Einzelpersonen wie George Soros oder
die Rothschilds und die Rockefellers zu dieser globalen Machtelite.

Auch Finanzunternehmen wie BlackRock gehören dazu und die New Yorker Großbanken, der Militärisch-Industrielle Komplex (MIK), die Erdöl- und Energiekonzerne, die Biotech-Unternehmen, die großen Pharmaproduzenten sowie die Kommunikationsgiganten und Medienkonzerne.

Sehen wir uns die hundert von der amerikanischen Zeitschrift *Fortune* angegebenen umsatzstärksten Unternehmen des Jahres 2017 an – die Zeitschrift veröffentlicht jedes Jahr eine Liste »Fortune Global 500« –,[13] dann erkennen wir, dass unter den zehn bestplatzierten vier Ölkonzerne rangieren. Die beiden chinesischen Ölriesen Sinopec und China National Petroleum finden wir auf Platz drei und vier – weit vor Royal Dutch Shell und ExxonMobil. Auch das zeigt, dass der Kampf um den Weltmarkt zwischen der angelsächsischen Geld-Elite und den neureichen Unternehmen aus China in voller Stärke tobt. Platz eins nimmt mit einem Jahresumsatz von knapp 500 Milliarden Dollar (der deutsche Bundeshaushalt liegt vergleichsweise bei 330 Milliarden Euro) übrigens die US-Supermarktkette Walmart ein, Platz zwei der chinesische Stromversorger State Grid mit über 300 Milliarden Umsatz im Jahr. Von deutschen Konzernen ist allein Volkswagen unter den ersten zehn, nämlich auf Platz sechs mit 240 Milliarden Dollar Umsatz im Jahr 2017. Die restlichen Konzerne, die unter den hundert Vorreitern auftauchen, setzen sich aus Pharmakonzernen, Banken, Versicherungen, Computerfirmen und Telekommunikationsunternehmen zusammen. Sie alle lenken über die Wirtschaft die Politik. Sie sind »diejenigen, die entscheiden, aber nie gewählt wurden«, im Gegensatz zu »denen, die gewählt wurden, aber nichts zu entscheiden haben« – wie es der ehemalige bayerische Ministerpräsident Horst Seehofer in einem Gespräch mit dem Kabarettisten Frank Markus Barwasser im Jahr 2010 so treffend ausdrückte.[14]

Was das für Deutschland bedeutet, werden wir uns ansehen müssen. Wir werden fragen müssen, welche vertraglichen Bindungen existieren, wie die transatlantischen Netzwerke funktionieren, wer die deutsche Wirtschaft beherrscht und warum die Machtverhältnisse sind, wie sie sind. Und dabei sollten wir meines Erachtens Emotionen außen vorlassen, denn diese kommen in der derzeitigen politischen Diskussion ohnehin übermäßig zum Einsatz, eignen sie sich doch bestens, um die Massen zu beeinflussen.

Abschließend werden wir uns fragen, ob uns die derzeitige Situation zusagt – oder es Alternativen gäbe und wie diese aussehen könnten. Zunächst einmal müssen wir uns aber die bestehenden Machtverhältnisse ansehen. Dabei wünsche ich Ihnen viele Aha-Erlebnisse.

Kapitel 1

# Scheinselbstständig

Wir kennen das aus dem Wirtschaftsleben: Ein Kleinunternehmer scheint nur Auftraggeber zu haben, denn, von außen betrachtet, ist er selbstständig. Doch in Wirklichkeit – auch für den Fiskus – ist er das nicht. Ähnlich verhält es sich mit der Bundesrepublik Deutschland. De jure ist sie seit der Wiedervereinigung zwar ein souveräner Staat, wird de facto aber immer noch von den Westalliierten – Großbritannien, Frankreich und vor allem den USA –kontrolliert und militärisch besetzt. Anders formuliert: Theoretisch ist Deutschland souverän, praktisch unfrei.

Eine Besatzungszone ist ein von ausländischen Truppen besetztes Gebiet oder der Bereich eines Staates, in dem eine fremde Staatsmacht als Besatzungsmacht Hoheitsgewalt ausübt. So steht es in jedem Lexikon, mit dem Zusatz, dass sich dieser Begriff auf die letzte Besatzungszeit nach dem Zweiten Weltkrieg in Deutschland bezieht. Doch stimmt das? Bezieht sich diese Definition wirklich nur auf die unmittelbare Zeit nach 1945? Oder dauert diese Besatzungszeit in Deutschland fast 75 Jahre nach dem Krieg noch immer an? Gibt es gar Gebiete Deutschlands, in dem eine fremde Staatsmacht die Hoheitsgewalt ausübt?

Wenn wir uns mit den Verträgen zwischen Deutschland und den ehemaligen Siegermächten auseinandersetzen – was ich im Folgenden tun werde –, erkennen wir, dass die Sieger von einst in der Tat noch immer Hoheitsrechte über Deutschland haben. Sehen wir uns nun an, welche Rechte das im Einzelnen sind.

## UN erlaubt Angriff auf Deutschland

Noch immer haben die früheren Alliierten das Recht, ohne jede Kriegserklärung militärisch in Deutschland einzugreifen. Sollte Deutschland eine »Angriffspolitik« gegen sie aufnehmen, erlauben ihnen die Artikel 53, 77 und 107 der Charta der Vereinten Nationen – die sogenannte »Feindstaatenklausel« – unter der Rubrik »Zwangsmaßnahmen«[15] den Einsatz von Militär. Da der Begriff »Angriffspolitik« aber nicht im engeren Sinn militärisch definiert ist, könnte als Angriff zum Beispiel auch eine Kooperation mit einem Staat gewertet werden, den die USA als Feind betrachten – also etwa Russland, Iran, Syrien, Nordkorea, Venezuela, Kuba oder Nicaragua. Die Feindstaatenklausel stellt eine Ausnahme zum völkerrechtlichen Grundsatz des Gewaltverbots dar, wie er in Artikel 2 Nr. 4 UN-Charta, verpflichtend für alle Staaten, festgelegt ist. Die beiden anderen Ausnahmen sind das Recht auf Selbstverteidigung (Artikel 51 UN-Charta) und die Ermächtigung durch den UN-Sicherheitsrat (Artikel 42 UN-Charta).[16] Im Klartext bedeutet das, dass die Siegermächte entscheiden, ob und wann Deutschland eine »Angriffspolitik« – wohlgemerkt: nicht einen Angriffskrieg – verfolgt. Der eventuelle militärische Einsatz könnte sich dann sowohl gegen die politische Unabhängigkeit als auch gegen die territoriale Unversehrtheit eines sogenannten Feindstaates richten.

Artikel 107 erlaubt den Siegermächten Eingriffe weit über das Kriegsende 1945 hinaus: »Maßnahmen, welche (die Siegermächte) in Bezug auf einen Feindstaat ergreifen oder genehmigen, der während dieses Krieges Feind eines Unterzeichnerstaates dieser Charta war, werden durch diese Charta weder außer Kraft gesetzt noch untersagt.«[17] Mithin sind Maßnahmen, die in der Kriegszeit und während der offiziellen Besatzung (1945–1955) ergriffen wurden, weiterhin gültig. Diese Regelung wurde, wie wir sehen werden, mithilfe von Verträgen noch zementiert.

Auch nach der deutschen Wiedervereinigung wurden die Feindstaatenklauseln nie aufgehoben. Weder gibt es bis heute einen Friedensvertrag, der das nach sich ziehen würde, noch hat die UN bisher diese beiden Artikel in einer ausdrücklichen und rechtlich bindenden Erklärung gestrichen. Unverständlich bleibt, warum sich die Bundesregierung angesichts des Einflusses, über den sie zweifellos in den Vereinten Nationen verfügt, nicht um einen Friedensvertrag bemüht. Sogar US-Präsident Trump hatte zu Beginn seiner Amtszeit gesagt, er verstehe nicht, warum es keinen Friedensvertrag mit Deutschland gebe. Mittlerweile hört man nichts mehr über dieses Thema, eher wird, wie wir im dritten Kapitel sehen werden, immer wieder die »deutsche Frage« hervorgeholt.

Um es noch einmal ganz klar zusammenzufassen: Die Alliierten haben das Recht, jederzeit und ohne Kriegserklärung in Deutschland einzumarschieren.

## Was sich die Sieger vorbehalten haben

Doch das ist nicht die einzige Nachkriegsregelung, deren Kontrollwirkung auf Deutschland immer noch Bestand hat. Eine von ihnen wurde sogar offiziell ad acta gelegt, obwohl sie in Teilen weiterhin Gültigkeit hat, nämlich das sogenannte Besatzungsstatut vom 21. September 1949.[18] Dieses legte fest: Die Militärbefehlshaber der westlichen Besatzungszonen werden durch zivile Hochkommissare ersetzt, die die Rechte ihrer Besatzungsmacht in deren jeweiliger Besatzungszone vertreten. Ihnen sind Landeskommissare für die einzelnen Bundesländer in ihrer jeweiligen Besatzungszone unterstellt, und zusammen bilden die Hochkommissare die Alliierte Hohe Kommission, die die Alliierten auf Bundesebene vertritt.

Man möchte meinen, das sei heute alles Schnee von gestern – »Geschichte«. Das gerade Beschriebene vielleicht, nicht aber das im Besatzungsstatut ebenfalls enthaltene sogenannte »alliierte Vorbehaltsrecht«, auch »alliiertes Kontrollrecht« genannt. In ihm erhalten die drei Mächte (die USA, Großbritannien und Frankreich) eine Reihe von Sonderbefugnissen wie beispielsweise die Kontrolle von und Eingriffe in Wirtschaftsleben und Außenpolitik »einschließlich völkerrechtlicher Abkommen, die von Deutschland oder mit Wirkung für Deutschland abgeschlossen werden«[19]. Darunter fällt auch die Freistellung von Stationierungskosten, was heißt, dass Deutschland die Kosten für den Unterhalt der Besatzungstruppen und die Verwaltung der Besatzungszonen zu tragen hat; so legt es jedenfalls Artikel 49 der Haager Landkriegsordnung fest.

Eine Vorstellung davon, was diese Regelung bedeutet, bekommen wir, wenn wir uns die entsprechenden Zahlen der frisch aus der Taufe gehobenen Bundesrepublik ansehen. Am 2. April 1950 gab der Bundestagsausschuss für Besatzungsangelegenheiten bekannt, die neugegründete Bundesrepublik Deutschland habe im Jahr 1949 rund 4,5 Milliarden Deutsche Mark Besatzungskosten an die alliierten Besatzungsmächte gezahlt.[20] Das entsprach fast 50 Prozent der gesamten Bundeseinnahmen und für jeden Bundesbürger einem Anteil von 95,46 DM, was gleichsam einem durchschnittlichen Monatslohn gleichkam.

Ein weiteres Beispiel dafür ist Artikel 3 des Besatzungsstatuts von 1949, in dem sich die Besatzungsmächte Notstandsrechte bei inneren Unruhen und Krisensituationen sicherten:

*Die Besatzungsbehörden behalten sich das Recht vor, auf Anweisung ihrer Regierungen die Ausübung der vollen Regierungsgewalt ganz oder teilweise wiederaufzunehmen, wenn sie der Ansicht sind, dass dies aus Sicherheitsgründen oder zur Aufrechterhaltung der demokratischen Regierungsform in Deutschland oder in Verfolgung der internationalen Verpflichtungen ihrer Regierungen unumgänglich ist. Bevor sie dies tun, werden sie die zuständigen deutschen Behörden von ihrem Entschluss und seinen Gründen offiziell unterrichten.[21]*

6 Jahre später folgte der große propagandistische Coup: Deutschland ist wieder souverän! Das Besatzungsstatut ist aufgehoben! Doch leider stimmte das nicht. Zwar hatten die Pariser Verträge vom 5. Mai 1955 – der »zweite Deutschlandvertrag« – der Besatzung offiziell, wie Artikel 1 verlautbart, ein Ende gesetzt:

*(1) Mit dem Inkrafttreten dieses Vertrages werden [die drei Be-satzungsmächte] das Besatzungsregime in der Bundesrepublik beenden, das Besatzungsstatut aufheben und die Alliierte Hohe Kommission [ …] auflösen. (2) Die Bundesrepublik wird dem-gemäß die volle Macht eines souveränen Staates über ihre inne-ren und äußeren Angelegenheiten haben.*[22]

Doch die Realität sah anders aus, denn bereits in Artikel 5 wird deut-lich, dass sich die Alliierten einige entscheidende Sonderrechte ein-behielten. So dürfen Letztere »im Falle eines Angriffs oder unmittel-bar drohenden Angriffs ohne Einwilligung der Bundesrepublik« Truppen in das deutsche Bundesgebiet verlagern. Außerdem haben die Siegermächte das Recht, Streitkräfte auf deutschem Boden zu sta-tionieren. Dazu gleich mehr.

Auch »alliierte Rechte« – so heißt es im Deutschlandvertrag von 1955 –, die für die Sicherheit der stationierten Streitkräfte notwendig sind, sollen erst erlöschen, »sobald die zuständigen deutschen Behör-den entsprechende Vollmachten durch die deutsche Gesetzgebung erhalten haben [ …], einschließlich der Fähigkeit, einer ernstlichen Störung der öffentlichen Sicherheit und Ordnung zu begegnen.«[23] Somit bestanden die Notstandsrechte der westlichen Siegermächte weiter und hätten im Falle eines von ihnen ausgerufenen Notstandes dazu führen können, dass die drei Botschafter der USA, Großbritan-niens und Frankreichs im Sinne der ehemaligen Hohen Kommissare Teile der exekutiven Gewalt hätten übernehmen können. Der deut-sche Gesetzgeber tastete diese »alliierten Vorbehalte« lange nicht an, obwohl er vom Deutschlandvertrag eigentlich dazu aufgefordert worden war. Erst 13 Jahre später, also 1968, verabschiedete die Große Koalition die Notstandsgesetze, die nun der deutschen Regierung die Hoheit übertrugen, einen Notstand auszurufen und entsprechende Maßnahmen zu ergreifen.

Ich bin überzeugt davon, dass viele jener, die im wilden Jahr 1968 gegen die Notstandsgesetze demonstrierten, nicht wussten, dass sie sich damit in Wahrheit für die Besatzungsmächte engagierten. Denn diese hätten, wären die Notstandsgesetze nicht verabschiedet worden, weiterhin das Recht gehabt, bei inneren Unruhen die Regierungsgewalt (wieder) zu übernehmen. Gleich in Artikel 2 des Deutschlandvertrags von 1955 wird ohnehin die in Artikel 1 versprochene Souveränität wieder aufgehoben:

> *Im Hinblick auf die internationale Lage, die bisher die Wiedervereinigung Deutschlands und den Abschluss eines Friedensvertrags verhindert hat,* behalten die Drei Mächte die bisher von ihnen ausgeübten oder innegehabten Rechte und Verantwortlichkeiten *(Hervorhebung durch den Verfasser) in Bezug auf Berlin und auf Deutschland als Ganzes einschließlich der Wiedervereinigung Deutschlands und einer friedensvertraglichen Regelung.*[24]

Es ist unbegreiflich, dass die medialen Lobgesänge des Jahres 1955 auf die angeblich zurückerhaltene deutsche Souveränität diesen Knebelparagrafen übertönen konnten. Vonseiten der Bundesrepublik Deutschland ist dieser Vorbehalt im Grundlagenvertrag mit der Deutschen Demokratischen Republik (1972) nochmals bestätigt worden.

Nach Meinung der meisten bundesdeutschen Medien endeten die alliierten Vorbehaltsrechte entweder am 3. Oktober 1990, dem Tag des Wirksamwerdens des Beitritts der DDR zur BRD, oder am 15. März 1991, als der Zwei-plus-Vier-Vertrag zwischen der BRD, der DDR und den vier Siegermächten in Kraft trat. Der Vertrag, dessen vollständiger amtlicher Titel »Vertrag über die abschließende Regelung in Bezug auf Deutschland«[25] lautet, besiegelte völkerrechtlich die staatliche Einheit Deutschlands. Aber brachte er dem wiedervereinten Deutschland auch die volle Souveränität über seine inneren und äußeren Angelegenheiten?

# US-Geheimdienste dürfen uns überwachen

Tatsächlich hatten die alliierten Vorbehaltsrechte – besonders in Bezug auf den Schutz, die Sicherheit, die Finanzierung und die Versorgung der alliierten Streitkräfte – der deutschen Wiedervereinigung zum Trotz weiterhin Geltung. Zu diesem Schluss kam der Historiker Josef Foschepoth, der sich eingehend mit den alliierten Vorbehaltsrechten beschäftigt hat. Nach seinen Recherchen sind die Vorbehaltsrechte während der Verhandlungen zum Deutschlandvertrag mit Zustimmung von Bundeskanzler Konrad Adenauer (CDU) in einer geheimen Zusatzvereinbarung abgeschlossen worden und sicherten den drei Mächten im Wesentlichen zwei Vorbehalte zu:

> erstens den Überwachungsvorbehalt, also das Recht, den in- und ausländischen Post- und Fernmeldeverkehr in der Bundesrepublik auch weiterhin zu überwachen; zweitens den Geheimdienstvorbehalt, also das Recht, die alliierten Geheimdienste mit Unterstützung des Bundesamtes für Verfassungsschutz außerhalb des deutschen Rechts zu stellen, wenn es die geheimdienstlichen Interessen erforderten.[26]

Diese Geheimverträge unterschrieb Adenauer nicht, sie wurden laut Foschepoth in einem Schriftverkehr legitimiert und sind in einem Zusatzvertrag zum NATO-Truppenstatut (NTS-ZA) von 1959 dauerhaft gesichert. Dieser Zusatzvertrag vom 3. August 1959 gesteht den Amerikanern das Recht zu, in Deutschland eigene Informationen zu sammeln. Begründet wird dieses Recht damit, die eigenen Truppen vor Bedrohung zu schützen.

In seinem Buch *Überwachtes Deutschland* belegt Josef Foschepoth, wie umfassend sich auch nach Adenauer noch die Bundesregierungen auf die Ausspähwünsche aus Washington einließen.[27] In einem Interview mit der *Süddeutschen Zeitung* erläuterte der frühere Professor für Neuere und Neueste Geschichte an der Universität Freiburg, dass besagter Zusatzvertrag Deutschland und seine Alliierten zu engster Zusammenarbeit verpflichtet.[28] Diese betrifft insbesondere »die Sammlung, den Austausch und den Schutz aller Nachrichten«. Um diese »enge gegenseitige Verbindung« zu gewährleisten, verpflichten sich beide Seiten, weitere Verwaltungsabkommen und geheime Vereinbarungen abzuschließen. In Artikel 38 ist zudem ein striktes Geheimhaltungsgebot vertraglich festgelegt.[29]

Auch das im Rahmen der Notstandsgesetze im Jahr 1968 verabschiedete »Gesetz zur Beschränkung des Brief-, Post- und Fernmeldegeheimnisses«[30] (auch »Artikel 10-Gesetz« oder »G-10-Gesetz« genannt), mit dem die Alliierten die Überwachung an die Deutschen scheinbar abgaben, enthält laut Foschepoth eine völkerrechtlich verbindliche geheime Zusatznote. In dieser Note wurde den Verfassungsschutzämtern von Bund und Ländern, dem Bundesnachrichtendienst (BND) sowie dem Militärischen Abschirmdienst (MAD) nämlich erlaubt, Telekommunikation zu überwachen und Postsendungen zu öffnen; allerdings sollten sie die aus der Spähaktion gewonnenen Informationen mit ihren »Partner«-Diensten teilen, was die deutschen Schlapphüte auch fleißig taten. Diese geheime Verwaltungsvereinbarung gilt bis zum heutigen Tag. Sie berechtigt die Alliierten überdies, im Fall einer unmittelbaren Bedrohung ihrer Streitkräfte auch eigene Überwachungsmaßnahmen durchzuführen. Auf der Grundlage dieses Dokuments waren die Vereinigten Staaten berechtigt, ihr Spionage-System »Echelon« zu betreiben – dazu mehr im nächsten Kapitel über die US-Geheimdienste in Deutschland.

Bei seinen Recherchen im Archiv des Auswärtigen Amtes fand Josef Foschepoth ein Exemplar dieser geheimen Verwaltungsvereinbarung; es war mit schwarz-rot-goldenem Band verschnürt – genauso, wie gültige Verträge archiviert werden. Der *SZ* gegenüber sprach Foschepoth vom »Bluff des Jahres 1968«:

*Truppenstatut, Verwaltungsvereinbarung und geheime Note überdauerten auch die Wiedervereinigung, sie gelten bis zum heutigen Tage weiter.*[31]

Der Historiker warnt, die Situation habe sich von 1968 bis heute erheblich verschlimmert, die »Vernetzung zwischen den Diensten ist enger, die technischen und finanziellen Möglichkeiten wurden immer gewaltiger«. Der US-Abhördienst, die National Security Agency (NSA), dürfe in Deutschland alles machen, und zwar »nicht nur aufgrund der Rechtslage, sondern vor allem aufgrund der intensiven Zusammenarbeit der Dienste, die schließlich immer gewollt war ...«[32]

Artikel 10 Absatz 3 des Zusatzabkommens zeigt am deutlichsten, dass die US-Geheimdienste in Deutschland frei nach ihrer Wahl schalten und walten können, denn hierin heißt es, die Alliierten dürften »auch außerhalb ihrer Liegenschaften Drahtfernmeldeanlagen errichten, betreiben und unterhalten, wenn zwingende Gründe der militärischen Sicherheit vorliegen«[33]. Im Klartext bedeutet das: Sie dürfen überall in Deutschland Abhörstationen bauen, denn zwingende Gründe der militärischen Sicherheit lassen sich immer finden.

# Deutscher Boden in alliierter Hand

Wenn schon die amerikanischen Geheimdienste frei über deutschen Boden verfügen können, wie sieht es dann mit dem Militär aus? Nach dem Zweiten Weltkrieg einigten sich die damaligen NATO-Staaten – also noch ohne die Bundesrepublik – darauf, welche Rechte ausländische Truppen auf dem Boden eines Bündnispartners haben. Diese Regelung, das sogenannte NATO-Truppenstatut (NTS) vom 19. Juni 1951, begünstigte vor allem die USA, die damals mehrere Hunderttausend GI's in Deutschland stationiert hatten.

Auf den ersten Blick ist das NATO-Truppenstatut nichts Außergewöhnliches. Ausländische Truppenverbände, die sich mit der Einwilligung eines anderen Landes auf dessen Staatsgebiet aufhalten, sind als nationale Organe des Entsendestaates zu behandeln. So ist es überall auf der Welt – Völkergewohnheitsrecht. Nach den allgemeinen Regeln des Völkerrechts verzichtet der Aufnahmestaat mit der Zulassung fremder Streitkräfte insoweit auf die Ausübung seiner souveränen Rechte, als »die Wahrung der Disziplin und Kampfbereitschaft des militärischen Verbandes dies erfordern«[34]. Was genau unter die Wahrung der Disziplin und Kampfbereitschaft fällt, ist der grenzenlosen Fantasie der ausländischen Truppenverbände überlassen. Dieser Gummiparagraf lässt also durchaus auch Spielraum für Truppenaufmärsche.

Dementsprechend wird das NATO-Truppenstatut in einem späteren Abschnitt deutlicher: Truppenübungsplätze, Luft-/Boden-Schießplätze, Standortübungsplätze und Standortschießanlagen sind den Entsendestreitkräften *teilweise zur ausschließlichen Benutzung* zu überlassen. Ihre Benutzung durch Truppenteile, die zu Ausbildungs- und Übungszwecken nach Deutschland verbracht werden, ist den deutschen Behörden vorher zur Zustimmung anzuzeigen. Die Zustimmung gilt als erteilt, wenn die deutschen Behörden innerhalb von 45 Tagen nach Eingang der Anzeige nicht widersprechen.[35]

»Ausschließliche Benutzung« bedeutet in Zahlen übersetzt, dass die Streitkräfte der Vereinigten Staaten bis heute – im Jahr 2019 – mehr als 500 Quadratkilometer deutschen Grund und Boden »besetzen«. Genaue Angaben gibt es, wie wir noch sehen werden, allerdings nicht.

Die wichtigsten Einrichtungen dieser Art sind allesamt Kommandozentralen für militärische Bereiche, die weit über Deutschland hinausgehen: das Hauptquartier der US-Gesamtstreitkräfte für den Aufgabenbereich Europa (EUCOM) in Stuttgart-Vaihingen; das Hauptquartier der Sondereinsatzkräfte des EUCOM in Stuttgart-Vaihingen; das Hauptquartier der US-Gesamtstreitkräfte für den Aufgabenbereich Afrika in Stuttgart-Möhringen; das Hauptquartier der

US-Heeresstreitkräfte in Europa in Wiesbaden-Erbenheim; das Hauptquartier der US-Luftwaffe in Europa in Ramstein; das Hauptquartier der US-Marineinfanterie in Europa und Afrika in Böblingen; das Lazarett der US-Heeresstreitkräfte in Landstuhl; die NATO Air Base Geilenkirchen (Standort der AWACS-Flugzeuge). Neu entstehen derzeit: das Unterstützungs- und Nachschubkommando der NATO in Ulm, das Joint Air Power Competence Center der NATO in Kalkar und weitere sogenannte NATO-Exzellenzzentren in Kiel und Ingolstadt.

Nach Angaben des Wissenschaftlichen Dienstes des Deutschen Bundestags vom 18. Januar 2017 haben die USA derzeit elf Hauptstandorte und einige kleinere Standorte in Deutschland.[36] Aber: Eine genaue Auflistung der alliierten Liegenschaften auf deutschem Boden gibt es nicht. Das verrät die Fußnote zu dieser Zahlenangabe in dem Dokument »Umfang und Standorte der in Deutschland stationierten US-Streitkräfte«. Dort heißt es nämlich:

*Die Gesamtzahl der Standorte der US-Streitkräfte ist aufgrund des unterschiedlichen Alters der verfügbaren Quellen nicht präzise ermittelbar, dürfte sich aber im höheren zweistelligen Bereich bewegen.*[37]

Falls Sie den Satz gerade überlesen haben sollten, hier noch einmal: Die deutsche Regierung weiß nicht, wie viele Stützpunkte die US-Streitkräfte auf deutschem Boden haben.

Zurück zum NATO-Truppenstatut. Darin heißt es auch: In ihren Liegenschaften sind die alliierten Stationierungsstreitkräfte gehalten, deutsches Recht zu achten. Doch das scheinen die Bundesregierungen der letzten Jahrzehnte gar nicht zu wünschen, denn der Wissenschaftliche Dienst des Deutschen Bundestages verlautbarte im Jahr 2008 lapidar, es bestehe »kein deutsches Interesse auf der Anwendung deutschen Rechts ... In Zweifelsfällen gilt das Konsultations-

und Kooperationsprinzip … Vollstreckungsmaßnahmen gegen die Stationierungsstreitkräfte als Organe der Entsendestaaten kommen ebenso wenig in Betracht, wie auch gegenüber der Bundeswehr hoheitliche Vollstreckungsmaßnahmen ausscheiden.«[38] Was im Klartext heißt: Macht ihr nur, wir pfuschen euch nicht rein.

## US-Truppen: Bleiben, wo und solange sie wollen

Wie viele ausländischen Streitkräfte in der Bundesrepublik stationiert werden dürfen, regelt der Vertrag über den Aufenthalt ausländischer Streitkräfte in der Bundesrepublik Deutschland vom 23. Oktober 1954. Darin heißt es in Artikel 1 Absatz 1, es dürfen so viele »Streitkräfte der gleichen Nationalität und Effektivstärke« stationiert werden »wie zur Zeit des Inkrafttretens dieser Abmachungen in der Bundesrepublik«.[39] Im Jahr 1951 waren das vermutlich einige Hunderttausend US-Soldaten. Die tatsächliche Zahl wurde der Bundesrepublik Deutschland damals nicht amtlich bekannt gegeben. Artikel 1 Absatz 2 bietet zudem die Möglichkeit, die Effektivstärke mit Zustimmung der Regierung der Bundesrepublik Deutschland ohne Mitwirkung des Bundestages zu erhöhen.[40] Da aber die Effektivstärke beispielsweise bei einem weiteren Nahostkonflikt ohne Zustimmung des Bundestags schlagartig erhöht werden könnte, »können jederzeit Entwicklungen eintreten, welche sich für die Souveränität der Bundesrepublik Deutschland als bedrohlich erweisen können«, warnt Michael Rensmann in seiner aufklärenden Dissertation *Besatzungsrecht im wiedervereinten Deutschland*.[41]

Außerdem wirft der Begriff der Effektivstärke die Frage auf, ob neben der Truppenstärke auch die Art der Bewaffnung gemeint ist, denn bei Inkrafttreten des Vertrages hatten die amerikanischen Streitkräfte bereits Atomwaffen in Westdeutschland stationiert. Demgemäß könnte dieser Aufenthaltsvertrag eine rechtliche Grundlage für die Stationierung und den Einsatz von Kernwaffen in West-deutschland bieten. Wie eine Entscheidung aus dem Jahr 1992 zeigt, vertritt jedenfalls das Bundesverfassungsgericht diese Auffassung.[42]

Mit dem Vertrag über den Aufenthalt ausländischer Streitkräfte in der Bundesrepublik Deutschland vom 23. Oktober 1954 gab die BRD ihre völkerrechtliche Zustimmung zum dauerhaften Aufenthalt der ausländischen Stationierungsstreitkräfte.[43] Mit dem Vertragswerk wurde also das Besatzungsrecht der Alliierten fortgeschrieben. Es gestattet ausländischen Streitkräften den Zugang zu Deutschland – das sogenannte »Recht zum Aufenthalt« – und den Aufenthalt auf deutschem Hoheitsgebiet, das sogenannte »Recht des Aufenthalts«.[44] Das »Recht zum Aufenthalt« betrifft die Frage, ob ausländische Streitkräfte sich überhaupt in Deutschland aufhalten dürfen. Das »Recht des Aufenthalts« umfasst die konkreten Rechte und Pflichten ausländischer Streitkräfte in Deutschland, also das »Wie« ihres Aufenthalts.

Neben dieser dauerhaften Stationierung kann die Bundesregierung im Einzelfall dem vorübergehenden Aufenthalt ausländischer Streitkräfte im Hoheitsgebiet der Bundesrepublik – allerdings nicht in den neuen Bundesländern, siehe Zwei-plus-Vier-Vertrag – zum Beispiel zum Zwecke gemeinsamer Übungen mit Verbänden der Bundeswehr zustimmen.

Gemäß Artikel 1 Absatz 4 des Aufenthaltsvertrages gewährt die Bundesrepublik Deutschland den amerikanischen, britischen und französischen Streitkräften zudem das Recht, das Bundesgebiet auf dem Wege nach oder von Österreich oder irgendeinem NATO-Mitgliedstaat zu betreten, es zu durchqueren und zu verlassen. Die Regelung beschränkt sich auf Transitvorgänge vom Gebiet eines NATO-Mitgliedsstaats nach Westdeutschland oder von Westdeutschland in das Territorium eines NATO-Mitgliedsstaats.

Ebenso legt der Aufenthaltsvertrag fest, dass die ausländischen Streitkräfte nicht verpflichtet sind, den Umfang ihrer Stationierungen bekannt zu geben. Das betrifft auch die amerikanischen Geheimdienste, die als militärische Einheiten organisiert sind. Wie die militärischen werden also auch die geheimdienstlichen Aktivitäten der Vereinigten Staaten von Amerika in Deutschland durch den Aufenthaltsvertrag und die Zusatzvereinbarungen zum NATO-Truppenstatut geregelt. Das hat zur Folge, dass wir nicht wissen, wie viele Agenten die US-Geheimdienste in Deutschland im Einsatz haben. Was aber auch nicht so wichtig zu sein scheint, denn sie genießen ja weitgehend Immunität.

## Straffreiheit für US-Schlapphüte

Doch damit nicht genug. Im Zusatzvertrag zum Truppenstatut und der geheimen Vereinbarung von 1955, die Josef Foschepoth bei seinen Nachforschungen ausgegraben hatte, ist noch ein weiteres Privileg der Alliierten festgelegt, das den alliierten Mächten sogar den Eingriff in das System der Strafverfolgung gestattet. Wenn eine im Rahmen eines Strafverfahrens relevante Information an die Öffentlichkeit gelangen könnte, heißt es in Artikel 38 des NTS-ZA, »so holt das Gericht oder die Behörde vorher die schriftliche Einwilligung der zuständigen Behörde dazu ein, dass das Amtsgeheimnis oder die Information preisgegeben werden darf«,[45] und sogar der Strafverfolgungszwang der westdeutschen Polizei wird bei Personen aufgehoben, die für den amerikanischen Geheimdienst von Interesse sind. Josef Foschepoth kommentiert das folgendermaßen:

> *Stattdessen musste die Polizei den Verfassungsschutz und dieser umgehend den amerikanischen Geheimdienst informieren.*
> *Dann hatten die Amerikaner mindestens 21 Tage lang Zeit, die betreffende Person zu verhören und gegebenenfalls außer Landes zu schaffen. Was nicht selten geschah.*[46]

Auf einen weiteren Aspekt des Zusatzabkommens wies der Freiburger in einem Interview mit der Zeitschrift *Cicero* hin. Alles, was die deutschen und alliierten Geheimdienste betreffe, unterliege strikter Geheimhaltung, und »geheimdienstliche Aktivitäten« seien »wechselseitig als Amtsgeheimnisse eingestuft. Drohen sie etwa einem Gerichtsverfahren bekannt zu werden, müssen beide Seiten sofort intervenieren. Darauf haben sich die Bundesregierung und die USA im Zusatzabkommen zum NATO-Truppenstatut verpflichtet.«[47] Solange es US-Truppen in unserem Land gebe, werde es auch massive Überwachungsmaßnahmen in Deutschland durch die USA geben, sagte Foschepoth gegenüber dem Magazin. Über die Jahre habe ein dichtes Knäuel von vertraglichen Vereinbarungen, geheimen Zusatzabkommen, gesetzlichen und verwaltungsmäßigen Regelungen »zu einem nicht mehr kontrollierbaren geheimdienstlichen Komplex« geführt. Foschepoth kommt zu dem Schluss, dass die Bundesrepublik das am meisten überwachte Land in Europa sei. Mehr darüber im nächsten Kapitel.

In einem Gastbeitrag für die *SZ* am 11. August 2014 wies Josef Foschepoth darauf hin, dass in Deutschland keineswegs nur deutsches, sondern auch amerikanisches Recht gelte:

> *Wer Soldat der amerikanischen Armee oder Mitglied des ›zivilen Gefolges‹ ist oder zu deren Angehörigen zählt, untersteht auch in Deutschland amerikanischem Recht, respektive Militärrecht. Zum zivilen Gefolge gehören Zivilpersonen, die bei der Armee angestellt sind, oder in amerikanischen Firmen arbeiten, die ausschließlich Dienstleistungen für die Armee erbringen, zum Beispiel für die Datenverarbeitung.*[48]

Das betreffe sogar gesuchte Straftäter aus den Reihen der US-Armee in Deutschland. Die amerikanischen Militärbehörden hätten das Recht, innerhalb der Bundesrepublik »die gesamte Straf- und Disziplinargerichtsbarkeit« über alle dem amerikanischen Militärrecht unterworfenen Personen auszuüben. Die Behörden der Bundesrepublik seien darüber hinaus vertraglich verpflichtet, bei der Strafermittlung, der Sicherung und Beschlagnahme von Beweismitteln sowie der Festnahme und Übergabe gesuchter Personen an die amerikanischen Militärbehörden mit den USA eng zusammenzuarbeiten.

Ein weiterer gravierender Schlag gegen die Deutsche Souveränität ist der Artikel 12 Absatz 1 des Zusatzabkommens (NTS-ZA). Er gestattet auch »den Mitgliedern des zivilen Gefolges und anderen Personen, die im Dienst der Truppe stehen (wie zum Beispiel die US-Geheimdienste, Anm. d. Verf.), den Besitz und die Führung von Waffen«.[49] Der bereits zitierte Rechtswissenschaftler Rensmann kommentiert diese Bestimmung dahin gehend, dass, »die ausländischen Streitkräfte … damit das Recht [haben], bewaffnete nichtdeutsche Dienstgruppen in Deutschland aufzustellen«.[50]

Auch der Artikel 28 Absatz 1 des NTS-ZA weicht vom NATO-Statut ab, wie es in anderen Bündnisländern gilt. Denn er erlaubt der ausländischen Militärpolizei, die sonst nur in den ihnen überlassenen Liegenschaften tätig werden darf, »auf öffentlichen Wegen, in öffentlichen Verkehrsmitteln, in Gaststätten und an anderen Orten, die für die Allgemeinheit zugänglich sind, Streife zu gehen und gegen die Mitglieder ihrer Truppe, eines zivilen Gefolges und gegen Angehörige Maßnahmen zu treffen«.[51]

Dass nach der Wiedervereinigung der beiden deutschen Staaten das Zusatzabkommen zum NATO-Truppenstatut nachjustiert werden musste, verstand sich von selbst. Diese Neufassung trat am 29. März 1998 in Kraft.[52]

In den neu aufgenommenen Ausführungsbestimmungen musste das, was die amerikanischen und deutschen Geheimdienste bisher unter sich erledigt hatten, künftig unter Beteiligung des zuständigen deutschen Amtsrichters erfolgen. Ein amerikanisches Auslieferungsgesuch musste also an die unterste Instanz der deutschen Gerichtsbarkeit gerichtet werden.

Ist der Aufenthaltsort bekannt, ist der Verfolgte vorläufig festzunehmen und unverzüglich dem Richter des nächsten Amtsgerichtes vorzuführen. Der Richter vernimmt den Verfolgten »über seine persönlichen Verhältnisse, insbesondere über seine Staatsangehörigkeit«, teilt ihm die Gründe für die Festnahme mit und klärt ihn über seine Rechte auf. Hält der Richter die Voraussetzungen für eine vorläufige Festnahme für gegeben und das Ersuchen um Übergabe für gerechtfertigt, ordnet er an, dass der Verfolgte unverzüglich an die zuständige Militärbehörde der USA zu übergeben ist. Eine eventuelle Beschwerde gegen die Übergabe ist vor dem zuständigen Landgericht einzulegen. Wird diese abgewiesen, führt der zuständige Staatsanwalt »die vom Gericht angeordnete Übergabe durch«.

Grundsätzlich, so legt es die Neufassung von 1998 fest, sind die deutschen Strafverfolgungsbehörden auch nach der Wiedervereinigung zu enger Zusammenarbeit mit den amerikanischen Militärbehörden verpflichtet.

Damit sind die im Grundgesetz garantierten Grundrechte der körperlichen Unversehrtheit, der Freiheit der Person und der Unverletzlichkeit der Wohnung ausdrücklich eingeschränkt beziehungsweise außer Kraft gesetzt. Michael Rensmann beurteilt die Neufassung des NTS-ZA folgendermaßen:

*Einige liebgewordene Gewohnheiten der Militäradministration haben die Wiedervereinigung, die Erlangung der vollen Souveränität der Bundesrepublik Deutschland und auch die Änderung des NTS-ZA überdauert. Wenn demnach das NTS-ZA als Ganzes auch nicht mehr per se als Besatzungsrecht qualifiziert werden kann, obwohl es als deutsche Sonderregelung allein aus der Besatzung entstanden ist, so enthält es jedoch in jedem Fall Nachwirkungen von Besatzungsrecht. Von der Rechtslage in anderen Aufnahmestaaten abweichende Vorrechte der in Deutschland stationierten Truppen sind ohne Zweifel solche, die ihnen als damaligen Besatzungsmächten ausgangs des Zweiten Welt-*

*kriegs erwachsen sind, und stellen damit auch heute noch Besatzungsrecht dar, das sogar die im Jahre 1998 in Kraft getretene Änderung des NTS-ZA überdauert hat.*[53]

Artikel 38 des neuen Zusatzvertrags zeigt am deutlichsten, wer das Sagen hat. Er regelt, dass die Einwilligung der USA eingeholt werden muss, wenn das Amtsgeheimnis einer der beteiligten Staaten etwa vor einem Gericht oder auch einem Untersuchungsausschuss preisgegeben werden könnte. Gibt es Einwände, muss die Bundesregierung alles in ihrer Macht Stehende tun, »um die Preisgabe zu verhüten«.[54] In einem Interview in der *Badischen Zeitung* vom 20. Mai 2015 sagte Josef Foschepoth dazu: »Soweit ich weiß, haben alle Bundesregierungen in ähnlich gelagerten Fällen immer im Interesse der USA entschieden.«[55]

Mithin ist für den Historiker die Bundesrepublik ein nur eingeschränkt souveräner Staat:

*In Sachen alliierter, insbesondere amerikanischer Rechte, die bis in die Besatzungszeit zurückreichen, gibt es noch eine Reihe von Beschränkungen und Verpflichtungen der Bundesrepublik, die nachhaltige Auswirkungen auf die Rechtstaatsentwicklung und Souveränität unseres Staates gehabt haben und noch haben. Dies trifft insbesondere auf die Geheimdienst- und Überwachungsvorbehalte der ehemaligen Besatzungsmächte zu.*

Das Hauptproblem liegt für Foschepoth darin, dass die alliierten Geheimdienste in Deutschland keinen Beschränkungen unterliegen. »Mal ist es NATO-Recht, mal das seit der Besatzungszeit geltende Aufenthalts- und Truppenstationierungsrecht, mit dem die Amerikaner ihre Operationen in Deutschland begründen.« Foschepoth erinnert auch daran, dass die Bundesregierung 2 Wochen nach Unterzeichnung des Zwei-plus-Vier-Vertrages durch Notenaustausch mit den drei Westmächten die Fortgeltung der bisherigen Aufenthalts- und Stationierungsrechte vereinbarte. »Dadurch blieb auch im vereinten Deutschland Besatzungsrecht mit all seinen Privilegien und Sonderrechten für die Präsenz der USA in Deutschland weiterhin in Kraft.«[56]

Weil diese Vorbehaltsrechte auch mit der Wiedervereinigung der beiden deutschen Staatshälften nicht gekündigt worden seien, wären in Deutschland einheimische wie befreundete Geheimdienste einer effektiven Kontrolle entzogen, die juristisch gegen Überwachungsmaßnahmen vorgehen könnte. Darüber hinaus wurden nach der Wiedervereinigung für die einzelnen Liegenschaften in Deutschland, etwa die Rhein-Main-Airbase der Amerikaner in Frankfurt, bilaterale Verträge zwischen Deutschland und den USA geschlossen.

Ob die alliierten Sonderrechte auch die US-Drohnensteuerung von deutschem Boden aus erlauben, wird in den letzten Jahren heftig diskutiert. Denn die US-Drohnenoperationen zum Zweck gezielter Tötungen – des sogenannten *targeted killing* – verstoßen nach Ansicht einiger Kritiker gegen das Völkerrecht. In diesem wesentlichen Punkt divergieren die amerikanische und deutsche Rechtsauffassung. Unbestritten ist, dass die Bundesrepublik Deutschland weder völkerrechtswidrige Militäroperationen noch Kriegsverbrechen tolerieren darf, die durch ausländische Truppen von deutschem Territorium aus durchgeführt werden. Die völkerrechtswidrige gezielte Tötung von Terrorverdächtigen und Unbeteiligten durch amerikanische Kampfdrohnen außerhalb eines bewaffneten Konfliktgebiets muss von der Bundesregierung bei Kenntnisnahme mindestens durch Protestnote abgelehnt werden, sonst würde sich die Bundesregierung gegebenenfalls an einem völkerrechtlichen Delikt beteiligen. Aufgrund der Gebietshoheit wäre Deutschland völkerstrafrechtlich verpflichtet, etwaige völkerrechtswidrige Einsätze ausländischer Truppen aktiv zu verhindern. Da für amerikanische Drohnen in Deutschland aber keine Lande- oder Überflugrechte erforderlich sind, ist auch eine aktive Unterstützung der Bundesrepublik nicht gegeben. Und wegen der oben beschriebenen weitreichenden Immunitätsregelungen im Stationierungsrecht könnte auch die deutsche Rechtsprechung nur schwer ermitteln.

# Die Bundesregierung schweigt und täuscht

Zur Frage der ausländischen Streitkräfte in Deutschland nahm die Bundesregierung am 14. April 2011 offiziell Stellung, als sie eine »Kleine Anfrage« der Fraktion Die Linke zu beantworten hatte:

*Bis heute gibt es keine umfassende regelmäßige Unterrichtung der Bundesregierung über den Aufenthalt und die Tätigkeiten ausländischer Streitkräfte in Deutschland sowie über die gewährten Sonderrechte. Diese Unterrichtung fehlt, obwohl davon weite Teile der Bevölkerung in der Umgebung der Liegenschaften und Übungsgebiete direkt betroffen sind – wie die zahlreichen Klagen von Anwohnerinnen und Anwohnern von US-amerikanischen und britischen Militärstandorten über massive Lärmbelastung und Umweltschäden belegen. Zudem wird durch diese Abmachungen der Bundeshaushalt belastet und werden zentrale Fragen zur Durchsetzung des Grundgesetzes, der Einhaltung des Völkerrechts und der Souveränität Deutschlands unmittelbar davon berührt. In den letzten 10 Jahren wurde insbesondere durch die US-Streitkräfte deutlich vor Augen geführt, wie groß die Defizite in der Transparenz und Kontrolle der Aktivitäten der ausländischen Streitkräfte sind. Die Nutzung des deutschen Luftraums durch die USA für illegale Verschleppungen mutmaßlicher Terroristen sowie die Verschiebung von Truppen für den Angriff auf den Irak ohne Mandat der Vereinten Nationen, die Unklarheiten bezüglich der Menge der in Deutschland stationierten Atomwaffen, die Einrichtung und der Betrieb von Führungsstäben für unilaterale US-Militärinterventionen, wie z. B. United States African Command (AFRICOM) bei Stuttgart für Afrika, und nicht zuletzt die Sonderrechte für militärische Übungen unterstreichen die Notwendigkeit, die Öffentlichkeit regelmäßig hierüber zu informieren*

*und darüber Auskunft zu geben, wie die rechtlichen Vorgaben*
*umgesetzt werden.*[57]

Des Weiteren verwies die Bundesregierung auf die geltenden Verträge: den Aufenthaltsvertrag vom 23. Oktober 1954, das NATO-Truppenstatut vom 19. Juni 1951 und das Zusatzabkommen vom 3. August 1959 mit seiner Änderung vom 18. März 1993, die – wie wir oben gesehen haben – erst 1998 in Kraft trat. Aus diesen Verträgen ergebe sich zum Beispiel, dass »jeder zivile deutsche Flughafen, der über entsprechende Start- und Landebahnen verfügt, … für Flüge dieser Art durch die NATO-Partner genutzt werden« kann. »Die NATO-Partner verfügen über Dauer-, Ein- und Überfluggenehmigungen. Die Nutzung deutscher Flughäfen durch militärische Flüge wird auf Bundesebene nicht systematisch erfasst.«[58] Auch hier noch einmal, damit dieser Sachverhalt nicht untergeht: Der Himmel über Deutschland gehört der NATO.

Die Volksvertreter fragten weiter, ob »völkerrechtlich geächtete Waffen (z. B. Minen, Streumunition), bei denen sich Deutschland verpflichtet hat, selbst die Lagerung und den Transfer nicht zuzulassen, nicht von ausländischen Streitkräften hier gelagert werden oder durch Deutschland transportiert werden« könnten. Die offizielle Antwort erstaunt:

*Die Bundesregierung arbeitet eng mit den Behörden der Statio-*
*nierungsstreitkräfte zusammen. Die Entsendestaaten der Statio-*
*nierungsstreitkräfte gehören zu den engen Verbündeten*
*Deutschlands. Es besteht keine Veranlassung zu der Annahme,*
*die Stationierungsstreitkräfte würden in Deutschland gegen völ-*
*kerrechtliche Verträge verstoßen. Im Hinblick auf Antipersonen-*
*minen und Streumunition von fremden Stationierungsstreit-*
*kräften wären die Lagerung und die Weitergabe nur dann*
*verboten,* wenn Deutschland über diese die Hoheitsgewalt

und Kontrolle ausübt. Dies ist nicht der Fall.[59] *(Hervorhebung durch den Verfasser)*

Die Bundesregierung gibt also offiziell zu, dass sie keine Kontrolle und keine Hoheitsgewalt über die US-Stützpunkte in Deutschland hat. Doch nicht weniger brisant war die 36. Frage: »Welche Abkommen und Verträge regeln die Stationierung US-amerikanischer Atomwaffen auf deutschem Territorium und wann wurden diese zwischen wem vereinbart?« Die Antwort lautete:

*Gemäß Artikel 1 des Vertrags über den Aufenthalt ausländischer Streitkräfte in der Bundesrepublik Deutschland vom 23. Oktober 1954 dürfen »Streitkräfte der gleichen Nationalität und Effektivstärke wie zur Zeit des Inkrafttretens dieser Abmachungen in der Bundesrepublik stationiert werden«. Das Bundesverfassungsgericht stellte hierzu in seiner Entscheidung von 1984 fest, die im Rahmen des Bündnissystems erteilte Zustimmung zur Stationierung der neuen Waffensysteme auf dem Gebiet der Bundesrepublik Deutschland halte sich im Rahmen der Ermächtigung des Zustimmungsgesetzes zum Aufenthaltsvertrag. Der Deutsche Bundestag habe im Jahre 1955 dem Vertragswerk in Kenntnis des Umstandes zugestimmt, dass taktische Atomwaffen auf dem Gebiet der Bundesrepublik Deutschland lagern.[60]*

Sprich: Gegen die Lagerung von Atombomben auf deutschem Boden ist uns kein Einspruch erlaubt.

Schließlich möchte ich noch einen weiteren Aspekt der umfangreichen »Kleinen Anfrage« der Fraktion Die Linke hervorheben: den Artikel 72 Absatz 4 des Zusatzabkommens zum NATO-Truppenstatut, der ausländischen Unternehmen Vergünstigungen einräumt. Hierzu gab die Bundesregierung folgende Auskunft:

*Im Zeitraum Januar 2005 bis Februar 2011 wurden insgesamt 292 ausländischen Unternehmen aus den USA Vergünstigungen nach Artikel 72 Absatz 4 des Zusatzabkommens gewährt. Bei den Vergünstigungen handelt es sich um Befreiungen von den deutschen Vorschriften über die Ausübung von Handel und Gewerbe ... zugunsten der Unternehmen ... Die Dauer der Privilegierung liegt zwischen zwei Monaten und fünf Jahren und orientiert sich an der Laufzeit des jeweiligen Vertrages, den die ausländischen Streitkräfte mit diesen Firmen abschließen.*[61]

## Der Kotau der Kanzler?

Aber nicht nur die Privilegien für US-Unternehmen, US-Truppen und US-Geheimdienste auf deutschem Boden sind vertraglich festgelegt. Wenn wir verschiedenen Quellen Glauben schenken, sollen die deutschen Bundeskanzler darüber hinaus verpflichtet worden sein, die sogenannte »Kanzlerakte« zu unterschreiben, die eine Unterwerfung unter die Herrschaft der USA bedeute.

Dazu sei vorweggesagt, dass die »Kanzlerakte«, die im Internet kursiert, definitiv eine Fälschung ist. Im Jahre 2006 soll sich ein überzeugter Nationalist aus Bayern dazu bekannt haben, die Geschichte erfunden zu haben, um die Autorität der, wie er es nannte, »westdeutschen Marionettenregierung« zu untergraben. Den unterzeichnenden »Staatsminister Dr. Rickermann« hat es nie gegeben; der BND wurde erst 1956 gegründet, das Dokument soll aber aus dem Jahr 1949 stammen; das angebliche BND-Dokument hatte keinen BND-Briefkopf und wies zahlreiche Rechtschreib- und Tippfehler auf;[62] und selbst der frühere MAD-Chef Gerd-Helmut Komossa, der diese vermeintliche »Akte« in seinem Buch *Die deutsche Karte* weiterverbreitet hatte, ruderte später zurück: »Auch heute weiß man nicht, ob es echt oder Fälschung ist. Letzteres ist zu vermuten.«[63]

Die »Kanzlerakte« soll ein geheimes Papier darstellen, das die jeweilige Regierung der Bundesrepublik Deutschland zwingt, im Sinne der Alliierten zu handeln, deren Version vom Ablauf des Zweiten Weltkrieges zu verbreiten und ihnen die Medienhoheit bis zum Jahr 2099 zu sichern. Ein solches Schriftstück, das Teil eines geheimen Staatsvertrages vom 21. Mai 1949 sein soll, hätte jeder Bundeskanzler nach dem Ablegen seines Amtseides unterzeichnen müssen. Doch es gibt keine Beweise dafür, dass es eine Akte mit genau diesem Inhalt gibt. Aber Egon Bahr – Berater und persönlicher Freund Willy Brandts, als Bundesminister für besondere Aufgaben (1972 bis 1974) Leiter der Deutschlandpolitik sowie »Architekt« der Neuen Ostpolitik und unter Helmut Schmidt Minister für wirtschaftliche Zusammenarbeit – bestätigte die Existenz eines Schriftstücks, das jeder Kanzler zu unterschreiben habe. In *Zeit Online* vom 14. Mai 2009 bezeugt er ein Ereignis, das sich im Herbst 1969 nach Willy Brandts Vereidigung als Bundeskanzler zugetragen habe:

> *Ein hoher Beamter hatte Brandt drei Briefe zur Unterschrift vorgelegt. Jeweils an die Botschafter der drei Mächte – der Vereinigten Staaten, Frankreichs und Großbritanniens – in ihrer Eigenschaft als Hohe Kommissare gerichtet. Damit sollte er zustimmend bestätigen, was die Militärgouverneure in ihrem Genehmigungsschreiben zum Grundgesetz vom 12. Mai 1949 an verbindlichen Vorbehalten gemacht hatten. Als Inhaber der unkündbaren Siegerrechte für Deutschland als Ganzes und Berlin hatten sie diejenigen Artikel des Grundgesetzes suspendiert, also außer Kraft gesetzt, die sie als Einschränkung ihrer Verfügungshoheit verstanden. Das galt sogar für den Artikel 146, der nach der deutschen Einheit eine Verfassung anstelle des Grundgesetzes vorsah.*[64]

Diese Aussage lässt jedoch Zweifel an der Korrektheit von Bahrs Erinnerungen aufkommen. Denn erstens war, wie wir oben gesehen haben, die Alliierte Hohe Kommission mit dem Deutschlandvertrag am 5. Mai 1955 ja aufgelöst worden, zweitens behauptet Bahr, die Alliierten hätten bestimmte Artikel des Grundgesetzes »suspendiert«, und das habe sogar für den Artikel 146 gegolten. In diesem heißt es: »Dieses Grundgesetz, das nach Vollendung der Einheit und Freiheit Deutschlands für das gesamte deutsche Volk gilt, verliert seine Gültigkeit an dem Tage, an dem eine Verfassung in Kraft tritt, die von dem deutschen Volke in freier Entscheidung beschlossen worden ist.« Doch in der alliierten Erklärung zum Grundgesetz war von Artikel 146 gar nicht die Rede. Bahr berichtet weiter:

> *Brandt war empört, dass man von ihm verlangte, einen solchen Unterwerfungsbrief zu unterschreiben. Schließlich sei er zum Bundeskanzler gewählt und seinem Amtseid verpflichtet. Die Botschafter könnten ihn wohl kaum absetzen! Da musste er sich belehren lassen, dass Konrad Adenauer diese Briefe unterschrieben hatte und danach Ludwig Erhard und danach Kurt Georg Kiesinger ( …) Er schloss: »Also habe ich auch unterschrieben« – und hat nie wieder davon gesprochen.*[65]

Gerade dieses Zitat wird von Kreisen, die an die Existenz der »Kanzlerakte« glauben, als Beweis angeführt, auch wenn Bahr selbst den Begriff nicht verwendet. Wie wir bereits wissen, war die Bundesrepublik bis 1991 den Regelungen des Deutschlandvertrags unterworfen, was Einschränkungen der Souveränität bedeutete. War also die »Kanzlerakte« eine Bestätigung des Deutschlandvertrages, die jeder Kanzler bis zum Inkrafttreten des Zwei-plus-Vier-Vertrages unterschreiben musste? Selbst das erscheint fragwürdig, denn die Bestimmungen hätten auch ohne die Bestätigung des jeweiligen Kanzlers gegolten.

Daher antworten das Bundespräsidialamt, das Bundeskanzleramt und das Presse- und Informationsamt der Bundesregierung auf die vielfachen Anfragen, die »Kanzlerakte« betreffend, jahrelang mit einem gleichlautenden, offenbar vorgegebenen und abgestimmten Text:

*Der geheime Staatsvertrag ist dem Reich der Legenden zuzu-
ordnen. Diesen Staatsvertrag gibt es nicht. Und die Bundeskanzlerin musste selbstverständlich auch nicht auf Anordnung
der Alliierten eine so genannte Kanzlerakte unterschreiben, bevor sie ihren Amtseid ablegte.*[66]

Allerdings ist es unbestritten, dass die Wahlsieger der Bundestags-
wahlen noch vor ihrer Ernennung und vor ihrem Amtseid nach Washington reisten, um sich vorzustellen, ohne dass die Öffentlichkeit
irgendeinen Grund dafür erfuhr oder irgendeine Mitteilung über
dort getroffene Verabredungen oder gar Unterschriftsleistungen erhielt. Eine – wenn auch nebulöse – Andeutung allerdings machte
Joschka Fischer, als er 1998 zusammen mit Gerhard Schröder in Washington war und gesagt haben soll: »Wenn die Mehrheiten sich verändern, mag es eine andere Koalition geben. Aber es wird keine andere Politik geben. Dazu steht zu viel auf dem Spiel. Das wissen alle
Beteiligten.«[67]

Weitere Zweifel, ob es nicht doch eine Unterwerfungserklärung
der Bundeskanzler gab (oder sogar noch gibt), säte Egon Bahr in einem Interview mit der Wochenzeitung *Junge Freiheit* am 16. Oktober
2011. Darin blieb Bahr bei seiner alten Geschichte, die er schon auf
*Zeit Online* kundgetan hatte, fügte aber hinzu: »Helmut Schmidt
konnte sich nicht erinnern, einen entsprechenden Brief vorgelegt bekommen zu haben. Kohl habe ich nicht gefragt.« Bahr erinnert in
dem Interview auch daran, dass »die BRD und die DDR« im Rahmen
der Wiedervereinigung »einen Brief« hätten schreiben müssen, »den
ich mit DDR-Staatssekretär Michael Kohl abgestimmt habe, an unsere jeweiligen Großen oder Freunde …, dass auch durch Beitritt der
beiden Staaten die Siegerrechte nicht erlöschen.«[68]

# Kapitel 2

# Überwacht

Ob es eine solche »Kanzlerakte« tatsächlich gibt oder nicht, halte ich letztlich für unerheblich. Woran offenbar aber kein Zweifel besteht, ist der Umstand, dass die Geheimdienste der Siegermächte auf deutschem Boden uneingeschränkte Bewegungs- und Handlungsfreiheit haben und dabei völlig legal die deutschen Dienste für sich arbeiten lassen. Dabei können sie, in Einklang mit den bestehenden Verträgen, die Zahl ihrer Agenten beliebig erhöhen, da diese hier ja zu den stationierten Truppen zählen, und deren genaue Zahl kennen wir ebenso wenig wie ihre Standorte.

Auf welche Weise und in welchem Ausmaß die US-Geheimdienste Deutschland ausspähen, rückte in den Mittelpunkt der deutschen Öffentlichkeit, als durch die Enthüllungen des Whistleblowers Edward Snowden im Jahr 2013 klar wurde, dass die USA Telefone und Internetverbindungen in flächendeckendem Umfang anzapfen – und das bis hin zum Mobiltelefon der Bundeskanzlerin. Dass sie sogar offiziell die Erlaubnis zu dieser elektronischen Überwachung haben, ist aus den im ersten Kapitel aufgelisteten Verträgen ersichtlich geworden. Daher vermochten Snowdens Enthüllungen im Jahr 2013 nur diejenigen zu überraschen, denen der Fortbestand der Besatzungsrechte unbekannt war.

Ab Mitte 2013 veröffentlichten ausgewählte Zeitungen und Zeitschriften in den USA, England, Frankreich und Deutschland Belege für eine umfassende Ausforschung von Telefonaten, SMS, E-Mails, sozialen Netzwerken und des gesamten Internet durch den US-Auslandsgeheimdienst NSA (National Security Agency) und den britischen Geheimdienst GCHQ (Government Communications Headquarters). Diese Veröffentlichungen basierten auf Dokumenten des ehemaligen technischen CIA- und NSA-Mitarbeiters Edward Snowden, der im Rahmen seiner Tätigkeit Zugang zu Informationen über Geheimdienstaktivitäten hatte, die als streng geheim eingestuft waren.

Seit den Anschlägen des 11. September 2001 ist Massenüberwachung in den USA mit dem Patriot Act und in Großbritannien mit der Regulation of Investigatory Powers Act legalisiert worden. Fast täglich werden neue Spähprogramme wie PRISM, Boundless Informant, Tempora, Xkeyscore, Mail Isolation Control and Tracking, FAIRVIEW, Genie, Bullrun und CO-TRAVELER Analytics sowie konkrete Überwachungsaktionen und -objekte bekannt. Edward Snowden spricht von der »größten verdachtsunabhängigen Überwachung in der Geschichte der Menschheit«[69], die er enthüllt habe, weil sie seiner Auffassung nach einen schwerwiegenden Verstoß gegen Menschenrechte und Verfassungen darstelle. In den seit Juni 2013 nicht abreißenden Enthüllungen wurden zahlreiche Überwachungsprogramme und -systeme auch in ihrer Funktionsweise ausführlich dargelegt.

## Die inszenierte Entrüstung

Auf *Spiegel Online* vom 7. Juli 2013 erklärte Edward Snowden unter anderem, die NSA stecke auch mit Deutschland »unter einer Decke«.[70] In einem ARD-Interview vom 26. Januar 2014 sprach er davon, dass »der deutsche und der amerikanische Geheimdienst miteinander ins Bett gehen«. Wenn wir uns an die Forschungsergebnisse von Josef Foschepoth erinnern, dann überrascht uns diese Aussage nicht.

Umso inszenierter erschien daher, dass die deutsche Politik in den Chor der Entrüstung mit einstimmte, der damals das Land überzog. Außenminister Guido Westerwelle (FDP) bestellte gar den amerikanischen Botschafter ein, und andere europäische Politiker, wie etwa der damalige Präsident des Europaparlaments Martin Schulz, sprachen von einer »sehr ernsten Angelegenheit«.[71] Aber das war nur Show für das große Publikum, denn in Wirklichkeit – das haben wir schon im ersten Kapitel gesehen – war die enge Kooperation zwischen den deutschen und den amerikanischen Geheimdiensten sogar vertraglich festgelegt.

Folgerichtig erklärte im Sommer 2013 der zuständige Bundesinnenminister Hans-Peter Friedrich im Anschluss an seine Reise in die

USA, der BND halte sich »bei allem, was er tut, an Recht und Gesetz« und postulierte ein »Supergrundrecht auf Sicherheit«; außerdem erklärte er die NSA-Affäre am 16. August 2013 erstmals für beendet und behauptete, »alle Verdächtigungen, die erhoben wurden, sind ausgeräumt«.[72] Daraufhin richtete die Bundestagsfraktion Bündnis 90/Die Grünen am 12. September 2013 eine »Kleine Anfrage« an die Bundesregierung über die »Überwachung der Internet- und Telekommunikation durch Geheimdienste der USA und Großbritanniens und in Deutschland«. Nicht sehr überraschend berief sich die Bundesregierung in ihrer Antwort auf die »Geheimhaltungsbedürftigkeit« dieser Maßnahmen: »Der Schutz vor allem der technischen Aufklärungsfähigkeit des Bundesnachrichtendienstes … und damit des Staatswohls« dürfe nicht gefährdet werden. Alle Fragen zur Zusammenarbeit zwischen den deutschen und den US-Geheimdiensten wurden ebenfalls mit dem Schutz des Staatswohls niedergeschmettert.[73]

Doch der Bundestag gab nicht auf. Auf gemeinsamen Antrag aller Fraktionen wurde am 20. März 2014 ein NSA-Untersuchungsausschuss eingesetzt. Er sollte untersuchen, ob, in welcher Weise und welchem Umfang die Nachrichtendienste von fünf Staaten, nämlich der Vereinigten Staaten von Amerika, des Vereinigten Königreichs, von Kanada, von Australien und von Neuseeland Kommunikationsvorgänge in Deutschland erfassen, und inwieweit Stellen des Bundes von derartigen Praktiken Kenntnis hatten. Doch die Aufklärungsarbeit des Ausschusses wurde von Anfang an dadurch behindert, dass die Bundesregierung dem Deutschen Bundestag – den ein Untersuchungsausschuss ja immer vertritt – den Zugang zu bestimmten Dokumenten verweigerte. Die Regierung begründete diese Weigerung mit dem Geheimschutzabkommen (siehe Kapitel 1), die eine Weitergabe von Informationen nur mit Zustimmung der jeweils betroffenen ausländischen Regierungen erlaube. Das deutsch-amerikanische Geheimschutzabkommen ist selbst als geheim eingestuft und nicht öffentlich zugänglich.

Nicht geheim hingegen ist, was ich bereits im ersten Kapitel aufge-
zählt habe, nämlich, dass es einen Überwachungsvorbehalt gibt, der
den Siegermächten weiterhin das Recht einräumt, den in- und ausländischen Post- und Fernmeldeverkehr zu kontrollieren. Da müssten die Volksvertreter sich nur einmal die Forschungsarbeiten von
den Experten Foschepoth oder Rensmann vornehmen oder im Archiv blättern, denn dort fänden sie einen Artikel, der im Februar
1989 im Nachrichtenmagazin *Der Spiegel* erschienen ist. Darin heißt
es, im Jahr 1952 sei von der US-Regierung eine geheime Organisation von Orwell'schem Format (*Der Spiegel* bezog sich dabei auf George
Orwells Roman *1984*) gegründet worden, »die fortan in Europa, von
alliierten Sonderrechten ermächtigt, weitgehend nach eigenem Gut-
dünken operieren konnte«. Das Fernmeldegeheimnis gelte in der
BRD nichts: »Wer immer zwischen Nordsee und Alpen zum Telefon-
hörer greift, muss gewärtig sein, dass auch die NSA in der Verbindung ist – Freund hört mit.« Dass auf westdeutschem Boden »offenbar mit Wissen und Billigung der Bundesregierung jeder Piepser
abgehört wird«, gelte unter Geheimdienstexperten als sicher.[74]

Unter den deutschen Diensten war der Hauptpartner für diese Pra-
xis schon immer der von den USA aufgebaute Bundesnachrichtendienst (BND). Der BND ist aktiv beteiligt an der weltweiten verdachtsunabhängigen Überwachung der elektronischen Sprach- und
Datenkommunikation. Doch geht aus einer vertraulichen Klassifizie-
rung hervor, dass die NSA die Bundesrepublik nicht nur als Partner,
sondern zugleich als Angriffsziel betrachtet. Demnach gehört
Deutschland zu den sogenannten Partnern dritter Klasse. Ausdrücklich ausgenommen von Spionageattacken sind nur Kanada, Australi-
en, Großbritannien und Neuseeland. Die *Five Eyes* halten zusammen.

# Die NSA in Deutschland

Seit 1952 befand sich in der oberbayerischen Stadt Bad Aibling eine von der National Security Agency (NSA) betriebene Abhörstation, deren offizieller Name Field Station 81 lautete. Die Anlage wurde von britischen und deutschen Geheimdiensten mitgenutzt. 2004 musste die NSA auf Druck der Europäischen Union Field Station 81 räumen und dem BND übergeben. Doch zuvor, am 28. April 2002, hatten der BND und die NSA ein Memorandum of Agreement über die Einrichtung einer gemeinsamen SIGINT-Stelle in Bad Aibling geschlossen, dessen genauer Inhalt geheim ist. Die Abkürzung SIGINT steht für *Signals Intelligence* – nachrichtendienstliche Informationsgewinnung, beispielsweise aus abgehörten Funksignalen, zu Deutsch etwa »Fernmelde- und Elektronische Aufklärung«. Neben diesem Memorandum gab es zeitgleich deutsche Gesetzesänderungen zugunsten einer engeren Zusammenarbeit der Dienste. Erklärt wurden diese Zugeständnisse als deutscher Beitrag zum Krieg gegen den Terror, den US-Präsident George W. Bush nach dem 11.9.2001 ausgerufen hatte. Und weil dieser weltweite Krieg, wie von Bush angekündigt, noch Jahrzehnte andauern soll, gelten diese Abkommen bis heute, was heißt: Die deutschen Geheimdienste sind die Zuträger der amerikanischen.

Doch zurück nach Bad Aibling. Nach Angaben von Edward Snowden war die NSA-Anlage auf dem Gelände der Mangfall-Kaserne in Bad Aibling eine Kommunikationszentrale, in der alle gesammelten Daten zusammenliefen und von dort direkt zum Datennetz der NSA weitergeschickt wurden. Teile der Einrichtungen in Bad Aibling werden heute vom BND weiterbetrieben, dessen Fernmeldeverkehrsstelle in der benachbarten Bundeswehrkaserne stationiert ist. Der BND gibt die Daten an die NSA weiter. Snowden hat einen NSA-Bericht von Januar 2005 veröffentlicht, der die aus Deutschland stammenden Informationen ausdrücklich lobt. Sie seien für die Festnahme oder Tötung von mehr als vierzig des Terrorismus Verdächtiger verantwortlich.[75]

Interessant ist, wie die Mainstream-Medien reagierten, als im Rahmen der Snowden-Enthüllungen herauskam, dass der BND Metadaten in großem Umfang aus der eigenen Fernmeldeaufklärung an die NSA übermittelt; unter Metadaten sind Verbindungsdaten zu Telefonaten, E-Mails, SMS und Chatbeiträgen zu verstehen – zum Beispiel, wann welcher Anschluss mit welchem Anschluss wie lange verbunden war. Die Medien empörten sich und glaubten, eine Sensation aufgedeckt zu haben, obwohl die Spähangriffe durch Abkommen zwischen der BRD und den USA seit Jahrzehnten abgesichert sind, wie ich im ersten Kapitel aufgezeigt habe.

Angestachelt durch Snowdens Enthüllungen verbreiteten sie eine Reihe von Zahlen, die sie recherchiert haben wollen. Laut einer Statistik, die der *Spiegel* einsehen konnte, werden an normalen Tagen bis zu 20 Millionen Telefonverbindungen und um die 10 Millionen Internetdatensätze, die aus Deutschland kommen, gespeichert. An Spitzentagen wie dem 7. Januar 2013 sollen BND/NSA rund 60 Millionen Telefonverbindungen in Deutschland überwacht haben.[76] *Zeit Online* meldete am 12. Mai 2015, der BND übermittle weitaus mehr Metadaten an die NSA als bisher angenommen; von den 6,6 Milliarden Metadaten, die der BND monatlich abfange, würden bis zu 1,3 Milliarden Metadaten an die NSA weitergereicht. Diese seien zwar gefiltert – um alle E-Mail-Adressen mit der Endung .de sowie alle Telefonnummern mit der Landeskennung +49 »bereinigt« –, allerdings gaben die Verantwortlichen im NSA-Untersuchungsausschuss zu, dass diese Filter nicht richtig funktionieren. Mithilfe dieser BND-Metadaten erstellen NSA und CIA unter anderem Ziele für Kampfdrohnen, die von der Ramstein Air Base als Schnittstelle zur Planung und Steuerung der Einsätze gegen mutmaßliche Terroristen in Afrika und im Nahen Osten dienen.[77]

Nach Recherchen des NDR und der *Süddeutschen Zeitung* vom November 2013 werden Aussagen von Asylbewerbern über die Sicherheitslage in ihren Heimatländern von deutschen Geheimdienstlern der sogenannten »Hauptstelle für Befragungswesen« (HBW) – einer Einrichtung, die eng mit dem Bundesnachrichtendienst zusammenarbeitet und direkt dem Kanzleramt unterstellt ist – gesammelt und dann vom BND an die Militärgeheimdienste der USA und Großbritanniens weitergegeben. Dort fließen sie auch in die Zielerfassung für US-Tötungsaktionen mit Kampfdrohnen in Krisengebieten wie Somalia oder Irak ein.[78]

Nach eigenen Angaben unterhält die NSA derzeit von ursprünglich schätzungsweise achtzehn Einrichtungen in der Bundesrepublik drei Standorte: den Dagger Complex in Darmstadt/Griesheim, einen in Wiesbaden und einen in Stuttgart. Der Standort in Wiesbaden-Erbenheim auf dem Gelände der Lucius-D.-Clay-Kaserne – etwa 8 Kilometer südöstlich der Wiesbadener Innenstadt – ist das vermutlich wichtigste Zentrum der US-Datenspionage: das Consolidated Intelligence Center (CIC, zu Deutsch: Vereinigtes Nachrichtendienstliches Zentrum); nach Angaben der US Army dient es der Unterstützung der US-Streitkräfte mit taktischer Kriegsschauplatzunterstützung und strategischen nachrichtendienstlichen Funktionen.[79] Der Bau dieses Geheimdienstzentrums kostete 91 Millionen US-Dollar, das dazu gehörende Informationsverarbeitungszentrum 30,4 Millionen US-Dollar.

Dass es sich um ein Abhörzentrum des US-Geheimdienstes NSA handle, bestätigte der damalige Präsident des BND, Gerhard Schindler, dem Bundestags-Innenausschuss gegenüber.[80] Ulla Jelpke, innenpolitische Sprecherin der Bundestagsfraktion der Linkspartei, erklärte daraufhin, mit dem Akzeptieren eines NSA-Überwachungszentrums in Wiesbaden mache sich die Bundesregierung »zur Mittäterin einer der größten Ausspähskandale in der Geschichte der Bundesrepublik«.[81] Da hat Ulla Jelpke recht, doch offenbar weiß sie nicht, dass der NSA und ihren Überwachkollegen diese Rechte in verschiedenen Verträgen zugesichert worden sind, wie wir in Kapitel 1 erfahren haben.

Brisant ist die Ortswahl des NSA-Abhörzentrums insofern, als es sich in unmittelbarer Nähe zum weltweit verkehrsintensivsten Internetknotenpunkt in Frankfurt befindet. Es wird vermutet, dass etwa

1100 sogenannte Intelligence Professionals und Special Security Officers in Wiesbaden arbeiten.[82] Auch hier gilt wieder: Die US-Dienste sind nicht verpflichtet, genaue Zahlenangaben zu ihrer Personalstärke in Deutschland zu machen. Dieser Frankfurter Internetknoten DE-CIX wird vom Bundesnachrichtendienst unter dem Namen »Operation Eikonal« ausgespäht. Große Mengen der dort abgefangenen Rohdaten werden direkt an die NSA weitergeleitet,[83] die Daten Bundesdeutscher sollen zuvor, teils manuell, ausgefiltert worden sein. Über diese Operation wurden weder das Parlamentarische Kontrollgremium noch die Bundestagskommission, die für die Abhörmaßnahmen der Geheimdienste zuständig ist, informiert. In einer Sitzung am 13. November 2014, der 22. des NSA-Untersuchungsausschusses, bestätigte der Zeuge »W. K.« das Fortbestehen dieses Vorgehens:

> *Eikonal beinhaltete selektive Erfassung von Ausland-Ausland-Transitverkehr. Zeit nicht vergessen: Afghanistan, Terror-Aufklärung. Da wurden selektiert Daten erfasst und automatisiert weitergeleitet. Genaueres nur nicht-öffentlich (NÖ), wir machen die Methodik ja immer noch.[84]*

Am 23. April 2015 berichteten mehrere Medien, zum Beispiel *netzpolitik.org*, über das Ausmaß der Operation Eikonal. Im Verlauf von 10 Jahren soll der Bundesnachrichtendienst von der NSA 800 000 Selektoren zugewiesen bekommen haben; das sind IP-Adressen, E-Mail-Adressen, Telefonnummern, Geokoordinaten und MAC-Adressen.[85] Nach Informationen des Rechercheverbunds von *Süddeutscher Zeitung*, NDR und WDR habe sich ein BND-Server mehrmals am Tag mit einem NSA-Server verbunden und neue Selektoren heruntergeladen. Die gewonnenen Erkenntnisse seien dann an die NSA weitergeleitet worden. Einige selektierte Suchanfragen betrafen europäische Politiker, Behörden und Unternehmen. Insbesondere die Wirtschaft sei betroffen, weil die USA angeblich nach Hinweisen auf illegale Exportgeschäfte gesucht habe.[86]

Klaus Landefeld, Beirat der DE-CIX Management GmbH, sagte im NSA-Untersuchungsausschuss, dass der BND sich nicht nur für außerdeutsche Leitungen interessiere, wie etwa solche in den arabischen Raum, sondern auch für innerdeutsche Leitungen, auf denen über 90 Prozent des Verkehrs durch die Grundrechte geschützt seien. Es lasse sich »absolut nicht trennscharf« entscheiden, was im Netz »deutsch ist oder nicht«. Auch die 20-Prozent-Regel, nach der Geheimdienste ein Fünftel der Leitungskapazität ausleiten dürfen, werde nicht wirklich umgesetzt, so Landefeld. Die Provider legten ihre Leitungen so an, dass sie in der Regel nur zu 30 oder 40 Prozent ausgelastet seien. Mit der 20-Prozent-Regel lande man bei 50 bis 60 Prozent des durchgeleiteten Verkehrs, was nicht im Sinne des Gesetzes sei.[87]

Laut Bericht der *Süddeutschen Zeitung* vom 13. September 2013 liefert neben dem Bundesnachrichtendienst auch das Bundesamt für Verfassungsschutz (BfV) regelmäßig vertrauliche Daten an die NSA und arbeitet mit acht weiteren US-Diensten zusammen; im Gegenzug soll das BfV von den Amerikanern Verbindungsdaten erhalten haben. Derzeit teste das BfV die Überwachungssoftware XKeyscore. Die Zeitung schreibt:

> *Sollte der Geheimdienst das Programm im Regelbetrieb nutzen, hat sich das BfV verpflichtet, alle Erkenntnisse mit der NSA zu teilen.*[88]

Dies habe der damalige BfV-Präsident Hans-Georg Maaßen der NSA zugesichert. Außerdem soll es regelmäßige Treffen zwischen Vertretern der NSA und dem BfV geben; ein NSA-Mitarbeiter treffe sich wöchentlich zum Informationsaustausch mit deutschen Geheimdienstmitarbeitern in der »BfV-Liegenschaft Treptow in Berlin«. Des Weiteren sollen sich Cyber-Analysten des BfV mehrmals mit ihren amerikanischen Kollegen im US-Stützpunkt Dagger Complex in Darmstadt getroffen haben. Das Parlamentarische Kontrollgremium des Deutschen Bundestags soll »vollumfänglich« informiert gewesen sein.[89] Mit all diesen Enthüllungen ist der deutschen Öffentlichkeit vermutlich zum ersten Mal klargeworden, in welchem Ausmaß US-Geheimdienste Deutschland ausspähen und wie eng die Zusammenarbeit der deutschen mit den amerikanischen Diensten tatsächlich ist – und das seit Jahrzehnten.

## Trotz WikiLeaks bleibt alles beim Alten

Was hat nun der Aufruhr um Snowden und *WikiLeaks* bewirkt? Wir wissen jetzt, dass die NSA Abhörprotokolle von vertraulichen Gesprächen von Bundeskanzlerin Merkel angefertigt hat. Wir wissen, dass in der NSA-Überwachungsliste 69 Regierungstelefonnummern, insbesondere aus dem Wirtschafts- und Landwirtschaftsministerium, stehen und auch die der persönlichen Assistentin von Angela Merkel. Doch hält das die US-Dienste davon ab, uns weiter auszuspähen?

Wie bereits erwähnt, war Mitte Juli 2013 der Bundesinnenminister nach Washington geschickt worden, Anfang August 2013 der Innenstaatssekretär, der Geheimdienstkoordinator sowie die Chefs von BND und BfV. Doch Ende Februar 2014 kam die endgültige Abfuhr: Während eines Besuchs des deutschen Außenministers Frank-Walter Steinmeier bei seinem US-Amtskollegen John Kerry wurde bekannt, dass die USA *nicht* mit der deutschen Regierung über ein No-Spy-Abkommen verhandeln werde. Die USA verweigerten auch die Zusage, künftig keine deutschen Regierungsmitglieder und politischen Amtsträger mehr abzuhören.

Das überraschte allerdings niemanden, der die Rechte und Ansprüche der USA in und gegenüber Deutschland kannte: Eine reale Aussicht auf ein No-Spy-Abkommen hatte es nie gegeben. Und wie ein interner Vermerk zum Verhandlungsstand verrät,[90] war das dem Bundeskanzleramt schon im Januar 2014 bekannt. Dennoch behauptete man Bundestag und Medien gegenüber das Gegenteil. Mehr noch: Das Kanzleramt war, wie der NSA-Untersuchungsausschuss herausfand, von Anfang an über die Spionage-Aktivitäten der NSA informiert gewesen und hatte sie geduldet. Hatte es überhaupt eine Wahl? Dazu zitierte die Tageszeitung *Bild* am 16.2.2017 die Bundeskanzlerin, die in der abschließenden Zeugenbefragung zur NSA-Affäre zu Protokoll gegeben hatte:

> *Ich möchte eindeutig sagen, dass ich auch unter der neuen US-Administration davon ausgehe, dass die nachrichtendienstliche Zusammenarbeit fortgesetzt wird.*[91]

»Deutschland sei auch ›aus Eigeninteresse‹ darauf angewiesen.« Dazu hatte bereits im Jahr 2015 die *FAZ* gemeldet, das »Kanzleramt habe gewusst, dass die NSA Deutsche und Europäer ausspähen wollte und es geschehen lassen«.[92] Bei den Vorwürfen ging es konkret um mindestens zwei Dokumente, die der BND 2008 und 2010 ans Kanzleramt geschickt hatte. »In beiden Fällen sollte das Kanzleramt auf hochrangige Gespräche mit US-Geheimdienstlern vorbereitet werden,« schreibt das Nachrichtenmagazin *Focus*.[93] Es sei um die Vorbereitung einer USA-Reise des damaligen Kanzleramtschefs Thomas de Maizière gegangen, der »sehr wahrscheinlich« informiert worden sei. Auch nannte der *Focus* das Jahr 2010 als Zeitpunkt, »seitdem das Kanzleramt spätestens wusste, dass zahlreiche dieser Ziele massiv gegen deutsche Interessen verstießen, jedoch nichts unternommen wurde«.

Aber natürlich werden nicht nur Politiker, Firmen und Behörden ausgespäht, sondern die gesamte Kommunikation wird von der NSA und anderen Geheimdiensten flächendeckend überwacht. Das Ausmaß dieser Kontrolle wird deutlich, wenn wir die Aussage des Verwaltungsrat-Chefs Eric Schmidt aus dem Jahr 2010 in Betracht ziehen:

> *Wir wissen, wo du bist. Wir wissen, wo du warst. Wir können mehr oder weniger wissen, was du gerade denkst.*[94]

Mit diesem Satz hatte der Firmenchef den Einfluss seines Unternehmens, der Suchmaschine Google, beschrieben. Seit 1998 war dieses zu einem globalen Konzern herangewachsen, der weltweit beinahe 50 000 Menschen beschäftigt, 2015 rund 60 Milliarden Dollar Umsatz und 14 Milliarden Dollar Gewinn erwirtschaftet hatte und aktuell über eine Marktkapitalisierung von über 350 Milliarden Dollar verfügt. Damit ist Google nicht nur die größte Suchmaschine der Welt, sondern mit YouTube auch die größte Videoplattform (die gleichzeitig die zweitgrößte Suchmaschine ist), mit Chrome der größte Browser, mit Gmail der meistgenutzte E-Mail-Dienst und mit Android das größte Betriebssystem für mobile Geräte. Was das bedeutet, beschreibt Eric Schmidt selbst am besten:

> *Wir sind überzeugt, dass Portale wie Google, Facebook, Amazon und Apple weitaus mächtiger sind, als die meisten Menschen ahnen. Ihre Macht beruht auf der Fähigkeit, exponentiell zu wachsen. Mit Ausnahmen von biologischen Viren gibt es nichts, was sich mit derartiger Geschwindigkeit, Effizienz und Aggressivität ausbreitet wie diese Technologieplattformen, und dies verleiht auch ihren Machern, Eigentümern und Nutzern neue Macht.*[95]

In diesem Zusammenhang müssen wir noch einmal auf das Zusatzabkommen zum NATO-Truppenstatut (NTS-ZA) zurückkommen, denn Artikel 72 Absatz 4 dieses Abkommens räumt US-Unternehmen Vergünstigungen ein: In ihrer Antwort auf eine »Kleine Anfrage« bestätigte die Bundesregierung am 14. April 2011, dass im Zeitraum Januar 2005 bis Februar 2011 auf Grundlage des NTS-ZA insgesamt 292 US-Unternehmen Vergünstigungen eingeräumt wurden.[96] Bei diesen Vergünstigungen handelt es sich um Befreiungen von den deutschen Vorschriften über die Ausübung von Handel und Gewerbe; ausgenommen sind Vorschriften des Arbeitsschutzrechts.[97]

Ein Beispiel dafür liefert der IT-Dienstleister Computer Sciences Corporation (CSC). Er ist unter anderem Auftragnehmer von CIA und NSA und unterhält in Deutschland die Tochtergesellschaft CSC Deutschland Solutions GmbH mit Hauptsitz in Wiesbaden. Diese hat seit den 1990er-Jahren Aufträge von Bundesministerien in einem Gesamtvolumen von circa 300 Millionen Euro und dabei Zugriff auf sensible Daten erhalten. Neben dem Projekt De-Mail, das laut Bundesregierung eine sichere Kommunikation mit Behörden erlauben soll, war CSC Deutschland am Aufbau des nationalen Waffenregisters, bei der Überprüfung des Staatstrojaners und der Einführung des neuen Personalausweises beteiligt. Doch weder CSC Deutschland noch das Bundesministerium des Innern wollten sich zu einer möglichen Weitergabe von deutschen (Staatsbürger-)Daten durch CSC Deutschland über CSC an US-Geheimdienste im November 2013 äußern.

## Verstoß gegen das Menschenrecht

Dabei wäre eine Einigung mit den USA über ein Ende der Abhörpraxis zwingend nötig gewesen, denn das Recht auf informationelle Selbstbestimmung ist Teil des allgemeinen Persönlichkeitsrechts. Danach hat jeder das Recht, grundsätzlich selbst zu entscheiden, wann und in welchem Umfang persönliche Tatsachen und Sachverhalte offenbart, also erhoben, gespeichert, verwendet oder weitergegeben werden dürfen. Nach der vom Bundesverfassungsgericht entwickelten sogenannten Sphärentheorie ist in jedem Fall die Intimsphäre, die den innersten unantastbaren Bereich der Persönlichkeit betrifft, jeglichem Eingriff durch die Staatsgewalt entzogen. Die Privatsphäre hingegen, die den engeren persönlichen Lebensbereich, insbesondere der Familie betrifft, erlaubt Eingriffe, doch nur dann, wenn sie im überwiegenden Interesse der Allgemeinheit unter strikter Einhaltung des Grundsatzes der Verhältnismäßigkeit erfolgen.

Es bedarf keiner näheren Ausführung, dass durch die anlasslose Massenüberwachung der Telefongespräche und der Internetkommunikation zumindest diese beiden Sphären verletzt worden sind. Dies gilt erst recht, wenn die Geheimdienste in die Computer und Mobiltelefone eindringen und über Mikrofone und Kamera Aufnahmen machen, die sogar die Intimsphäre und damit den absolut geschützten Kernbereich privater Lebensgestaltung verletzen, also die schwerste, durch nichts zu rechtfertigende Verletzung des Rechts auf informationelle Selbstbestimmung verursachen.

Dabei ist das von der Verfassung garantierte Recht des Einzelnen, unkontrolliert zu kommunizieren, unverzichtbare Grundvoraussetzung einer offenen demokratischen Gesellschaft. Die frühere Präsidentin des Bundesverfassungsgerichts, Jutta Limbach, brachte es auf den Punkt:

> *Eine demokratische politische Kultur lebt von der Meinungsfreude und dem Engagement der Bürger. Das setzt Furchtlosigkeit voraus. Diese dürfte allmählich verloren gehen, wenn der Staat seine Bürger biometrisch vermisst, datenmäßig durchrastert und seine Lebensregungen elektronisch verfolgt.*[98]

Das Bundesverfassungsgericht (BVerfG) hat 2008 aus dem allgemeinen Persönlichkeitsrecht das Grundrecht auf Gewährleistung der Vertraulichkeit und Integrität informationstechnischer Systeme abgeleitet. Dieses Grundrecht erlaube nur unter ganz engen Voraussetzungen Zugriffe. Insbesondere seien richterliche Anordnungen und Regelungen zum Schutz des »Kernbereichs privater Lebensgestaltung« erforderlich, bestätigte das BVerfG.[99] Nun waren die »ganz engen Voraussetzungen« offensichtlich aber nicht so »eng« gemeint, wie verkündet. Denn am 27. Februar 2013 erließ das Bundesverfassungsgericht das Urteil:

*Die heimliche Infiltration eines informationstechnischen Systems, mittels derer die Nutzung des Systems überwacht und seine Speichermedien ausgelesen werden können, ist verfassungsrechtlich nur zulässig, wenn tatsächliche Anhaltspunkte einer konkreten Gefahr für ein überragend wichtiges Rechtsgut bestehen. Überragend wichtig sind Leib, Leben und Freiheit der Person oder solche Güter der Allgemeinheit, deren Bedrohung die Grundlagen oder den Bestand des Staates oder die Grundlagen der Existenz der Menschen berührt. Die Maßnahme kann schon dann gerechtfertigt sein, wenn sich noch nicht mit hinreichender Wahrscheinlichkeit feststellen lässt, dass die Gefahr in näherer Zukunft eintritt, sofern bestimmte Tatsachen auf eine im Einzelfall durch bestimmte Personen drohende Gefahr für das überragend wichtige Rechtsgut hinweisen.*[100]

Damit ist den Geheimdiensten eine breite Erlaubnis erteilt worden: Selbst wenn es noch gar nicht sicher ist, ob in näherer Zukunft eine Gefahr eintritt, darf »das Grundrecht auf Gewährleistung der Vertraulichkeit und Integrität informationstechnischer Systeme« bereits aufgehoben und der Verdächtige elektronisch ausgespäht werden.

Auch die Europäische Menschenrechtskonvention (EMRK) beschwört in Artikel 8 zunächst die Achtung des Privat- und Familienlebens, der Wohnung und der Korrespondenz als Menschenrecht, rudert aber schon im zweiten Absatz wieder zurück, indem sie schreibt, eine Behörde dürfe in dieses Recht eingreifen, »soweit der Eingriff gesetzlich vorgesehen (was er laut obigem Urteil des BVerfG ist, Anm. d. Verf.) und in einer demokratischen Gesellschaft notwendig ist für die nationale oder öffentliche Sicherheit, für das wirtschaftliche Wohl des Landes, zur Aufrechterhaltung der Ordnung, zur Verhütung von Straftaten, zum Schutz der Gesundheit oder Moral oder zum Schutz der Rechte und Freiheiten anderer«.[101] Nationale oder öffentliche Sicherheit, wirtschaftliches Wohl des Landes, Aufrechterhaltung der Ordnung, Verhütung von Straftaten, Schutz der Gesundheit oder

Moral (welcher Moral?), Schutz der Rechte und Freiheiten anderer (welcher anderen?) – das ist eine lange Liste dehnbarer Begriffe, die dieses vermeintliche Menschenrecht wieder aushebeln.

So ist es kein Wunder, dass der Europäische Gerichtshof für Menschenrechte (EGMR) oft eingeschaltet wird. Er wird dann zu einer Art Rufer in der Wüste, der sich beispielsweise mit dem Urteil Gehör verschaffen will, dass das Gesetz, das eine Überwachung zulässt, in besonderem Maße konkret sein müsse, und dass das innerstaatliche Recht Schutz gegen willkürliche Eingriffe durch Behörden gewähren müsse.[102] Doch dieser Ruf ist längst verhallt. Ebenso wie die Beanstandung des EGMR, dass bisher keine Regelungen bezüglich Personen getroffen wurden, die zufällig als Gesprächspartner der überwachten Person abgehört worden sind; denn auch hier liege nach den Maßstäben dieser Rechtsprechung eine schwerwiegende Verletzung des Artikels 8 EMRK vor.[103]

Der Europäische Gerichtshof für Menschenrechte bemängelte auch den Datenschutz, den fehlenden Schutz persönlicher Daten, und wies darauf hin, dass das innerstaatliche Recht ausreichende Garantien gegen Datenmissbrauch geben müsse.[104] Besondere Garantien sind nach der Rechtsprechung des EGMR auch bei der Sammlung von Informationen über Personen erforderlich, gerade auch im Interesse der Staatssicherheit. Geheime Datensammlungen, etwa bei Personen, die im engeren Sicherheitsbereich tätig sind, seien zwar nach Artikel 8 Absatz 2 EMRK möglich, aber nur dann, wenn sie unbedingt erforderlich seien und wenn bestimmte Garantien gegen Missbrauch vorgesehen wären und berücksichtigt werden würden. Anlasslose Massenüberwachung und geheime Sammlung von personenbezogenen Informationen – der Alltag deutsch-amerikanischer Geheimdienst-Kooperation – verstoßen also gegen deutsche Grundrechte und europäische Menschenrechte. Dennoch sind sie seit Jahrzehnten durch diverse Geheimabkommen abgesegnet.

## Überwachung von oben

Aber die USA beschränken sich bei der Überwachung Deutschlands nicht auf unsere Fernmeldedaten, sondern nutzen auch Aufklärungsdrohnen. So gab die Bundesregierung im Dezember 2015 die Genehmigung, US-Drohnen ohne Überprüfung ihrer Aktivitäten über deutschem Luftraum fliegen zu lassen. Dadurch werde eine »Destabilisierung« in Zentral- und Osteuropa verhindert, so die Bundesregierung damals. Dies sei ein sichtbares »Zeichen des Engagements in Europa für die Sicherheit Europas und der transatlantischen Bindung«. Ziel der Riesendrohnen mit Militärnamen Global Hawk sei das Sammeln von optischen Aufklärungsdaten an der Grenze zu Russland.[105]

Diese Drohnen starten von einer Luftwaffenbasis im sizilianischen Sigonella und überfliegen laut Bundesregierung dann die Bundesländer Saarland, Rheinland-Pfalz, Nordrhein-Westfalen, Niedersachsen, Bremen, Hamburg, Schleswig-Holstein und Mecklenburg-Vorpommern. Obwohl die Amerikaner sich sogar bereit erklärt hätten, einen deutschen Beobachter überprüfen zu lassen, ob sich Washington an die Vereinbarungen beim Überflug halte, verzichte man auf eine Überprüfung der Einhaltung der Flugroute, denn das erscheine von deutscher Seite nicht erforderlich: »Da jedoch die schriftliche Bestätigung seitens der USA als ausreichend bewertet wurde, ist ein nationaler Beobachter nicht entsandt worden.«[106]

Eigentlich darf Global Hawk also nur einen bestimmten deutschen Luftkorridor nutzen und muss dabei ihre Aufklärungstechnik abschalten. Doch hält sich die US-Luftwaffe nicht an diese Vereinbarung von 2015, wie 2018 – also 3 Jahre später – herauskam, als Andrej Hunko, europapolitischer Sprecher der Fraktion Die Linke im Bundestag, beim Verteidigungsministerium (BMVg) nachfragte. Die Antwort von Peter Tauber, dem Parlamentarischen Staatssekretär im BMVg, fiel lapidar aus:

*Die US-Luftwaffe benutzt mit ihren Drohnen des Typs Global Hawk von Sizilien über deutschen Luftraum fliegend nicht nur den vom Verteidigungsministerium genehmigten Korridor über Hamburg Richtung Ostsee, sondern die Drohnen fliegen auch über das Ruhrgebiet zur Barentsee. Mit Wirkung vom 13. September 2017 wurde die entsprechende Betriebsabsprache zur Durchführung der Flüge des Global Hawk im deutschen Luftraum verlängert. Hierbei wurde ein zusätzliches Routensegment »N«, welches nördlich des Ruhrgebiets in Richtung Nordsee führt, eingerichtet.*[107]

»Klammheimlich neu eingerichtet«, konterte Hunko daraufhin erbost.[108] Auch beanstandete er, dass die Bundesregierung bis heute nicht mit Sicherheit sagen könne, ob die US-Drohnen im deutschen Luftraum tatsächlich ihre Überwachungstechnik ausgeschaltet hätten. Das Verteidigungsministerium bleibe stur bei seiner Aussage, der Betrieb der Aufklärungstechnik beim Transit über Deutschland sei »strikt untersagt«. Die Global Hawk hält sich auf dem Hin- und Rückflug von und nach Sizilien jeweils 85 Minuten im deutschen Luftraum auf. Wahrscheinlich ist es ohnehin unerheblich, ob die amerikanischen Drohnen beim Überflug über Deutschland ihre Technik ausschalten oder nicht, denn ihr Aufklärungsradius ist so groß, dass sie ein Land auch von jenseits der Grenzen ausspionieren können; bei einer Flughöhe von bis zu 18 Kilometern kann Global Hawk von der Ostsee aus nicht nur Russland, sondern auch die übrigen Anrainerstaaten ausspähen.

Global Hawk ist eine 14,5 Meter lange Drohne mit einer Spannweite von fast 40 Metern. Sie dient zur Aufklärung, hat kein Waffensystem an Bord und gehört zu den größten Drohnen-Typen der Welt. Sie kann in über 18 Kilometer Höhe fliegen und länger als 24 Stunden in der Luft bleiben. Interessant ist, dass nun eine US-Drohne über Deutschland fliegt, nachdem die deutsche EuroHawk daran gescheitert war, dass die für sie vorgelegte Hersteller-Dokumentation für eine deutsche Zulassung nicht ausreichte und die Nachlieferung eine dreistellige Millionensumme gekostet hätte. Die deutsche Super-Drohne, deren Entwicklung mehr als eine Milliarde Euro verschlungen hat, verrostet seit 2013 in einem Hangar in Manching bei Ingolstadt.[109]

## Nicht nur spähen, sondern auch sprühen

Wie wir es im ersten Kapitel dieses Buches aus einer Stellungnahme des Wissenschaftlichen Dienstes des Bundestags entnehmen konnten, haben US-Flugzeuge in Deutschland Ein- und Überflugrecht. So ist es durchaus im Bereich des Möglichen, dass das US-Militär über unseren Köpfen Wetterexperimente durchführt und die Wetteranomalien der letzten Jahre auf diese Experimente zurückzuführen sein könnten.

Seit Jahren versuchen alternative Wissenschaftler nachzuweisen, dass die Luft absichtlich von Flugzeugen mit chemischen Materialien angereichert wird. Als Beweis dafür nennen sie die immer längeren Kondensstreifen, die von Flugzeugen hinterlassen werden und oft als Gitternetz am Himmel zu sehen sind. Laut dem ehemaligen Greenpeace-Aktivisten Peter Altnickel geht es dabei einerseits um »die strategische Zerstörung jeglicher Naturgrundlage« und andererseits »um Geopolitik, um die Erpressung anderer Staaten«, wie Altnickel einen britischen Wissenschaftler zitiert, der anonym bleiben wolle.[110] Wettermanipulation sei eine Waffe gegen andere Staaten, was bedeuten könnte, dass die Chemtrails von alliierten Militärflugzeugen ausgebracht werden würden, die in Deutschland freie Überflugrechte haben.

Diese »Optimierung des Wetters« wird in der Fachliteratur als »Geoengineering« bezeichnet. Geoengineering ist »die absichtliche Manipulation der Umwelt …, die nukleare, biologische, chemische, elektromagnetische und/oder andere physikalische Wirkstoffe einbezieht, die Veränderungen der Erdatmosphäre und/oder der Oberfläche bewirken«.[111] Das von den Vereinten Nationen bereits im Jahr

1976 beschlossene Verbotsdekret »Militärische Techniken zur Umweltmodifikation« zeigt, dass Geoengineering etwas ist, das nicht nur angedacht war, sondern auch aktiv betrieben wird.

Das am 24. März 2017 eingebrachte Gesetz The Geoengineering Act of 2017 (H601) von Justin Price im Staat Rhode Island/USA ist das erste amtliche Dokument, das in aller Deutlichkeit vor dieser Manipulation und ihren Folgen warnt:

> *Geoengineering umfasst viele Technologien und Methoden mit gefährlichen Aktivitäten, die die menschliche Gesundheit und Sicherheit, die Umwelt und die Wirtschaft des Staates Rhode Island schädigen können. Es ist daher die Absicht der Generalversammlung von Rhode Island, alle Geoengineering-Aktivitäten zu regeln.*[112]

Der Geoengineering Act of 2017 führt eine Liste aller Technologien auf, die man zur »absichtlichen Manipulation der Umwelt« einsetzen kann:

► Solar Radiation Management (SRM), oft einfach Chemtrails genannt
► Schutz mittels Wolkenabdeckung und Wolkenaufhellung
► Weltraumsonnenschirme oder -sonnenschutzschilde
► Solarschutzschilde oder atmosphärische Sonnenschutzmittel, zum Beispiel reflektierende Partikel wie Schwefeldioxid und Aluminiumoxid
► Künstliche Ionosphäre, zum Beispiel Plasmawolken mit hoher Dichte
► Ozeandüngung mit Eisen oder Kalk, Wiedervereisung oder Kühlung der Arktis durch künstliche Mittel
► Genetisch modifizierte, $CO_2$-verzehrende Plastikbäume
► Atmosphärischer Einsatz von Hochfrequenz-/ Mikrowellenstrahlung
► Flugzeug-Geoengineering-Aktivitäten

Zudem findet man in der Gesetzesvorlage eine Aufstellung möglicher Konsequenzen des Geoengineerings. Es wird unter anderem gewarnt vor einer globalen Verdunkelung, weil sie die Absorption von Vitamin D bei Mensch und Tier reduziert. Man müsse außerdem mit einer Verschmutzung von Luft, Wasser und Boden rechnen, wenn chemische Stoffe aus den Chemtrails in den lokalen Niederschlägen auf die Erde fallen und damit die Gesundheit bei Menschen, Tieren und Pflanzen und anderen lebenden Organismen gefährden.[113]

Am Max-Planck-Institut gibt es Forschungen zum Solaren Strahlungsmanagement, bei dem durch das Versprühen von Barium, Aluminium und Strontium solare Strahlung zurück in den Weltraum reflektiert wird. Dabei soll durch zunehmende Treibhausgase der Erwärmung der Erdatmosphäre entgegengewirkt werden. Eine weitere Methode beim Geoengineering ist eine Technik, bei der mittels Chemikalien das $CO_2$ aus der Atmosphäre entfernt werden soll.[114]

Das US-Militär erzeugt zu Übungszwecken häufig sogenannte Geisterwolken, um die Radarüberwachung anderer Staaten zu stören.[115] Doch leider darf das Umweltbundesamt den Gehalt an Aluminium, Barium und Strontium in der Luft nicht messen, denn den deutschen Behörden wird von der europäischen Ebene vorgegeben, was gemessen werden soll und was nicht.[116] Dabei machen Biologen der University of Sussex in England die hohe Aluminiumkonzentration in der Luft auch für das massive Bienensterben verantwortlich.[117]

## Das ominöse HAARP

Gesteuert werden die US-Klima-Experimente von HAARP – High Frequency Active Auroral Research Program, einer riesigen Antennenanlage in Alaska; HAARP bedeutet auf Deutsch »Aktives Hochfrequenz-Forschungsprogramm zur Erforschung des Polarlichtes«. Offiziell soll HAARP das Magnetfeld und die atmosphärische Strahlung der Erde mittels Hochfrequenzwellen erforschen. Dass HAARP aber mehr ist als nur ein harmloses Forschungsprogramm, hat vor allem die Trägerin des alternativen Nobelpreises (1986) und inzwischen verstorbene Dr. Rosalie Bertell herausgearbeitet. Bertell gilt als eine der ersten AutorInnen, die sich intensiv mit dem Thema beschäftigt hat, die Erde als Waffe einzusetzen. In ihrem Buch *Kriegswaffe Planet Erde* beschrieb sie unter anderem auch den Ionosphärenheizer HAARP.

HAARP zielt auf die Ionosphäre, eine an elektrisch aufgeladenen Teilchen – den Ionen – überaus reiche Gasschicht oberhalb der Ozonschicht. Die Ionosphäre kann durch leistungsstarke HAARP-Antennen erhitzt werden. Infolgedessen können künstliche Ionenwolken entstehen, die ihrer Form nach optischen Linsen gleichkommen. Diese Linsen können dazu genutzt werden, Tieffrequenzstrahlen zu reflektieren und energiegeladene Todesstrahlen zu bilden, die auf einen vorgegebenen geografischen Punkt gerichtet werden können.

Eine spezielle HAARP-Station ist 1993 nordöstlich von Gakona in Alaska gebaut worden; 18 Funkmasten standen dort ursprünglich auf einer Fläche von 13 Hektar – 360 solcher 24-Meter-Antennen sind es heute. Mit deren Hilfe wird ein konzentriertes Wellenbündel erzeugt, das wiederum einen bestimmten Bereich der Ionosphäre erhitzt. Eine Struktur aus Plasma und magnetischer Strahlung entsteht – ein sogenanntes Plasmoid. »Mithilfe gelenkten Plasmoids kann das Wetter beeinflusst werden – tropische Regengüsse erzeugt, Hurrikane, Erdbeben, Tsunamis ausgelöst werden«, sagt der Experte und Buchautor Juri Bobylow.

*Die Amerikaner haben schon 2003 offen erklärt, sie würden irgendeine Kanone in Alaska testen. Eben damit verbinden viele Experten die Naturkataklysmen in Süd- und Mitteleuropa und dem indischen Ozean. Hochfrequenzsender, die für das HAARP-Programm gebaut wurden, existieren heute an drei Orten unseres Planeten: in Alaska, Norwegen und Grönland.*[118]

Bereits kurz nach dem Zweiten Weltkrieg hatten US-Wissenschaftler angefangen, mit dem Wetter zu spielen. Sie erforschten, wie man Prozesse in der Erdatmosphäre unter externen Einflüssen steuern kann. 1961 wurden im Rahmen eines Experiments 350 000 Kupfernadeln in die obersten Schichten der Luftkuppel katapultiert, wodurch deren Wärmebalance empfindlich gestört wurde. Das Ergebnis war, dass in Alaska die Erde bebte und in Chile Teile der Küste in den Pazifik stürzten.

1976 hatte die UNO einen völkerrechtlichen Vertrag verabschiedet, der die militärische und überhaupt aggressive Nutzung von Einflussmitteln zur Einwirkung auf die natürliche Umwelt verbietet. Es dürfen also keine Erdbeben künstlich ausgelöst, das Polareis geschmolzen oder das Klima verändert werden. Diese sogenannte ENMOD-Konvention – Convention on the Prohibition of Military or Any Other Hostile Use of **En**vironmental **Mod**ification Techniques (zu Deutsch: Umweltkriegsübereinkommen) – war am 10. Dezember 1976 als Resolution 31/72 verabschiedet worden. 47 Staaten unterzeichneten die Konvention, unter ihnen auch die Sowjetunion und die USA. Am 5. Oktober 1978 trat der Vertrag für die Unterzeichnerstaaten in Kraft. Nur steht darin nicht, dass die Forschung an diesen Klimawaffen verboten sei,[119] denn ohne diese versteckte Klausel hätten die meisten Staaten die geforderte ENMOD-Konvention wahrscheinlich gar nicht unterschrieben. Doch wieso sollte man etwas erforschen, das man gesetzlich per UNO-Beschluss nie anwenden darf?

Wohl nur, weil man es später als versteckte Waffe verwenden könnte. Anders ergibt dieses Schlupfloch der ENMOD-Konvention keinen Sinn. Militärs haben auch nach 1978 diese Programme der Erdbeben- und Tsunami- Waffen nicht aufgegeben. Die Wetterwaffen-Option war nie vom Tisch.

Auch in der UdSSR wurde mit dem Klima herumexperimentiert. Die Forscher des Instituts für thermodynamische Prozesse (heute: Keldysch-Zentrum in Moskau) versuchten in den 1970-Jahren, über das

Magnetfeld auf die Erdatmosphäre Einfluss zu nehmen. In der sub-polaren Region sollte von einem U-Boot aus eine Rakete mit einer Plasmaquelle von 1,5 MW Leistung an Bord gestartet werden. Doch der Start fand nicht statt.

Und gemeinsam mit Kuba und Vietnam experimentierte die Sow-jetunion mit Taifunen. Im Fokus der Forschung stand der geheimnis-volle Aspekt dieses Phänomens – das Auge des Taifuns. Mittels flie-gender Laboratorien suchten die Wissenschaftler nach Ansatzpunkten, um sich der Wirbelstürme zu bemächtigen, ihre Wucht zu steigern oder zu verringern, die Bahn zu verändern und so fort. Anfang der 1990er-Jahre wurden die Programme aus Mangel an Finanzen einge-stellt. Aus Kostengründen wurden in Russland in den letzten 20 Jah-ren HAARP-Modul-Antennensysteme (HAARP-Anlagen der dritten und vierten Generation) entwickelt, die sich schneller und kosten-günstiger auf-, ab- und umbauen lassen und deren Module ständig erweitert werden können, um die Sendeleistung der Mikrowellen-strahlung zu steigern. Diese Modul-Antennensysteme sprießen über-all auf der Welt, vor allem aber in Europa, wie Pilze aus dem Boden. Die vielen militärischen HAARP-Anlagen gehören unter anderem zum umstrittenen NATO-Raketenabwehrschild und wurden in den letzten 10 bis 15 Jahren auf der ganzen Welt massenweise aufgebaut. Jeder hat im Grunde die Technologie, das Wetter künstlich mittels HAARP-Technologien zu beeinflussen. Alle HAARP-Anlagen (Iono-sphären-Heizer) erwärmen die Atmosphäre durch Mikrowellen-strahlung.

Die Patente für HAARP liegen vor allem bei Rüstungsfirmen wie dem amerikanischen Konzern Raytheon. Die größte HAARP-Anlage von Gakona in Alaska ist mit dem Netzwerk der Nexrad-Systeme (Next Generation Radar) in den USA und auf US-Stützpunkten welt-weit koordiniert – auch mit einigen in Deutschland. Auch im Atlantik gibt es zwei Inseln, eine in der Nähe Brasiliens und eine Nachbarinsel von St. Helena vor Afrika, die mit HAARP- und Radar-Antennen be-stückt sind und von denen aus Anomalien produziert werden können.

Vermutet wird, dass sich im Norden der Antarktis, im Neuschwaben-
land, eines der stärksten und größten Mikrowellen-Energie-Waffen-
Systeme befindet.[120] Ob diese HAARP-Systeme das Wetter beeinflusst
oder gar Naturkatastrophen ausgelöst haben, kann bis heute nicht
nachgewiesen werden.

Doch kommen wir aus dem Bereich der Spekulation noch einmal
zurück in die Realität der Überwachung Deutschlands. Der ehemalige Bundesminister Andreas von Bülow (SPD) fasst sie in einem Interview mit der Webseite *Sputnik* am 25. Mai 2019 treffend zusammen, indem er sagt, die US-Geheimdienste arbeiteten ungeniert auf
deutschem Boden und »halten Gerichte in der Bundesrepublik zum
Narren«. Und weiter vor dem Hintergrund seiner juristischen Erfahrung: »Es gab in der BRD schon Verurteilungen nach alliiertem Militärrecht.«[121] »Ich glaube«, so der frühere Minister unter Kanzler
Helmut Schmidt (SPD) und Parlamentarische Staatssekretär im Verteidigungsministerium,

> *dass insbesondere die US-Amerikaner die Kontrolle über
> Deutschland nach wie vor ganz klar haben. Die abenteuerlichs-
> te Konstruktion ist, dass die alliierte Kontrolle sozusagen Be-
> standteil des deutschen Rechtswesens ist und dass alle drei Ge-
> walten daran gebunden sind. Das stößt einem immer auf, wenn
> man sich beispielsweise den Amri-Fall in Berlin oder die NSU-
> Prozesse anschaut, wo ganz merkwürdige Einflussnahmen von
> außen kommen, die von deutscher Seite nicht ordentlich aufge-
> klärt werden.*[122]

So würden die Alliierten – vor allem die USA – »die deutschen Gerichte zum Narren halten. Das können Sie bis zum Schleyer-Mord
nachverfolgen.«

Kapitel 3

# Verpflichtet

Weil Deutschland Seite an Seite mit den USA marschieren muss, muss es auch seine Militärausgaben drastisch erhöhen. Die von der NATO und explizit auch immer wieder von US-Präsident Trump geforderte Erhöhung auf 2 Prozent des Bruttoinlandsprodukts wird sich nicht länger verhindern lassen. Seit Jahrzehnten schon fordert die NATO mehr militärische Fähigkeiten, mehr Soldaten, mehr Material von ihren Verbündeten. Dabei investiert etwa die Hälfte der NATO-Mitgliedsländer weniger in ihre Verteidigung, als die New Yorker Polizei kostet (4,8 Milliarden Dollar).

Was 20 Jahre lang niemand schaffte, gelang Trump schon im ersten Monat seiner Präsidentschaft – und zwar mit einer gerissenen Taktik. Zunächst hatte er damit gedroht, die Beistandsverpflichtungen der Vereinigten Staaten infrage zu stellen, sollten die NATO-Partner nicht auf seine Vorstellungen eingehen. Da aber die Amerikaner die mit Abstand mächtigste Militärmacht sind, wäre das für die Allianz ein Desaster gewesen. Auf der 53. Münchner Sicherheitskonferenz im Februar 2017 drohte US-Vize-Präsident Mike Pence dann unverhohlen, Friede und Wohlstand in Europa dürften nicht als garantiert betrachtet werden: »Sie müssen kontinuierlich erhalten werden, durch geteiltes Opfer und geteilte Verpflichtung.« Genau das werde Amerika leisten und noch mehr, versprach Pence. Die USA wollten ihr Militär ausbauen und »das Waffenlager der Demokratie wiederherstellen«.[123] Und dann kam die Forderung: »Europas Verteidigung braucht ihre Verpflichtung genauso wie unsere.« Das Transatlantische Bündnis baue auf zwei Grundsätzen auf, erinnerte Pence, auf dem vielzitierten Artikel 5 des NATO-Vertrages – mit seiner übrigens eher vagen Beistandsverpflichtung – und auf dem weniger bekannten Artikel 3, »in dem wir geloben, unseren fairen Teil zu unserer gemeinsamen Verteidigung beizutragen«. Eine gleichwertige Gegenüberstellung von Artikel 5 und Artikel 3 des Bündnisvertrages zeugt davon, dass hier ein neuer Ton angeschlagen wird, den in der NATO so wohl noch niemand gehört hat. Er bedeutet: Der Beistand nach Artikel 5 könnte abhängen von der fairen Lastenteilung nach

Artikel 3. Das Versprechen, die Last »unserer … Verteidigung« zu teilen, warnte Pence, sei zu lange unerfüllt geblieben. »Wenn Bündnispartner ihren Teil nicht tun, dann untergräbt das unsere Fähigkeit, einander zu Hilfe zu kommen.« Washington erkenne an, dass einige Nationen auf dem Weg seien, das selbstgesetzte 2-Prozent-Ziel zu erfüllen. Viele andere aber, »einschließlich einiger unserer größten Verbündeten«, seien davon noch weit entfernt. Pence: »Lassen Sie mich hier ganz klar sein: Der Präsident der Vereinigten Staaten erwartet, dass unsere Verbündeten ihr Wort halten und ihre Verpflichtungen erfüllen.« Und das bedeute, so Pence weiter, jedes Wort extra betonend: »Jetzt ist die Zeit gekommen, mehr zu tun.« Am Schluss seiner Münchner Rede hatte Pence noch eine letzte Warnung parat: »Sicherheit durch geteiltes Opfer – oder eine ungewisse Zukunft.«[124]

Schließlich legte Trump selbst in einer Rede vor beiden Häusern des US-Kongresses noch einmal nach: »Unsere Bündnispartner müssen ihre finanziellen Verpflichtungen erfüllen.« Trump weiter: »Und jetzt, nach unseren sehr harten und offenen Diskussionen, fangen sie an, genau das zu tun.« Doch er fordert sogar noch mehr als Aufrüstung:

> *Wir erwarten von unseren Partnern, sei es in der NATO, im Mittleren Osten oder im Pazifik, dass sie bei strategischen wie militärischen Operationen eine bedeutende Rolle übernehmen und ihren Teil der Kosten tragen.*[125]

Damit ist die Marschrichtung klar: US-Präsident Trump will, dass Deutschland und andere europäische NATO-Mitglieder ihre Militärausgaben steigern und damit kräftig in den US-Rüstungsbetrieben einkaufen. Und was noch wichtiger ist: Er will, dass sich die NATO-Länder mit ihren Truppen aktiv an den globalen Kriegen beteiligen – so wie es schon das alte Rom von seinen Vasallen forderte.

# Mainstream-Medien: Seite-an-Seite-Propaganda

Kaum hatte der »Große Befehlshaber« sein Machtwort gesprochen, schon assistierten die deutschen Medien eilfertig: Die *Frankfurter Rundschau* veröffentlichte ein Strategiepapier des Verteidigungsministeriums, nach dem die Bundeswehr auf Landesverteidigung umgebaut werden soll. Neue Waffensysteme und ein Heer, das zu drei voll ausgerüsteten Divisionen mit acht bis zehn Brigaden restrukturiert wird, sind zur Verwirklichung dieses Ziels angedacht. Die Divisionen sollen im Krisenfall innerhalb von 3 Monaten einsatzbereit sein. Für diese »neuen« Aufgaben müsse die Anzahl der Transporthubschrauber, Flugabwehrsysteme, Panzer und Marineschiffe erhöht werden. Um den »Personalnotstand« in den Griff zu bekommen, will man möglicherweise verstärkt auf Reservisten zugreifen. Originalton Frankfurter Rundschau: »Die Bundeswehr soll zu einer schlagkräftigen Truppe werden, die in der Lage ist, potenzielle Gegner abzuschrecken.«[126]

*Zeit Online* legt im Detail dar, wie viele der Fahrzeuge und Waffensysteme der Bundeswehr noch funktionstüchtig seien. Die Truppe könne nur 30 bis 70 Prozent ihrer Waffensysteme einsetzen, der Rest sei defekt und warte auf Reparatur. Als Quelle nennt der Online-Dienst die Jahresmeldung des Generalinspekteurs der Bundeswehr über die »materielle Einsatzbereitschaft der Hauptwaffensysteme«. Der Bericht des Generalinspekteurs zeige, dass »viele Waffen herumstehen, weil sie schneller kaputt gehen, als ursprünglich geplant wurde, und weil die Reparatur zu lange dauert. Denn um Geld zu sparen, werden neue Panzer oder Flugzeuge vom Verteidigungsministerium gern ohne ausreichende Instandsetzungseinrichtungen bestellt.«[127]

*Focus online* liebt es martialischer und stellt den »Global Firepower Index« auf. Er vergleicht die Armeen der Welt anhand von Kriterien wie Armeestärke und militärischer Ausrüstung. »Acht Länder sind stärker als die Bundesrepublik« und »Deutschland stellt nicht einmal die mächtigste Armee Europas«, klagt die Redaktion. »Die Bundesrepublik kann nur 180 000 aktive Soldaten aufweisen.«[128]

Wofür diese ganze Aufrüstung gut sein soll, verbreitet die NATO gebetsmühlenartig über die ihr ergebenen transatlantischen Medien: Um der Aggression Russlands Einhalt zu gebieten. Wer der Aggressor in Wirklichkeit ist, zeigt ein Blick in die internationalen Militärausgaben des Jahres 2018 (Zahlen laut Stockholm International Peace Research Institute, SIPRI, in US-Dollar).[129] Ich zähle hier nur die größeren NATO-Staaten auf:

▶ USA: 649 Milliarden
▶ Frankreich : 63,8 Milliarden
▶ Großbritannien: 50 Milliarden
▶ Deutschland: 49,5 Milliarden
▶ Italien: 34 Milliarden

Laut SIPRI beliefen sich die Gesamtausgaben der NATO auf 963 Milliarden US-Dollar.[130] Die NATO selbst gibt übrigens 930 Milliarden Dollar als Gesamtausgaben für 2018 an und prognostiziert für 2019 eine Steigerung von über 50 Milliarden auf 984 Milliarden Dollar.

Deutschland will in diesem Jahr laut Verteidigungsministerium 43,2 Milliarden Euro (= 48,56 Milliarden US-Dollar) für die Bundeswehr ausgeben.[131] Die *Deutsche Presse-Agentur* rechnet »mit für das Bündnis relevanten Ausgaben« in Höhe von 47,32 Milliarden Euro (=53,095 Milliarden US-Dollar)[132] – was vermutlich eher den tatsächlichen Militärausgaben entsprechen dürfte, da die Bundesrepublik bereits vergangenes Jahr fast 50 Milliarden US-Dollar für das Militär aufgewendet hat.

Die USA legen noch mal eine Schippe drauf: Anfang Juli 2019 hat der US-Senat, wie von Donald Trump gewünscht, mit überwältigender Mehrheit von 86 zu 8 Stimmen ein Gesamtbudget für die »Verteidigungs«-Ausgaben von 669 Milliarden Euro (=750 Milliarden Dollar) für das Jahr 2020 gebilligt.[133] Das heißt, die USA werden doppelt so viel für ihr Militär ausgeben wie Deutschland für den gesamten Bundeshaushalt, von Straßen über Schulen, Sozial- und Bildungsleistungen bis hin zu den Beamtengehältern. Dagegen hat Russland 2018 für sein Militär nur 61,4 Milliarden Dollar ausgegeben.[134] Nimmt man noch die kleineren Staaten seines Militärbündnisses OVKS hinzu, dann kommen weit unter 100 Milliarden Euro zusammen. Das Budget der NATO ist also mehr als 10-mal so groß wie das des bösen Aggressors Russland.

## Deutsche Vasallen-Truppen weltweit im Einsatz

Natürlich geht es bei dem riesigen Jahresbudget der NATO nicht nur darum, Russland zu erdrücken. Es wird auch für die weltweiten Einsätze gebraucht, bei denen die Bundeswehr als US-Vasall getreu mitmarschieren muss – assistiert und angetrieben von den Repräsentanten der Politik.

So hatte schon Ende Januar 2014 der damalige Bundespräsident Joachim Gauck ein Ende der Zurückhaltung in der deutschen Außen- und Sicherheitspolitik gefordert. »Die Bundesrepublik sollte sich als guter Partner früher, entschiedener und substanzieller einbringen«, sagte er zum Auftakt der 50. Münchner Sicherheitskonferenz.[135] Er plädierte für einen grundlegenden Mentalitätswechsel, Deutschland dürfe nicht Weltabgewandtheit und Bequemlichkeit hinter seiner historischen Schuld verstecken. In dieses Plädoyer für eine stärkere Rolle Deutschlands im Rahmen von EU und NATO schloss Gauck ausdrücklich militärisches Engagement ein: »Deutschland wird nie rein militärische Lösungen unterstützen, wird politisch besonnen vorgehen und alle diplomatischen Möglichkeiten ausschöpfen.«

*Aber wenn schließlich der äußerste Fall diskutiert wird – der Einsatz der Bundeswehr –, dann gilt: Deutschland darf weder aus Prinzip »nein« noch reflexhaft »ja« sagen.[136]*

Die Bundesrepublik müsse bereit sein, mehr zu tun für jene Sicherheit, die ihr über Jahrzehnte von anderen gewährt wurde.

Eine Woche zuvor hatte auch die damalige Verteidigungsministerin Ursula von der Leyen (CDU) in einem Interview eine Debatte über ein stärkeres weltweites Engagement Deutschlands angestoßen.[137] Außenminister Frank-Walter Steinmeier (SPD) hatte dazu im Bundestag erklärt, die »Kultur der militärischen Zurückhaltung« dürfe nicht mit einer »Kultur des Heraushaltens« verwechselt werden.[138] Auch Bundeskanzlerin Angela Merkel (CDU) betonte nach einem Treffen mit UN-Generalsekretär Ban Ki Moon, Deutschland müsse sich bei der Lösung internationaler Konflikte einmischen.[139]

Weltweites militärisches Engagement Seite an Seite mit den USA ist im Übrigen ganz im Sinne der führenden deutschen Industriekonzerne, die – wie wir im fünften Kapitel sehen werden – ohnehin in angelsächsischer Hand sind. Im Jahr 2010 riefen diese Unternehmen eine »Allianz zur Rohstoffsicherung« ins Leben. Sie hat die Aufgabe, die Versorgung ihrer Gesellschafter und Partner mit ausgewählten Rohstoffen zu sichern; und um dieses Ziel zu erreichen, verlangt sie den Einsatz militärischer Mittel.[140] An der Spitze der Rohstoffallianz steht mit Dierk Paskert ein ranghoher Manager, der vorher im Vorstand von E.ON, einem der großen deutschen Energiekonzerne, saß.

In einem Interview mit dem *Handelsblatt* forderte im Februar 2013 Paskert »eine strategisch ausgerichtete Außenwirtschafts- und Sicherheitspolitik«, um die Versorgung der deutschen Wirtschaft mit Rohstoffen zu gewährleisten. Diese Politik müsse sich zwar vom »Ziel freier und transparenter Rohstoffmärkte« lenken lassen, »es wäre aber naiv, dies in naher Zukunft als gegeben anzunehmen«, sagte Paskert. Die Entwicklung sei »leider genau gegenläufig«. Deshalb müssten »wir« – das heißt Deutschland – »gemeinsam mit unseren Partnern in der EU und NATO noch mehr Verantwortung in Außenwirtschafts- und Sicherheitsfragen übernehmen«. Die Geschichte zeige, so Paskert weiter, »dass viele Konflikte ihre Ursache im Kampf um Rohstoffe haben … Die Rohstoffversorgung ist Grundlage für

Wertschöpfung und Wohlstand eines Landes und hat daher geopolitische Bedeutung.«[141]

In einem ausführlichen Leitartikel zu dem Paskert-Interview mit der Überschrift »Expedition Rohstoffe: Deutschlands neuer Kurs« schreibt das *Handelsblatt*, das Bundeskanzleramt werde einen Koordinator ernennen, der »die Interessen der strategischen Industrien sowie der Wehr- und Sicherheitstechnik besser verzahnen und so zur Sicherung der Rohstoffversorgung beitragen« solle. Strategische Partner Deutschlands wie Saudi-Arabien sollten mit Waffentechnik unterstützt werden, bevor man im Krisenfall gezwungen werde, eigene Soldaten zu entsenden. Und die Bundeswehr solle »stärker auf ihre neue Rolle als Wahrer strategischer Interessen getrimmt« werden. Als Beleg zitiert das *Handelsblatt* die 2011 verabschiedeten »Verteidigungspolitischen Richtlinien«, die die »Sicherung von und den Zugang zu Bodenschätzen« als »wichtiges sicherheitspolitisches und auch militärisches Interesse« bezeichnen.[142]

Tatsächlich aber ist diese Zielsetzung wesentlich älter. Bereits Anfang der 1990er-Jahre hatten die »Verteidigungspolitischen Richtlinien« die »Aufrechterhaltung des freien Welthandels und des Zugangs zu strategischen Rohstoffen« als zentrale Aufgaben der Bundeswehr benannt.[143] Ihre Verwandlung aus einer territorialen Verteidigungsarmee in eine internationale Eingreiftruppe wurde von genau diesen Zielen bestimmt. Amtlich wurde diese Verwandlung am 1. Juli 2011, als die vom damaligen Verteidigungsminister Karl-Theodor zu Guttenberg (CSU) vorangetriebene Aussetzung der Wehrpflicht eingeführt wurde. Damit wurde aus der Wehrpflichtigen-Armee, die kaum international einsetzbar gewesen wäre, ein Berufsheer, dessen Mitglieder in alle Teile der Welt abkommandiert werden konnten. Bemerkenswert ist, dass der überzeugte Transatlantiker noch in demselben Jahr – nach dem Skandal um seine abgekupferte Doktorarbeit – fluchtartig das Land in Richtung USA verließ. Dort wurde er sofort als *distinguished statesman* an die Spitze eines transatlantischen Dialogforums, des US-Think-Tanks Center for Strategic and International

Studies (CSIS) berufen. Zu den vielen prominenten Mitgliedern dieser Washingtoner Denkfabrik zählen Henry Kissinger, Zbigniew Brzeziński, der ehemalige US-Außenminister Rex W. Tillerson und der ehemalige US-Verteidigungsminister James Mattis. Das CSIS erstellt nach eigenen Angaben politische Studien und strategische Analysen zu politischen, ökonomischen sowie außen- und sicherheitspolitischen Fragen. Dazu werden global und regional aufkommende Trends beziehungsweise Langzeiteffekte in Regionen wie dem Nahen Osten und Russland ebenso untersucht wie die Themen Terrorismus, Energie, Handel, Technologie oder innere Sicherheit.[144]

Der ihm nachfolgende Verteidigungsminister Thomas de Maizière arbeitete weiter in Richtung Umbau der Bundeswehr zu einer globalen Eingreiftruppe an der Seite der USA. Am 31. Januar 2013 erklärte er in einem Interview mit der *Süddeutschen Zeitung*, um direkte Militärinterventionen künftig zu vermitteln, müsse die Art der Begründung geändert werden: »Internationale Einsätze müssen realistisch erklärt sein, und die Begründungen dürfen nicht zu pathetisch vorgetragen werden«.[145] Unter seiner Regie machte der Umbau der Bundeswehr rasche Fortschritte. Vor allem Aufklärungs- und Transportkapazitäten sowie schnelle Eingreifverbände wurden ausgebaut.

Hintergrund ist der verschärfte Kampf der USA und seiner Verbündeten um Rohstoffe vor allem mit China. Der bereits zitierte Geschäftsführer der Rohstoffallianz Dierk Paskert hatte schon im Sommer 2012 der *Wirtschaftswoche* gegenüber gesagt:

*Wenn wir bedenken, dass China bei fast allen Rohstoffen schon 40 Prozent verbraucht und deren Bedarf weiter drastisch zunimmt, wird mir auf mittlere Sicht unwohl. China ist ein riesiger Staubsauger, den es so früher schlicht nicht gab. Wir sollten uns jetzt über die Versorgungssicherheit für die deutsche Industrie Gedanken machen.*[146]

Die Rohstoffallianz verfügt über sehr enge Beziehungen zur Bundesregierung und berät diese nicht nur als Lobbyverband der Industrie. Im Auftrag des Bundeswirtschaftsministers verwaltet sie auch ein Förderprogramm, das Firmen bedingt rückzahlbare Darlehen für die weltweite Erschließung kritischer Rohstoffe wie Antimon, Beryllium, Kobalt, Fluorit, Gallium, Germanium, Graphit, Indium, Magnesium, Niobium, Platinmetallen, Seltenen Erden, Tantal und Wolfram gewährt.

Ein Beispiel für einen Rohstoff-Krieg ist die Region südlich der Sahara. Dort kämpfen, von der Öffentlichkeit kaum beachtet, seit mehr als 6 Jahren deutsche, französische und amerikanische Truppen gegen vermeintliche Dschihadisten. Dieser Kampf rechtfertigt die Stationierung von Truppen und ermöglicht damit die Kontrolle der reichen Öllagerstätten in Westafrika. Und wie im Nahen Osten wird der Terror der islamistischen Söldner von unseren Verbündeten, den Scheichs Arabiens, finanziert. In dieser brodelnden Sahelzone entzündete sich Anfang 2013 ein Krisenherd, als Tuareg-Söldner, die sich zuvor in den Diensten Gaddafis befanden, über die Grenzen zurück in ihre Heimatländer strömten. In Mali kämpften sie mit der malischen Zentralregierung um Eigenständigkeit und Unabhängigkeit – unterstützt von islamistischen Gruppen, die teilweise auch in Algerien operieren. Aus Libyen brachten die Kämpfer hochwertiges Waffenmaterial mit, welches aus den Rüstungsschmieden des Westens stammt und mit dem sich das Gaddafi-Regime zuvor reichlich versorgen konnte. Außerdem wurde die gesamte Sahelzone – der breite Steppengürtel südlich der Sahara, der sich von Somalia im Osten bis zum Senegal im Westen erstreckt und an das Öl-Dorado Westafrika anschließt – von islamistischem Aufbegehren erfasst. Finanziert und inspiriert von einflussreichen Kreisen in den Golf-Monarchien – unter Führung Saudi-Arabiens – überrollten Fanatiker die lokalen Muslime und fegten ihre religiösen Traditionen hinweg, insbesondere die der Mystiker und Sufi-Orden.

Trotz des nunmehr 6-jährigen militärischen Engagements von Franzosen, Deutschen und Amerikanern gerät die Lage nicht nur im Norden Malis, sondern auch in den angrenzenden Staaten des Sahel immer mehr außer Kontrolle: In den vergangenen Jahren haben die Dschihadisten die Zahl ihrer Anschläge im Sahel jeweils verdoppelt; die Zahl der Todesopfer steigt. Die damalige Verteidigungsministerin Ursula von der Leyen bezeichnete die deutsche Kriegsbeteiligung als den bisher gefährlichsten Einsatz der Bundeswehr.[147] Hinter der Dschihadisten-Aktivität stehen wie im Nahen Osten auch hier strategische Interessen, denn die ölreichen Länder Westafrikas sind wichtig für die Versorgung der USA. Es verwundert also nicht, dass als künftiges Hauptquartier für ein neu zu schaffendes Regionalkommando die Errichtung eines riesigen US-Stützpunktes im westafrikanischen Inselstaat Sao Tome und Principe geplant ist. Er soll auch Heimathafen eines ebenfalls neu zu erschaffenden eigenen Flottenverbandes werden, der den Golf von Guinea und damit die Erdölausfuhr aus Nigeria kontrollieren würde. Der Vorschlag dazu kam vom israelisch-amerikanischen Institute for Advanced Strategic & Political Studies, einer Einrichtung der Neokonservativen.

Was das Gebiet um den Golf von Guinea von Liberia bis Angola so interessant macht, ist vor allem sein Reichtum an Erdöl, der größtenteils erst in den letzten 10 Jahren entdeckt wurde. Nirgendwo auf der Welt werden derzeit so schnell so viele neue Vorkommen gefunden wie hier, und fast 20 Prozent des von den USA eingeführten Erdöls kommt aus dem Raum rund um den Golf von Guinea.

## Verheimlichte Allianzen

Zuweilen wird Deutschlands Vasallendienst auch verschwiegen. Das beste Beispiel dafür ist der Fall Syrien, zu dem Bundeskanzlerin Angela Merkel in den letzten Monaten und Jahren immer wieder verkündete, Deutschland werde sich nicht an militärischen Aktionen gegen

Syrien beteiligen. Doch das waren und sind Lügen, denn die Bundeswehr beteiligte und beteiligt sich sehr wohl an militärischen Aktionen gegen Syrien. So begleitete die deutsche Fregatte Hessen den Kampfverband des US-Flugzeugträgers *Harry S. Truman* ins Mittelmeer – nach Aussagen des Verteidigungsministeriums eine »langfristig geplante Übung«.[148] Der Verband um die *USS Harry S. Truman* mit gut 6500 Besatzungsmitgliedern wird im Einsatzgebiet der 5. Flotte (Mittelmeer, Kommandostandort: Italien) und der 6. Flotte (Persischer Golf, Rotes Meer, Arabisches Meer, Teile des Indischen Ozeans, Standort: Bahrain) aktiv sein. »Die Entsendung ist Teil einer regulären Kräfterotation, um die Krisenreaktionsfähigkeit zu bewahren und Sicherheitskooperationen im Einsatzgebiet zu verstärken sowie die Marinepräsenz im Gebiet der 5. und 6. Flotte zu erhöhen«, heißt es seitens der US-Marine.[149]

Ein zweites Beispiel für Deutschlands militärisches Engagement in Syrien ist die Verlegung von deutschen Flugzeugen vom türkischen Luftwaffenstützpunkt Incirlik auf die jordanische Luftwaffenbasis Al Azraq. Von dort aus operieren amerikanische und britische Spezialkräfte. Zunächst wurde ein Airbus A310 MRTT (Multirole Transport Tanker) zur Einsatzunterstützung durch Luftbetankung in Al Azraq stationiert, dann auch vier Aufklärungstornados, die regelmäßig zu Aufklärungsflügen über Syrien und dem Irak starten. Im Übrigen war das keine einfache Verlegung, denn die Aufklärer sind auf eine umfangreiche technische Infrastruktur insbesondere zur Auswertung der Luftaufnahmen angewiesen; ein Beispiel dafür ist die Ground Exploitation Station, die Auswerteeinheit für die Aufklärungsergebnisse. Diese wurde über Monate hinweg in Jordanien aufgebaut. Die deutschen Tornados waren in die Kritik geraten, weil sie 2 Tage vor dem US-Angriff Gebäude überflogen, in denen Zivilisten ums Leben kamen, und noch einmal ein paar Tage später, um die Wirkung des Luftangriffs bewerten zu können.

Ein drittes Beispiel ist die Beteiligung der Bundeswehr an den Besatzungen der AWACS-Luftraumüberwachungsflugzeuge der

NATO – riesige Maschinen, ohne die keine moderne Kriegsführung möglich ist.

Schließlich ist zu vermuten, dass deutsche Spezialkräfte ebenfalls – geheim und ohne Mandat – in Syrien im Einsatz sind. Das waren sie schon im Irak-Krieg 2003 gewesen, wie mir damals ein Insider aus der Truppe versicherte, obwohl der damalige Bundeskanzler Gerhard Schröder publikumswirksam eine deutsche Beteiligung am Krieg ausgeschlossen hatte.

Anfang Juli 2019 setzten die USA Deutschland die Pistole auf die Brust und forderten deutsche Bodentruppen für den Einsatz gegen die Terrororganisation Islamischer Staat (IS) im Bürgerkriegsland. James Jeffrey, der US-Sonderbeauftragte für Syrien und die Anti-IS-Koalition, sagte unverblümt: »Wir wollen von Deutschland Bodentruppen, um unsere Soldaten teilweise zu ersetzen.«[150] Der deutsch-iranische Konfliktforscher Professor Mohssen Massarrat warnte daraufhin der Internetplattfom *Sputnik International* gegenüber, Deutschland könne dadurch in einen Krieg gegen den Iran hineingezogen werden. Der emeritierte Professor für Politik und Wirtschaft mit den Forschungsschwerpunkten Naher und Mittlerer Osten warnte, die Vereinigten Staaten würden derzeit alles versuchen, um Deutschland mit in die Vorbereitung eines möglichen Krieges auch gegen den Iran einzubeziehen.

Wenn Deutschland, aus welchen Gründen auch immer, gezwungen wäre, Truppen nach Syrien zu entsenden, dann würden im Falle eines Krieges gegen den Iran deutsche Truppen genauso wie die amerikanischen Truppen in Syrien ein Angriffsziel für die schiitischen Selbstmordkommandos werden. Wenn dies Realität wird, dann würde die Bundesarmee auf diese Weise auch ohne klare Absicht vonseiten der Bundesregierung in eine Anti-Iran-Kriegskoalition gegen den Iran hineingezogen werden.[151]

Am 8. Juli 2019 erteilte Regierungssprecher Steffen Seibert der US-Anfrage zwar eine Absage, da aber die Gefahr durch den Islamischen Staat (IS) weiterhin bestehe, wolle die Bundesregierung ihr Engagement in der »Anti-IS-Koalition« fortführen, versprach er. Außerdem liefen Gespräche mit den Partnern darüber, »wie sich das Engagement in der Region weiterentwickeln soll«.[152] Obwohl dieser militärische Einsatz nach Aussage des Wissenschaftlichen Dienstes des Bundestages eindeutig »völkerrechtswidrig«[153] ist, kann sich die Bundesregierung dem Druck aus Washington zur Waffenhilfe offenbar nicht entziehen. Überdies könnten, wie bereits erläutert, deutsche Spezialtruppen unterhalb des Radars der Öffentlichkeit trotz offizieller Absage entsandt werden; ihre Einsätze sind ohnehin geheim. Flugs teilte auch Außenminister Heiko Maas (SPD) mit, das Bundestagsmandat für den Einsatz im Nahen Osten laufe zwar am 31. Oktober 2019 aus, doch die Bundesregierung sei zu einer Verlängerung bereit.

Indes ist Syrien kein Einzelfall. Die USA fordern von ihrem Vasallen Deutschland die Beteiligung an weiteren weltweiten Einsätzen. So begann man 2019, das Bundeswehrkontingent am Hindukusch langsam wieder aufzustocken. Zunächst sollten es 300 zusätzliche deutsche Soldaten sein – nur »zur Beratung der afghanischen Sicherheitskräfte«, versicherte der Mandatsentwurf der Bundesregierung.[154] Doch dient die von der NATO angeführte Resolute Support Mission offensichtlich vor allem dem Schutz des TAPI-Pipeline-Projekts und soll die wichtigen Rohstoffe des Landes sichern.

»Ausbildung, Beratung und Unterstützung durch die deutschen Kräfte finden zunächst weiterhin in Kabul, Bagram, Masat-e Scharif und Kundus, darüber hinaus weiterhin in Einzelfällen und zeitlich begrenzt auch im übrigen Operationsgebiet statt«, heißt es im Regierungsentwurf. Das »übrige Operationsgebiet« ist der Rest des riesigen Landes, das nahezu doppelt so groß ist wie Deutschland. Im Klartext heißt das, dass deutsche Soldaten ab sofort dort landesweit im Einsatz sind.

Mit der Aufstockung auf bis zu 1300 Mann wird Deutschland nach den USA folglich zweitgrößter Truppensteller der Resolute Support Mission. Offiziell begründet wird die Erhöhung der Truppenzahlen mit der sich »verschlechternden Sicherheitslage« in Afghanistan, den

»Geländegewinnen der Taliban« und den »Anschlägen des IS wie der Taliban in der jüngsten Zeit«. Die ehemalige Verteidigungsministerin Ursula von der Leyen, die sich mit der Parole »mehr internationale Verantwortung übernehmen«[155] seit Langem schon für ein größeres internationales Engagement der Bundeswehr und Deutschlands ausspricht, beeilte sich um eine schnellstmögliche Zusage an die NATO.

Doch geht es der NATO wirklich nur um die Beratung und Ausbildung der afghanischen Streitkräfte? Mit Sicherheit nicht, sondern es geht vor allem um die Sicherung und Ausbeutung der Rohstoffe des Landes: Lithium, Gold, Niob, Kobalt, Molybdän und Seltene Erden. Und natürlich um die exzellente militärstrategische Lage, denn gleich in unmittelbarer südlicher Nachbarschaft liegt das atomar bewaffnete Pakistan, im Westen befindet sich der ölreiche Iran, im Osten die konkurrierende Weltmacht China und last but not least schließen sich im Norden die zentralasiatischen Republiken mit ihren gigantischen Gas- und Ölvorkommen an, die durch Afghanistan zum Indischen Ozean und zum Arabischen Meer geleitet werden könnten.

Und genau eine solche Pipeline wollen US-Firmen wie Unocal schon seit den frühen 1990er-Jahren bauen, die Turkmenistan-Afghanistan-Pakistan-Indien (TAPI)-Pipeline nämlich. Sie soll Erdgas von Zentralasien nach Pakistan und Indien transportieren und damit die russischen Leitungen ersetzen. Derzeit vermarktet Turkmenistan seine gewaltigen Gasreserven ausschließlich über russische Pipelines. Vor dem 11. September 2001 waren übrigens die in Afghanistan herrschenden Taliban strikt gegen das US-Projekt. Mittlerweile wird kräftig gebaut – auf turkmenischer Seite seit 2015 und in Afghanistan seit dem 24. Februar 2018. Sollte das Projekt abgeschlossen werden, dann wäre der Gasexport von Iran nach Indien gestoppt.[156] Gleichzeitig wäre die See-Weltmacht USA den beiden Land-Weltmächten Russland und China auf deren eigenem Territorium entgegengetreten und hätten damit einen wichtigen Schritt auf dem Weg zur Kontrolle Zentralasiens unternommen. Die Beherrschung dieses »geopolitischen Dreh- und Angelpunkts« ist, wie Brzeziński in seinem Buch

*Die Weltmacht: Amerikas Strategie der Vorherrschaft*[157] nicht müde wird zu wiederholen, einer der Schlüssel zur Kontrolle der Welt; ich werde im siebten Kapitel darauf zurückkommen.

Laut russischen Experten nutzt Amerika den Afghanistan-Einsatz nur als Vorwand, um neue Militärbasen einzurichten und Russland aus der Region zu verdrängen. Im April 2014 bemängelte der russische Vizeverteidigungsminister Anatoli Antonow, dass die USA nach dem Abzug der internationalen Kampftruppen aus Afghanistan mehrere Stützpunkte im Land am Hindukusch behalten wollen. »Laut unbestätigten Angaben wird es neun US-Basen in Afghanistan geben. Was soll das? Wozu werden sie dienen? Welche Aufgaben werden sie erfüllen?«, fragte Antonow nach Angaben von *Sputnik* bei einem Vortrag in der Moskauer Diplomatenhochschule.[158]

Aus diesen Ausführungen ist zu schließen, dass auch beim nächsten geopolitischen Manöver der USA, wo immer das sein mag, deutsche Soldaten mit an der Front stehen werden. Neben den weltweiten Einsätzen von deutschen Soldaten und Waffen zur Kontrolle der globalen Rohstoffreserven ist aber noch eine andere Art von Waffe im Dauerfeuer-Modus: die Propaganda für einen Krieg gegen Russland.

## Atomwaffen – das Ende eines Tabus

In der November-/Dezember-Ausgabe von 2018 des 2-monatlich erscheinenden Magazins *Internationale Politik* wurde die Atombewaffnung Deutschlands thematisiert.[159] *Internationale Politik* wird herausgegeben von der Deutschen Gesellschaft für Auswärtige Politik e. V. Die DGAP, auf die ich im nächsten Kapitel näher eingehen werde, bezeichnet sich selbst als »das nationale Netzwerk für Außenpolitik«. Sie wurde 1955 in Zusammenarbeit mit dem Washingtoner Council on Foreign Relations und dem Londoner Chatham House gegründet und zählt heute über 2500 Mitglieder, darunter führende Persönlichkeiten aus dem Bank- und Finanzwesen, Wirtschaft, Politik, Medien und der Wissenschaft und ist international als German Council on Foreign Relations bekannt.

In der fraglichen Ausgabe der DGAP-Zeitschrift konzentrieren sich gleich mehrere Autoren auf die Frage nach der Zukunft des »europäischen Nuklearschirms«. Geschickt kleiden die Autoren der Zeitschrift ihre Aufrüstungspropaganda in die Sorge um Deutschlands Sicherheit und argumentieren, der nukleare Schutzschild der Vereinigten Staaten sei mit der Präsidentschaft Donald Trumps nicht mehr zuverlässig. Außerdem habe Russland im nahen Kaliningrad Iskander-Raketen stationiert. »Auf die Käseglocke, die von den USA seit über einem halben Jahrhundert über uns ausgebreitet war, können wir nicht ewig vertrauen«,[160] so Wolfgang Ischinger, Chef der Münchner Sicherheitskonferenz, Mitglied im European Council on Foreign Relations, in der Trilateralen Kommission und in der Stiftung Wissenschaft und Politik (dazu später mehr). Dass mit einer derartigen Argumentation nicht etwa europäische Solidarität beschworen werden soll, sondern transatlantischer Schulterschluss, ist den Kommentatoren in den Mainstream-Medien entgangen, denn atomare Aufrüstung erfüllt genau die Anordnung aus Washington, mehr Geld ins Militär zu investieren.

Schon im Sommer 2018 hatte Professor Christian Hacke in der *Welt* und im *Cicero* für eine Atommacht Deutschland geworben. Der Politikwissenschaftler, ebenfalls Mitglied der DGAP und des International Institute for Strategic Studies (IISS), forderte gewissermaßen als Vorreiter, es müsse offen überlegt werden, »ob und unter welchen Bedingungen Deutschland Atommacht werden könnte«.[161] Eine zukünftige deutsche »Landesverteidigung auf der Grundlage eigener nuklearer Abschreckungskapazitäten« müsse »angesichts neuer transatlantischer Ungewissheiten und potenzieller Konfrontationen Priorität bekommen«. Auch hier wieder das Argument der angeblichen »Ungewissheit« aus dem Trump'schen Washington. Nach Hacke sollte die Bundesregierung prüfen, »unter welchen Bedingungen und zu welchen Kosten« die »Zentralmacht Europas Atommacht« werden könne.

Auch Michael Rühle, ehemaliges Mitglied des internationalen Stabs im NATO-Hauptquartier, sieht den Zeitpunkt gekommen, dass »Deutschland nuklearpolitisch wieder sprechfähig« werden müsse. In der genannten Ausgabe der *Internationale Politik* schreibt er, Deutschland trage »die stärkere Betonung der Bedeutung der nuklearen Abschreckung in den einschlägigen Dokumenten der NATO mit«, und die NATO müsse nach Auffassung aller Verbündeten eine nukleare Allianz bleiben, solange Kernwaffen existieren. Das schreibt Rühle vor dem Hintergrund des im September 2017 von der UN-Generalversammlung vorgelegten Atomwaffenverbotsvertrages, der die Entwicklung, Verbreitung, Tests und Lagerung von Atomwaffen verbietet, den bisher jedoch kein NATO-Mitgliedsland unterzeichnet hat. Rühle befürchtet, der Vertrag werde »schon bald zu einer dauerhaften politisch-moralischen Realität«. Daher müsse die politische und militärische Führung »in der Lage sein, die nukleare Abschreckung gegen ihre Kritiker zu verteidigen, die immer wieder aufs Neue versuchen werden, das Konzept zu desavouieren.«[162]

# Deutsche Bomber für den US-Atomschlag

Ob es jemals zu eigenen deutschen Atomwaffen kommen wird, ist eine offene Frage, doch Atomsprengköpfe sind ohnehin schon seit Jahrzehnten auf deutschem Boden vorhanden – offiziell zwanzig an der Zahl,[163] vermutlich aber erheblich mehr. Wie wir aus diversen Verträgen aus Kapitel 1 wissen, müssen die US-Streitkräfte ihre genaue Anzahl nicht bekannt geben. Diese US-Atomsprengköpfe werden von der US-Armee überwacht und können nur auf Befehl des amerikanischen Präsidenten oder des für den jeweiligen Kriegsschauplatz kommandierenden US-Generals eingesetzt werden. Die Waffen lagern auf dem Fliegerhorst Büchel in Rheinland-Pfalz.

Im September 2015 begannen die Vorbereitungen für den Austausch der bisherigen gegen neue amerikanische Atombomben. Das belegen US-Haushaltspläne, wie das ZDF-Magazin *Frontal 21* am 22. September 2015 berichtete. »Rüstungsexperten bestätigen, dass die neuen taktischen Nuklearwaffen vom Typ B61-12 wesentlich zielgenauer sind als die Atombomben, die bislang in Büchel lagern«, so das ZDF.[164] Die B61-12 hat im Vergleich zur derzeitigen B61, die in Deutschland und anderen europäischen Ländern stationiert ist, völlig neue »Qualitäten«: einen Atomsprengkopf mit vier wählbaren Leistungsoptionen; ein Flugsystem, das sie mit Präzision zum Ziel führt; die Fähigkeit, sogar durch Stahlbeton in den Untergrund einzudringen und in der Tiefe zu explodieren. Im Unterschied zu ihren Vorgängern werden die modernisierten B61-12 nicht mit Fallschirmen auf die jeweiligen Ziele, sondern mit dem Einsatz der Ruder am Heck mit Inertial-Lenksystem abgeworfen, wodurch die Präzision erhöht wird. Durch die größere Präzision und Durchschlagskraft ist die Bombe zum Angriff auf Bunker der Kommandozentralen geeignet und vermag damit feindliche Länder zu »enthaupten«. Eine 50-Kilotonnen-B61-12 entspricht 50 000 Tonnen TNT, dem Dreifachen der Hiroshimabombe; explodiert sie unterirdisch, verfügt sie über die zerstörerische Kraft einer Atombombe von einer Megatonne (einer Million Tonnen TNT), die an der Oberfläche explodiert.

Im Kriegsfall sollen deutsche Tornado-Piloten im Rahmen der NATO-Strategie der sogenannten »Nuklearen Teilhabe« mit den US-Bomben Angriffe fliegen. »Mit den neuen Bomben verwischen die Grenzen zwischen taktischen und strategischen Atomwaffen«, mahnt Atom-Wissenschaftler Hans Kristensen vom Nuclear Information Projects in Washington.[165] Und die Sprecherin des russischen Außenministeriums Maria Sacharowa erklärte gegenüber *Frontal 21*:

*Uns beunruhigt, dass Staaten, die eigentlich keine Atomwaffen besitzen, den Einsatz dieser Waffen üben, und zwar im Rahmen der NATO-Praxis der Nuklearen Teilhabe … Das ist eine Verletzung der Artikel 1 und 2 des Vertrages über die Nichtverbreitung von Atomwaffen.*[166]

Dabei hatte der Bundestag im März 2010 mit breiter Mehrheit beschlossen, die Bundesregierung solle sich »gegenüber den amerikanischen Verbündeten mit Nachdruck für den Abzug der US-Atomwaffen aus Deutschland einsetzen«.[167] Auch im Koalitionsvertrag von Union und FDP hatte die Bundesregierung 2009 den Abzug der Atomwaffen aus Büchel zugesagt. Doch statt der Abrüstung erfolgt nun die Stationierung von rund zwanzig neuen Nuklearwaffen, die von Kampfjets abgeworfen werden können und zusammen die Sprengkraft von sechzig Hiroshima-Bomben haben. SPD-Verteidigungspolitiker Thomas Hitschler bestätigt, dass die Bundesregierung seit 2016 rund 120 Millionen Euro in den Bundeswehrstandort Büchel investiert hat, um die Landebahn des Flugplatzes mit einem modernen Instrumentenanflugsystem auszustatten.[168]

Doch es kommt noch besser: Die CDU-nahe Konrad-Adenauer-Stiftung (KAS) fordert sogar den Ausbau des westlichen Atomwaffenarsenals. Der zu 96 Prozent durch Mittel des Bundes und der Länder finanzierte und im Jahr 1955 gegründete Verein gilt im internationalen Vergleich als führende Denkfabrik Deutschlands und eine der einflussreichsten der Welt. Eine »Überarbeitung« der »Nuklearstrategie« der NATO sei »dringend geboten«, da eine gegen Moskau gerichtete »glaubwürdige Abschreckung« zwingend einer »nuklearen Komponente« bedürfe.

*Im Kriegsfall mit Russland wäre dem Bündnis die Verteidigung des Baltikums allein mit konventionellen Mitteln ... kaum möglich – die russischen Streitkräfte wären in ihrer Zahl und geografischen Nähe überlegen,*[169]

schrieb Patrick Keller in einem Aufsatz für die Stiftung im Jahr 2017. Doch dienen Atomwaffen offenbar nicht mehr nur der Abschreckung oder Verteidigung. Schon im Jahr 2006 hatten Keir A. Lieber und Daryl G. Press in der renommiertesten mit außenpolitischen Fragen befassten US-Zeitschrift *Foreign Affairs* die These vertreten, auch ein Atomkrieg sei gewinnbar. In zwei Artikeln entwickelten Lieber und Press das Konzept der »Nuclear Primacy« – der nuklearen Überlegenheit –, das eine Niederwerfung Russlands durch einen Atomkrieg ermöglichen solle.[170]

12 Jahre später kündigte US-Präsident Trump den Washingtoner Vertrag über nukleare Mittelstreckenraketensysteme (INF). Dieser Vertrag, der am 8. Dezember 1987 zwischen der Regierung der Sowjetunion und der US-Regierung unterzeichnet und am 1. Juni 1988 in Kraft gesetzt worden war, sieht das generelle Verbot der Serienproduktion und Stationierung landgestützter Raketen und Marschflugkörper mit Reichweiten von 500 bis 5500 Kilometern vor. Außerdem bot der bilaterale Vertrag die Möglichkeit zu gegenseitigen Inspektionen im Land des jeweils anderen. Doch mit Wirkung vom 2. August 2019 sind die USA endgültig aus diesem Vertrag ausgestiegen. Interessant war der Medienrummel, der davor inszeniert wurde – ein Beispiel dafür, dass, wann immer die NATO aufrüstet, vorher die Propagandamaschine angeworfen wird. Denn der Öffentlichkeit muss ein Schuldiger präsentiert werden, der die Eskalation »alternativlos« macht. So hieß es im jüngsten Fall, Russland trage »die alleinige Verantwortung« für die Neuauflage der Mittelstreckenraketen sowie die damit verbundene zunehmende Unsicherheit, erklärte NATO-Generalsekretär Jens Stoltenberg.[171]

Interessant zu beobachten ist auch, wie die transatlantischen Netzwerke anschließend ihre medialen Sturmgeschütze in Position bringen. Im aktuellen Fall haut die *Welt am Sonntag* auf Seite 1 ihrer gedruckten Ausgabe vom 14. Juli richtig drauf: »Russland bereitet sich auf regionale Kriege in Europa vor«, behauptet das »Springer«-Blatt und beruft sich dabei auf den Politikwissenschaftler Joachim Krause aus Kiel und den ehemaligen Bundeswehr-General Heinrich Brauß.[172] Krause ist Direktor des Instituts für Sicherheitspolitik an der Universität Kiel und arbeitete zuvor als stellvertretender Forschungsdirektor der Deutschen Gesellschaft für Auswärtige Politik (DGAP) respektive – auf internationalem Parkett – des German Council on Foreign

Relations. Krause ist mit Hannes Adomeit liiert, beide sollen in der deutschen Sektion der britischen Integrity Initiative eine führende Rolle spielen. Diese Initiative betreibt unter der Tarnkappe einer Organisation gegen russische Desinformation westliche Propaganda gegen Russland und will das Feindbild des Kalten Krieges reaktivieren. Der ehemalige Generalleutnant Brauß hingegen ist bei der DGAP aktiv, der wichtigsten Denkfabrik der deutschen Transatlantiker. Vor seinem Ruhestand war er von 2013 bis 2018 Beigeordneter Generalsekretär der NATO für Verteidigungspolitik und Streitkräfteplanung und damit verantwortlich für die NATO-Strategie.

Krause warnte, Russland bereite sich »völlig unprovoziert« auf regionale Kriege in Europa vor, »die es mithilfe von Kernwaffendrohungen siegreich beenden will«. Ex-Militär Brauß meinte laut *WamS*, Russlands strategisches Konzept habe das Ziel, »Kriege an der europäischen Peripherie führen und erfolgreich zu Ende bringen zu können«. Die NATO plane angeblich nicht, »einen Krieg gegen Russland aus dessen Peripherie heraus zu führen«. Deshalb werten die Autoren die russischen Maßnahmen als Versuch, »für von Moskau initiierte regional begrenzte Kriege im baltischen Raum oder in der Schwarzmeerregion die Bedingungen dafür zu schaffen, dass die NATO nicht eingreift und so die Abschreckung der NATO unterlaufen werden kann«.[173]

Politikwissenschaftler und Ex-General scheint bei ihrem erfundenen Bedrohungsszenario nicht zu stören, dass die Bundesregierung im Oktober 2018 erklärte, ihr lägen »keine Erkenntnisse« über eine tatsächlich bevorstehende militärische Invasion oder auch nur derartige Pläne und Absichten seitens der Russischen Föderation gegen NATO-Mitglieder vor. Das war in der Antwort der Bundesregierung auf eine »Kleine Anfrage« der Linksfraktion im Bundestag enthalten.[174]

Der ehemalige Bundeswehr-Generalinspekteur und frühere Vorsitzende des NATO-Militärausschusses, Harald Kujat, verurteilt die Aussagen von Krause und Brauß als »einseitig, unvollständig und einer rationalen Überprüfung nicht standhaltend«. Gegenüber der Online-Ausgabe des Magazins *Focus* bezeichnet er das Szenario eines regional begrenzten Angriffs auf ein NATO-Mitgliedsland als »völlig absurd«,[175] denn bei einem Angriff auf ein NATO-Mitglied würde sofort der Bündnisfall erklärt. »Putin weiß, dass dies die völlige internationale Isolation zur Folge hätte – mit unübersehbaren politischen und wirtschaftlichen Folgen für das Land.« Die »massiven Investitionen Russlands in moderne Waffensysteme« interpretiert Kujat im Sinne einer »Aufrechterhaltung des strategischen Gleichgewichts mit den Vereinigten Staaten«; das werde von Krause und Brauß nicht erwähnt.

Des Weiteren erinnert der Ex-General daran, dass die USA auf Angebote Russlands, Waffensysteme vor Ort kontrollieren zu lassen, »nicht einmal reagiert« hätten. Die NATO habe sich bis heute nicht um die Wiederaufnahme der Inspektionen bemüht, die Vertrauen zwischen den Militärblöcken fördern könnten.

Vom 2. Februar 2019 an, als Trump den Ausstieg der USA aus dem INF-Vertrag verkündet hatte, verbreitete die NATO die Nachricht, Moskau habe vertragswidrig Mittelstreckenraketen hergestellt und stationiert. Beweise für diese gravierende Anschuldigung hat Washington aber bis heute nicht vorgelegt. Weder die Existenz der eindeutigen diesbezüglichen Geheimdienstinformationen, über die die Trump-Administration angeblich verfügt, ist nachprüfbar, geschweige denn ihre Stichhaltigkeit. Eine Einladung Moskaus, eventuelle Verstöße durch Vor-Ort-Kontrollen zu überprüfen, wie es schon General a. D. Kujat erwähnte, hatte Washington nicht angenommen. Umgekehrt räumen Experten ein, der russische Vorwurf treffe zu, dass die US-Streitkräfte ihre Raketenabwehrsysteme in Rumänien und in Polen grundsätzlich ohne großen Aufwand als Abschussanlagen für Mittelstreckenraketen nutzen könnten; dazu genüge unter Umständen die Installation neuer Software. Außerdem hat die Trump-Administration eingestanden, dass sie seit über anderthalb Jahren an der Entwicklung neuer bodengestützter Mittelstreckenraketen arbeitet. Rüstungskonzerne aus der EU sind mit Millionenaufträgen an der

Produktion von US-Raketen beteiligt; so holt man sich Verbündete an Bord, was mit dem INF-Vertrag nicht möglich gewesen wäre.

Nach Recherchen der International Campaign to Abolish Nuclear Weapons (ICAN), die im Jahr 2017 mit dem Friedensnobelpreis ausgezeichnet wurde, hat das Pentagon im Oktober 2018 begonnen, im Zusammenhang mit der Entwicklung und dem Bau von Raketen Aufträge im Wert von mehr als 1,1 Milliarden US-Dollar zu vergeben. Wie viel davon für neue Mittelstreckenraketen vorgesehen ist, ist nicht ganz klar. Hauptauftragnehmer sind die US-Konzerne Raytheon (536,8 Millionen US-Dollar), Lockheed Martin (267,6 Millionen US-Dollar) und Boeing (244,7 Millionen US-Dollar); allerdings sind beteiligt auch BAE Systems aus Großbritannien (47,7 Millionen US-Dollar) und Thales aus Frankreich (16,2 Millionen US-Dollar).[176]

Was die NATO mit den neuen Mittelstreckenraketen vorhat, darüber gibt es nur Nebelkerzen. Generalsekretär Stoltenberg hat immer wieder bekräftigt, man habe »nicht die Absicht«, atomar bestückte Mittelstreckenraketen auf dem europäischen Kontinent zu stationieren.[177] Ende Juni 2019 hatte er noch gesagt, das Bündnis erwäge die Aufstellung neuer Abwehrsysteme gegen russische Mittelstreckenraketen. US-Medien wie die *New York Times* (vom 5. Juli) berichteten, prinzipiell komme dazu ein Ausbau der bestehenden Raketenabwehrstellungen in Rumänien und in Polen in Betracht.[178] Dies sei allerdings in zweierlei Hinsicht problematisch, heißt es unter Bezug auf europäische NATO-Funktionäre. Denn zum einen komme es einem Eingeständnis gleich, dass sich – anders als behauptet – die bestehenden Abwehrsysteme eben doch nicht gegen iranische, sondern gegen russische Raketen richteten. Und zum anderen befänden sich die Standorte in Rumänien und in Polen zu nahe an der russischen Grenze, um Mittelstreckenraketen optimal abfangen zu können. Demnach kämen als beste Standorte weiter im Westen gelegene Länder wie Deutschland in Betracht. Erste Entscheidungen werden von dem Treffen der NATO-Verteidigungsminister im Oktober oder vom NATO-Gipfel im Dezember in London erwartet.

Kurzum: Dass bei einem Krieg der USA und damit der NATO gegen Russland Atomwaffen eingesetzt würden, ist heute wahrscheinlicher als zu Zeiten des Kalten Krieges. Wie damals jedoch stünde Deutschland mit seinen US-Atomwaffen mitten im Geschehen, denn atomare Angriffe würden von deutschen Militärflughäfen aus geflogen. Damit wären diese Basen wiederum das Ziel gegnerischer Vergeltungsschläge.

## Die Besatzung finanziert der Steuerzahler

Für diese US-Stützpunkte auf deutschem Boden kommen aber nicht etwa die USA finanziell auf, sondern der deutsche Steuerzahler mit geschätzten 100 Millionen Euro pro Jahr. Darin enthalten sind die Kosten für Bauten, die Ausgaben für Schäden, die von US-Soldaten verursacht wurden, sowie Sozialleistungen, die von den Amerikanern entlassene Zivilangestellte bekommen. Darüber hinaus gibt es einmalige Subventionen aus dem deutschen Staatshaushalt für Umzüge oder für Baumaßnahmen sowie Steuer- und Zollvergünstigungen. Die tatsächlichen Summen allerdings, die für diese Kriegslogistik in Deutschland ausgegeben werden, sind schwer zu ermitteln. Doch wenn wir uns die Aufwendungen für die Errichtung neuer Unterkünfte, Truppenübungsplätze oder Flughafenkapazitäten der letzten Jahre ansehen (dazu gleich ein paar Beispiele), lässt sich die Einschätzung von Experten nachvollziehen, der zufolge die Kosten jedes Jahr in die Milliarden gehen.

Eine genaue aktuelle Auflistung ist deshalb schwierig, weil im Bundeshaushalt zahlreiche Einzeltitel Gelder bereitstellen. So wurden 2013 im Bundeshaushaltsplan für »Lasten im Zusammenhang mit dem Aufenthalt beziehungsweise Abzug von ausländischen Streitkräften« noch 56,1 Millionen Euro ausgewiesen,[179] während sich dieser Posten 2014 auf 40,6 Millionen Euro[180] und 2015 auf 40,9 Millionen Euro[181] reduzierte. Der ehemalige US-Botschafter in Deutschland,

Richard Holbrooke, erklärte 2004: »Drei Viertel der US-Truppen, die im Kalten Krieg in Deutschland standen, sind abgezogen worden. Die restlichen Soldaten sind auf deutschen Wunsch hin im Land, Deutschland zahlt eine Milliarde Dollar pro Jahr für ihren Unterhalt.«[182] Eine amerikanische Studie bezifferte den Beitrag Deutschlands zur Stationierung amerikanischer Truppen für 2009 auf 597,9 Mio. Euro.[183] Dabei handelt es sich jedoch nicht um direkte Zahlungen; der Großteil umfasst die unentgeltliche Überlassung von Liegenschaften und Infrastruktur. Offiziell gibt es seit dem Ende der alliierten Besatzung 1955 in der Bundesrepublik Deutschland keine Besatzungskosten mehr, sie werden jetzt unter Kosten »für die vertraglich vereinbarte Stationierung von verbündeten Truppen zum Schutz des NATO-Gebiets« eingeordnet.

Nach Angaben des US-Verteidigungsministeriums liegen von den 716 größeren US-Liegenschaften jenseits der US-Grenzen 87 in Südkorea, 123 in Japan und 235 in Deutschland.[184] Offensichtlich ist das Pentagon besser informiert als die Bundesregierung. Wie bereits erwähnt, konnte der wissenschaftliche Dienst des Bundestages keine genauen Angaben machen, wie viele Militärstützpunkte die USA in Deutschland unterhalten. Von den dauerhaft in Übersee stationierten US-Soldaten befand sich im Jahr 2014 das größte Kontingent mit 42 450 Soldaten in der Bundesrepublik. Neben diesen waren 8458 Zivilpersonen und 30 919 »Andere« in Deutschland stationiert.[185] Wer sind diese »Anderen«? Eine 30 000 Mann starke Geheimtruppe aus Elitekämpfern und Geheimdienstagenten? Wenn das so wäre, was zu vermuten ist, dann ist auf deutschem Boden eine sehr gut ausgebildete und schlagkräftige ausländische Untergrundarmee stationiert. Hinzu kommen etwa 12 000 Soldaten der britischen Streitkräfte. Übrigens sind im Irak derzeit weniger fremde Militärkräfte stationiert als in Deutschland.

In über 70 unter ausländischem Regiment stehenden Militärstützpunkten in der Bundesrepublik sind Flugzeuge, Hunderte Panzer, etliche Raketenwerfer und Atombomben gelagert. Und die vorgegebenen Zahlen konnten und können nur geschätzt werden. Wie wir aus dem ersten Kapitel wissen, ließen sich die Alliierten das Recht zur Stationierung und ihre völlige Bewegungsfreiheit innerhalb Deutschlands im Zuge der Verhandlungen zur deutschen Wiedervereinigung auf unbefristete Zeit verlängern – und die dabei entstehenden Kosten müssen laut Artikel 120 des Grundgesetzes die deutschen Steuerzahler tragen.

Und hier ein paar konkrete Beispiele:

► In Grafenwöhr begann im Jahr 2005 der Neubau eines Truppenübungsplatzes für 3400 amerikanische Soldaten, wobei bisher allein für die militärische Infrastruktur rund 650 Millionen Euro ausgegeben wurden. Insgesamt sollen die Baukosten weit mehr als eine Milliarde Euro betragen.

► In Spangdahlem (Eifel) und Ramstein (Pfalz) wurden die Militärflughäfen auf Wunsch der USA für zusammen rund 400 Millionen Euro ausgebaut. Ramstein ist das größte Luftdrehkreuz der US-Streitkräfte außerhalb der USA. Den größten Transportflugzeugen der US-Air Force, der C-130, der C-17 und der C-5, stehen zwei Start- und Landebahnen und die größte Wartungshalle der amerikanischen Luftwaffe zur Verfügung sowie ein Passagierterminal für monatlich etwa 30 000 Abfertigungen. Ramstein »war entscheidend am Erfolg in Afghanistan und im Irak beteiligt«, lobte Air-Force-General Charles F. Wald 2003.[186] Hier soll auch die Befehlszentrale für den NATO-Raketenschirm eingerichtet werden und befindet sich die Schaltzentrale für den Drohnenkrieg, denn die Satellitensignale der Drohnen werden von Ramstein aus über ein Glasfaserkabel in die USA übertragen. Der Linken-Politiker Oskar Lafontaine brachte es bei einer Protestkundgebung gegen die Ramstein Air Base am 29. Juni 2019 auf den Punkt: »Solange die USA von deutschem Boden aus in aller Welt Kriege führen, sind wir kein souveränes Land. Ein Land ist nur dann souverän, wenn es über den Kriegseintritt selbst entscheidet, und seit Jahrzehnten kann die Bundesrepublik nicht über den Kriegseintritt entscheiden, weil die USA jeden Krieg von deutschem Boden aus führen.«[187]

▶ In Weilerbach direkt neben der riesigen Basis Ramstein wird derzeit das größte US-Militärkrankenhaus außerhalb der USA gebaut. Es ist von einer Bausumme von einer Milliarde Euro die Rede; allein die Planungskosten belaufen sich auf rund 150 Millionen Euro und werden komplett aus deutschen Bundesmitteln, also Steuergeldern beglichen. Das nach US-Angaben »modernste Militärkrankenhaus der Welt« hat 120 Untersuchungsräume, 40 Fachabteilungen und 9 Operationssäle. Das Krankenhaus soll zentrale Anlaufstelle für die mehr als 50 000 in Europa stationierten US-Soldaten sein, aber auch für Verletzte aus bewaffneten Konflikten im Nahen Osten und in Afrika, an denen US-Militär beteiligt ist.

▶ Ein weiterer wichtiger Luftstützpunkt ist der in den letzten Jahren für etwa 350 Millionen Euro vergrößerte Leipziger Flughafen. Er dient nicht nur der Deutschen Post (DHL) als internationales Drehkreuz, sondern auch der NATO. Washington begründete seine Ausbauwünsche stets nur mit dem knappen Hinweis, dass die am Frankfurter Flughafen gelegene Basis längst nicht mehr als Hauptdrehkreuz für die Einsätze in Europa ausreiche. Tatsächlich gab es, von Leipzig ausgehend, eine intensive Zusammenarbeit zwischen den USA (beziehungsweise der NATO) und der DHL-Luftfahrtsparte. Insbesondere in den Irak und nach Afghanistan kam es zu zahlreichen Versorgungsflügen. Seit dem Jahr 2008 flogen jeden Tag bis zu 1500 US-Soldaten zu ihren weltweiten Einsätzen von oder über Leipzig. Eine weitere Ausbaustufe soll es jetzt ermöglichen, über den militärischen Bereich des Leipziger Flughafens täglich bis zu 600 Tonnen Kriegsgerät in alle Welt zu versenden.[188]

## Deutschland:
## Basis für die weltweiten Kriege der USA

Drei Kläger aus dem Jemen haben vor dem Oberverwaltungsgericht (OVG) Münster mit einer Klage zu US-Drohneneinsätzen in ihrem Heimatland einen Teilerfolg erzielt. Das Gericht verurteilte die Bundesrepublik Deutschland dazu, sich durch »geeignete Maßnahmen« zu vergewissern, ob eine Nutzung der US-Airbase Ramstein durch die USA für Drohneneinsätze im Jemen im Einklang mit dem Völkerrecht stattfinde. Falls erforderlich, müsse die Bundesrepublik bei den USA auf die Einhaltung des Völkerrechts hinwirken, urteilten die Richter. Die Forderung der Kläger jedoch, die Nutzung des rheinland-pfälzischen Militärflughafens für bewaffnete Drohneneinsätze zu unterbinden, wies das Gericht ab. Allerdings bestünden »gewichtige, der Bundesrepublik bekannte oder jedenfalls offenkundige tatsächliche Anhaltspunkte« dafür, dass die USA von Ramstein aus bewaffnete Drohneneinsätze in der Heimatregion der Kläger im Jemen vornähmen, »die zumindest teilweise gegen Völkerrecht verstoßen, wodurch die Kläger rechtswidrig in ihrem Recht auf Leben gefährdet werden«.[189]

Dass alle Drohnenmorde der USA gegen jegliches Recht verstoßen, steht außer Frage, denn sie finden in Ländern statt, die sich nicht im Kriegszustand mit den USA befinden. Ihnen geht auch kein rechtsstaatliches Verfahren voraus.

Doch wie will die deutsche Justiz ermitteln? Die im ersten Kapitel beschriebenen weitreichenden Immunitätsregelungen im Stationierungsrecht schirmen US-Soldaten vor einer strafrechtlichen Verfolgung ab. Zudem sind die USA nicht verpflichtet, gegenüber den deutschen Behörden Auskunft zu erteilen. Die USA dürfen also weiter von Ramstein aus ihre Drohneneinsätze fliegen, und Deutschland wird noch mehr an die Kandare genommen. So beim NATO-Gipfel am 11./12. Juli 2018 in Brüssel.[190] Dort wurde beschlossen, dass das neue NATO-Logistik-Kommando gegen Russland in Ulm aufgebaut wird. Zweitens will das Bündnis, sprich die USA, in Deutschland das THAAD-Raketenabwehrsystem installieren. Dazu gleich mehr. Dieses Logistik-Kommando soll für eine schnelle Verlegung von Soldaten und Material innerhalb Europas sorgen. Das Bündnis hat in den letzten Jahren seine Truppenpräsenz in Osteuropa verstärkt und zieht auch mit den Kommandostrukturen nach, um im Krisenfall Truppen schnell zum Einsatzort zu bringen.

Die ehemalige Verteidigungsministerin Ursula von der Leyen hatte dem Bündnis bereits im Februar 2018 angeboten, Deutschland könne wegen seiner zentralen Lage in Europa das Kommando beherbergen. Das neue Logistik-Kommando in Ulm an der Landesgrenze von Bayern und Baden-Württemberg soll mithin nicht nur die Transportleistungen für die NATO-Partner koordinieren, sondern auch den Schutz und die Versorgung der verlegten Truppen organisieren. Nach dem Willen der USA sollen die bereits in Europa stationierten Truppen außerdem eine höhere Bereitschaft erreichen, was konkret bedeutet, dass 30 000 Soldaten oder 30 Bataillone, 30 Flugzeugstaffeln (360 Flugzeuge) und 30 Schiffe in 30 Tagen einsatzbereit sein sollen. Und für diese Bereitschaftstruppe soll Deutschland eine besondere Verantwortung übernehmen. Diese Streitmacht soll die bestehende »NATO-Speerspitze«, also die Very High Readiness Joint Task Force (VJTF), die NATO Response Force (NRF) und die enhanced Forward Presence (eFP), die zusammen etwa 20 000 Mann ausmachen, im Konfliktfall verstärken.[191]

Das mobile Raketenabwehrsystem Terminal High Altitude Area Defense (THAAD), von dem auf der NATO-Tagung die Rede war, war urplötzlich auf der Agenda erschienen. Bisher ging man davon aus, dass das im rumänischen Deveselu installierte und seit 2016 einsatzbereite Aegis-Raketenabwehrsystem mit Abfangraketen des Typs SM-3 IB sowie die US-Raketenstation im polnischen Redzikowo, die 2020 abschussbereit sein wird, zum Schutz gegen einfliegende Raketen ausreichen würde. Doch offenbar hat man es sich anders überlegt.

Russland wird weniger wegen der Raketen beunruhigt sein, denn sie haben nur eine Reichweite von 200 Kilometern, sondern vielmehr wegen der dazu gehörenden X-Band-Radarstationen, mit denen die NATO weit nach Russland hineinsehen kann. Das Pikante an dieser Stationierung ist, dass das Pentagon, wie wir im ersten Kapitel gesehen haben, aufgrund der bestehenden Verträge keine Einwilligung der deutschen Regierung braucht, um das THAAD-System auf amerikanische Stützpunkte in Deutschland zu verlegen.

Aber die militärische Kontrolle geht noch viel weiter: Die Bundesluftwaffe muss für jeden Start der in Europa gebauten Eurofighter einen Sicherheitscode kaufen, und zwar bei einer privaten US-Firma. Denn nur mithilfe der amerikanischen Verschlüsselungssoftware, für die der Code benötigt wird, können Eurofighter-Piloten Radar- und Sprechfunkdaten untereinander und mit der Bodenstation austauschen. Ohne Code könnten die Jets abgehört werden. Freigegeben werden die Codes von »Codewächtern«, ehemaligen amerikanischen Piloten, die eigens dafür auf amerikanischen Militärflughäfen stationiert sind.[192]

# Kapitel 4

# Gehirngewaschen

Vielleicht die wichtigste Aufgabe, der sich eine Besatzungsmacht stellen muss, ist die Beeinflussung des Denkens in dem besetzten Land. Und diese Einflussnahme geschieht am effektivsten über Netzwerke, Stiftungen und Denkfabriken. Beachtet man, dass eine solche Manipulation in Deutschland seit fast 75 Jahren durchgeführt wird, dann versteht man, warum ein versierter Politiker wie der ehemalige Staatssekretär im Verteidigungsministerium, Willy Wimmer (CDU), zu dem Schluss kommen kann:

*Die Vereinigten Staaten dominieren das internationale Erpressungspotential in einer so gigantischen Art und Weise, dass man nur noch staunen kann und sich die Augen reibt, dass von Europa überhaupt noch was übrig bleibt. Wie soll man in Europa etwas artikulieren, wenn man von amerikanischen Netzwerken durchseucht ist?*[193]

Diese amerikanischen Netzwerke haben die deutsche Medien- und Politlandschaft fest im Griff. Die Zahl derer, die sich den USA mehr verpflichtet fühlen als dem eigenen Land, liegt im hohen dreistelligen Bereich oder mehr. Sie sitzen in Schlüsselpositionen und tun alles, die öffentliche Meinung im Sinne der USA und gegen Russland zu steuern. Sie sind die Lobbyisten des angelsächsischen Kapitals, des Militärisch-Industriellen-Komplexes und der amerikanischen Neocons. Als solche treiben sie den Ausverkauf deutscher Industrie und Immobilien sowie die unsinnige Privatisierung von Staatseigentum zu Gunsten amerikanischer Kapitalgesellschaften voran. Sie haben mitgeholfen, dass, wie wir im nächsten Kapitel sehen werden, mittlerweile 80 Prozent der DAX-Unternehmen in angelsächsischer Hand sind. Und es sind dieselben, die Kriegsverbrechen und Völkerrechtsverstöße der USA nicht einmal erwähnen, aber fortlaufend Russland anklagen, obwohl sich Russland durchgängig an alle internationalen Verträge und Vereinbarungen hält. Organisiert sind diese Netzwerke in den sogenannten Denkfabriken.

# Was ist eigentlich eine Denkfabrik?

Der Begriff »Denkfabrik«, englisch *think tank*, ist lediglich ein attraktiverer Ausdruck für »Lobbygruppe«. Von wenigen Ausnahmen abgesehen, dienen Thinktanks dazu, den Agenden ihrer Geldgeber zu entsprechen und diese zu fördern. Denkfabriken stellen Wissen nicht nur her, wie es die deutsche Bezeichnung nahelegt, sondern bereiten es vor allem für ihre Zielgruppen auf. Sie fungieren als Plattform für Netzwerke und füttern Entscheidungsträger in Politik und Wirtschaft mit handlichen Dossiers und Studien zu allen denkbaren Themen. Das hängt nicht zuletzt damit zusammen, dass in den transatlantischen Netzwerken, auf die ich gleich zu sprechen komme, die Interessen von Regierungen, Industrie und Journalismus auf undurchsichtige Weise miteinander verklumpen. Denkfabriken, die die westlichen Regierungen beraten, erhalten oft Gelder von wirtschaftlichen Lobbygruppen oder ausländischen Regierungen, und Journalisten nehmen an deren Veranstaltungen teil, um Zugang zu Experten zu bekommen. So entsteht eine Blase, in der sich alle gegenseitig einlullen.

Thinktanks haben ihren Ursprung im Europa des Mittelalters – um genau zu sein, im Frankreich des 9. Jahrhunderts. Doch die moderne amerikanische Bewegung orientiert sich an britischen Organisationen, die etwa ein Jahrtausend später das Licht der Welt erblickten und von denen viele bis heute existieren. Das Konzept wurde von dem in Schottland geborenen Andrew Carnegie in die USA gebracht. Sein Carnegie Endowment for International Peace (CEIP) aus dem Jahr 1910 ist immer noch gut im Geschäft. Doch den eigentlichen Boom in der Thinktank-Branche brachte mit einem 200-prozentigen Anstieg die Zeit der Globalisierung seit 1970. In deren Gefolge sind die Denkfabriken in den vergangenen Jahren transnationaler geworden, mit ausländischen Staaten und Einzelpersonen, die diese sponsern.

Im Folgenden möchte ich einige dieser Denkfabriken mit ihren Netzwerken näher beschreiben. Dabei werden Sie bekannte Namen entdecken: Entscheider aus Wirtschaft, Politik und Medien.

# Die transatlantischen Netzwerke

Gegründet 1961, stellt der **Atlantic Council (AC)** im Wesentlichen den akademischen Flügel der NATO dar.[194] Diese Denkfabrik hat zum Ziel, Menschen, die für die Agenda des Militärbündnisses nützlich sind, in ganz Europa und Nordamerika zu vernetzen, und hat infolgedessen eine ganze Reihe von ausgewählten Mäzenen zu bedienen. Ein gewichtiger Geldgeber ist die NATO selbst, zusammen mit den Militärunternehmen Saab, Lockheed Martin, Northrop Grumman, Boeing und der Raytheon Company. Auch das britische Außenministerium, der Ukrainische Weltkongress und das US-Außenministerium spritzen Geld in diesen Thinktank. Ein weiterer wichtiger Förderer ist das US-Militär mit jeweils separaten Beiträgen der Luftwaffe, der Marine, der Armee und des Marine Corps.[195]

Wenn Sie **German Marshall Fund of the United States** hören, lassen Sie sich nicht vom Namen täuschen, denn der 1972 gegründete German Marshall Fund (GMF) ist ein US-amerikanischer Thinktank.[196] Er wurde mittels eine Spende der Bonner Regierung unter Willy Brandt anlässlich der Feierlichkeiten zum 25-jährigen Bestehen des Marshallplans gegründet. Dabei wird Brandt heute ironischerweise vor allem als Vater einer Ostpolitik in Erinnerung gerufen, die eine Annäherung zwischen Deutschland und Russland anstrebte. Nach dem Zusammenbruch der Sowjetunion verwandelte sich der GMF in ein Vehikel, das den Einfluss der USA in Osteuropa förderte, mit Vertretungen in Warschau, Belgrad und Bukarest. Nach der Wahl von US-Präsident Donald Trump startete die Lobbygruppe das Projekt Alliance for Securing Democracy (Allianz zur Sicherung der Demokratie – ASD).[197]

Im Mittelpunkt steht dabei das Hamilton 68 Dashboard, welches Nutzer von sozialen Medien, die den Konsens der liberalen US-Elite ablehnen, als »russische Trolle« klassifiziert.[198]

Die größten Geldgeber dieses Thinktanks sind unter anderem das deutsche Auswärtige Amt (AA) und die Robert Bosch Stiftung, die jährlich jeweils einen siebenstelligen Betrag an GMF überweisen. Mindestens 500 000 US-Dollar kommen zudem von der ebenso mit deutschen Steuergeldern finanzierten Deutschen Gesellschaft für internationale Zusammenarbeit (GIZ), was natürlich die Frage aufwirft: Wieso finanziert der deutsche Steuerzahler via AA und GIZ das Hamilton-68-Dashboard, welches Leute als »russische Agenten« denunziert, nur weil diese sich kritisch mit der Außenpolitik der USA und Westeuropas auseinandersetzen? Weitere signifikante Geldmittel fließen aus dem US-Außenministerium, der NATO und dem lettischen Verteidigungsministerium in die Taschen von GMF. Weitere interessante Zahlmeister sind der »Philanthrop« George Soros (über ihn gleich mehr), Airbus, Google, Boeing und das allgegenwärtige US-Rüstungsunternehmen Raytheon.[199]

Das nächste Netzwerk, das erheblichen Einfluss auf die Meinungsbildung in Deutschland hat, ist die **Atlantik-Brücke**.[200] Der 1952 als privater, überparteilicher und gemeinnützig gegründete Verein will nach eigenen Angaben eine wirtschafts-, finanz-, bildungs- und militärpolitische Brücke zwischen den Vereinigten Staaten und Deutschland schlagen.

Doch hören wir wieder Willy Wimmer in seiner Einschätzung des Vereins gegenüber *sputnik* am 28. Juni 2019:

> *Das ist eine Einrichtung, die man getrost als Frontorganisation amerikanischer Belange in Deutschland bezeichnen kann.*
> *Wenn man sich die Zusammensetzung ansieht sowie die Aufgabenstellung, die damit verbunden ist, dann ist es mit Sicherheit die Durchsetzung amerikanischer Interessen. Dadurch, dass man Meinungsbildner in Deutschland in einer Organisation so zusammenführt, wie es in der Atlantikbrücke der Fall ist. Vor diesem Hintergrund sollte man sich vor jeder zentralen Überlegung, die in Deutschland angestellt wird, immer wieder fragen, welcher Einfluss von diesen Kreisen ausgeübt wird. Er ist inten-*

*siv – das ergibt sich aus dem Charakter. Die Leute, die zur Atlantikbrücke zählen, sind handverlesener als die, die im Deutschen Bundestag sitzen. Das kann man getrost nebeneinanderhalten und dann weiß man, welche Bedeutung diese Einrichtung hat. Ich will sie nicht überschätzen, aber sie darf auch nicht unterschätzt werden. Sie ist Bestandteil einer amerikanischen Gesamtstrategie, die deutsche politische und ökonomische Wirklichkeit so zu durchdringen, dass in Deutschland jede Voraussetzung geschaffen ist, amerikanischen Belangen dienstbar zu sein. Insofern ist es eine prominente Organisation.* [201]

Zu den Mitgliedern des Vereins zählen heute etwa 500 führende Persönlichkeiten aus Bank- und Finanzwesen, Wirtschaft, Politik, Medien und Wissenschaft. Die Atlantik-Brücke fungiert als Netzwerk und privates Politikberatungsinstitut. Der Verein hat seinen Sitz in Berlin und verfolgt laut Satzung »Bildungs-, wissenschaftliche, kulturelle und mildtätige Zwecke sowie die Förderung der Völkerverständigung. Hierbei will der Verein die Berufs- und Volksbildung auf nationaler und internationaler Ebene, hier insbesondere in den Vereinigten Staaten von Amerika, in Kanada und in Europa fördern. Darüber hinaus will der Verein das Verständnis für Deutschland in anderen Staaten, insbesondere in den Vereinigten Staaten von Amerika, in Kanada sowie den europäischen Staaten, ebenso das Verständnis für die vorgenannten Staaten in Deutschland fördern und damit einen Beitrag zur Freundschaft zwischen Deutschland und anderen Staaten leisten.« [202]

Der Verein finanziert sich über Mitgliedsbeiträge. Einzelne Veranstaltungen werden selektiv durch Firmen und Institutionen wie die Deutsche Bank gefördert, das Privatbankhaus M. M. Warburg & CO, die Nomura Holdings Investment-Bank, die Deutsche Bundesbank, den Technologiekonzern IABG, die Volkswagen AG und das Auswärtige Amt.

Gründungsväter des Vereins sind die Bankiers Eric M. Warburg und Gottfried Freiherr von Falkenhausen sowie die beiden Publizisten und Herausgeber der Wochenzeitung *Die Zeit*, Marion Gräfin Dönhoff und Ernst Friedlaender. Als Initiator wirkte der ehemalige Präsident der Weltbank, Direktor der privaten US-Denkfabrik für die Gestaltung der US-Außenpolitik Council on Foreign Relations (CFR) sowie Vorstandsvorsitzender von Rockefellers Chase Manhattan Bank, John J. McCloy. Als Schirmherren fungierten der Hamburger Bürgermeister Max Brauer und der Oberbürgermeister West-Berlins, Ernst Reuter.

Seit seiner Gründung fördert der Verein persönliche Begegnungen zwischen deutschen und amerikanischen Führungskräften aus Wirtschafts- und Geistesleben. Gräfin Dönhoff benannte bereits kurz nach Vereinsgründung das Fernziel, politikberatenden Privatinstitutionen wie dem britischen Chatham House und dem US-amerikanischen Council on Foreign Relations zu ähneln. Die Atlantik-Brücke sah sich im Zeitalter von Massendemokratie und Medienwirksamkeit als Teil der öffentlichen Meinung, die es mit allen Möglichkeiten des Vereins zu beeinflussen galt. 1981 widmete die *Frankfurter Allgemeine Zeitung* diesem Grundansatz der Atlantik-Brücke ausführlichen publizistischen Raum. In Anspielung auf das in den USA verbreitete System privater Gesellschaften, »die nicht zu entscheiden haben, aber dennoch zum Entscheidungshintergrund gehören« und daher in Deutschland eine unerhört neue Erfahrung bilden, hieß es, »ein Purist der Demokratie könnte Bedenken gegen derartige elitäre Mitbestimmungsgruppen haben«.[203]

Der Verein veranstaltet auch Seminare für US-Offiziere. Bis zum 50-jährigen Jubiläum der Atlantik-Brücke im Jahre 2002 hatten über 9000 amerikanische Offiziere an diesen Seminaren teilgenommen. Seit 1990 finden darüber hinaus in seiner Zentrale, dem Magnus-Haus in Berlin – im Nachbarhaus der Privatwohnung von Bundeskanzlerin Angela Merkel – jährliche Expertengespräche mit dem United States European Command statt, bei denen deutsche und amerikanische Generäle mit Vertretern aus Politik, Wirtschaft und

Medien zusammenkommen. Weitere Seminare, Konferenzen, Young-Leader-Treffen, Round-Table-Diskussionen und Ehrungen werden regelmäßig in Räumlichkeiten von freundschaftlich verbundenen Institutionen und Konzernen abgehalten. Die Atlantik-Brücke ist Gründungsmitglied des New Traditions Network, einem Netzwerkzusammenschluss von sechzig in Deutschland ansässigen pro-amerikanischen Thinktanks, Stiftungen und Regierungsorganisationen, der von der US-Botschaft in Berlin koordiniert wird.

Zum Vorstand des Vereins zählen illustre Namen: Edelgard Buhlmann (SPD), bis 2017 Vizepräsidentin des Deutschen Bundestages und Vorsitzende der German Group der Trilateralen Kommission, auf die ich gleich noch zu sprechen komme; Kai Diekmann, ehemaliger Gesamtherausgeber der BILD-Gruppe, davor Chefredakteur von *Bild* und *Bild am Sonntag;* Jürgen Fitschen, ehemaliger Vorstandsvorsitzender der Deutschen Bank; Wolfgang Ischinger, Vorsitzender der Münchner Sicherheitskonferenz, Mitglied im European Council on Foreign Relations, in der Trilateralen Kommission und in der Stiftung Wissenschaft und Politik; die Politiker, die in ihren Parteien für Auswärtige Politik verantwortlich zeichnen wie Norbert Röttgen (CDU), Alexander Graf Lambsdorff (FDP), Eckart von Klaeden (CDU) und Omid Nouripour (Grüne) – womit die transatlantische Ausrichtung der deutschen Außenpolitik gewährleistet ist.

Am 1. Juni 2010 hatte der Verein 493 Mitglieder, davon 252 aus der Wirtschaft, 82 aus der Politik, 40 aus den Medien, 27 aus der Wissenschaft, 14 aus Verbänden, Gewerkschaften und Stiftungen und 78 aus freien Berufsgruppen. Aktuelle Mitglieder sind unter anderem Bundeskanzlerin Angela Merkel, der ehemalige Vorstandsvorsitzende von Goldman Sachs Deutschland, Alexander Dibelius, der Vorsitzende der Axel Springer SE, Mathias Döpfner, der frühere Porsche-Vorstand Martin Winterkorn, der Präsident der Deutschen Bundesbank Jens Weidmann und zahlreiche weitere Entscheider. Kuratoriumsmitglieder der angeschlossenen Stiftung Atlantik-Brücke sind unter anderem der ehemalige Bundesverteidigungsminister Volker Rühe sowie der Moderator der ZDF-Nachrichtensendung *Heute-Journal* Claus Kleber.[204]

Über viele Jahre hatte Friedrich Merz den Vorsitz der Atlantik-Brücke inne, dann wurde Ex-Außenminister Sigmar Gabriel berufen.

Das Young-Leaders-Programm (zu Deutsch »Junge-Führungs-kräfte-Programm«) der Atlantik-Brücke richtet sich an junge aufstre-bende Führungskräfte, die zu den jährlich stattfindenden deutsch-amerikanischen und europäischen Konferenzen eingeladen werden. Während der Konferenzen diskutieren die Teilnehmer in Plenarsit-zungen und Arbeitsgruppen über aktuelle sicherheits-, außen- und wirtschaftspolitische sowie soziale Themen. Praktische Lösungsvor-schläge und Empfehlungen für transatlantische Entscheidungsträger werden nach Aussage des Vereins auf diesem Wege gefunden. Eine Reihe von Teilnehmern des Young-Leader-Programmes wurde spä-ter selbst Mitglied der Atlantik-Brücke, so zum Beispiel Springer-Chef Mathias Döpfner, Kanzler-Berater Eckart von Klaeden (CDU), der frühere *Bild*-Chef Kai Diekmann, der ehemalige Verteidigungs-minister Karl-Theodor zu Guttenberg (CSU), SPD-Fraktionschef Thomas Oppermann, Gesundheitsminister Jens Spahn (CDU), sowie der ehemalige Innenminister Thomas de Maizière.[205]

Die Historikerin Anne Zetsche kritisiert, dass das transnationale Netzwerk nur zum Teil aus politisch legitimierten Personen bestehe und keine sachlichen oder nationalen Grenzen seiner Einflussnahme existierten. So habe es durch massive Beeinflussung dazu beigetra-gen, die deutschen Sozialdemokraten in den 1950er-Jahren von ih-rem antimilitaristischen und neutralistischen Kurs abzubringen. Auch übe die Brücke über ihre zahlreichen Mitglieder aus der Me-dienlandschaft einen erheblichen Einfluss aus. Die mediale Einfluss-nahme sei nicht immer ersichtlich, auch »wenn – wie bei Anne Will geschehen – gleich mehrere Mitglieder der Atlantik-Brücke in einer TV-Sendung sitzen, um ›kontrovers‹ über Syrien zu diskutieren«.[206]

# Propagandistisches Meisterstück

Um sich ein Bild über die Arbeitsweise einer Einrichtung wie der Atlantik-Brücke zu machen, ist es hilfreich, ein Propaganda-Meisterwerk der letzten Monate genauer in Augenschein zu nehmen. Ein rechtes Netzwerk, das vornehmlich aus Elitesoldaten und Polizisten bestehe, bereite im Untergrund den Umsturz an Tag X vor. Diese Meldung verbreiteten die Mainstream-Medien Ende 2018.

Sehen wir uns zuerst einmal an, wer das Schreckensszenario in Umlauf brachte. Es waren zuerst die den Grünen nahestehende Tageszeitung *taz* am 16. November [207] sowie das Magazin *Focus* in seiner Ausgabe 46/2018.[208] Beim Münchner Nachrichtenmagazin wird seither immer wieder mit entsprechenden Storys nachgelegt. Verantwortlich dafür ist Josef Hufelschulte, der laut BND-Untersuchungsausschuss vor knapp 10 Jahren dem Bundesnachrichtendienst »Informationen bis hin zum Quellenverrat, beziehungsweise dem Verrat von Quellen anderer Journalisten« geliefert haben soll. Die Notizen von BND-Direktor Volker Foertsch über weitergegebene Informationen von Hufelschulte (BND-Deckname: Jerez) umfassen 219 Seiten.[209] Diese Propaganda wurde in der Folge von anderen Staatsmedien verstärkt. So titelte die *Welt* am 26. November »Schutzräume und Handgranaten für Tag X« und widmete der angeblichen »Schattenarmee in der Bundeswehr« eine ganze Seite.[210] Und die *FAZ* warnte vor einem rechtsextremen Netzwerk.[211]

Das hatten schon die *taz*-Reporter Christina Schmidt, Martin Kaul und Daniel Schulz behauptet, die nach eigenen Angaben seit über einem Jahr an diesem Thema arbeiteten. Ihre Nachforschungen hätten ergeben, dass »rechte, gut organisierte Netzwerke« eine Untergrundarmee in der Armee aufbauten. Soldaten, Reservisten, Polizisten, Beamte, Mitglieder des Verfassungsschutzes – insgesamt sollten es 1800 Personen sein – seien Mitglieder dieses Netzwerks, die sich Uniter (auf Deutsch »Vereiniger«) nennen. Sie würden auf Tag X, den Zeitpunkt einer großen Krise in Deutschland warten; dann wollten sie zu den Waffen greifen und Politiker und andere aus dem linken Spektrum liquidieren. Kern der Truppe seien aktive und ehemalige Soldaten des Kommandos Spezialkräfte (KSK), einer Eliteeinheit der Bundeswehr, die für Extremsituationen wie Terroranschläge oder Geiselnahmen ausgebildet ist.

Im Zentrum dieses gut organisierten rechten Netzwerks stünde laut *taz* eine einzige Person, die die Fäden ziehe: André S., Deckname Hannibal. Der 33-jährige Soldat soll bis vor einiger Zeit dem KSK angehört haben und Administrator mehrerer Chatgruppen sein, sogenannter Prepper (vom Englischen *to prepare*, vorbereiten). Auf diese Menschen, die sich auf Katastrophen und Kriege vorbereiten, hat es der Verfassungsschutz seit einigen Monaten abgesehen, während es übrigens in den USA zum guten Ton gehört, dass jeder, der Geld hat, sich einen Bunker baut und Vorräte anlegt. Prompt meldete die *taz*, dass Mitglieder eines norddeutschen Prepper-Chats neben Vorräten an Nahrungsmitteln und Treibstoff auch ein Munitionslager angelegt hätten. Gegen sechs von ihnen ermittelt seit nunmehr anderthalb Jahren die Bundesanwaltschaft. Vorgeworfen wird ihnen die Vorbereitung einer schweren staatsgefährdenden Straftat. Auch hier gibt es offenbar eine Verbindung zur Bundeswehr: Alle sechs Beteiligten sollen zu demselben Reservistenverband gehören; allerdings sind die Erkenntnisse der Bundesanwälte bisher dürftig.

In einem der Prepper-Chats soll auch Franco A. aktiv gewesen sein, jener Oberleutnant, um den sich einer der jüngsten Bundeswehrskandale dreht. Franco A. soll aus seiner rechtsextremen Gesinnung heraus einen Anschlag auf hochrangige Politiker geplant haben. Diesen habe er einem fiktiven syrischen Flüchtling in die Schuhe schieben wollen, dessen Identität er sich zu diesem Zweck zugelegt hatte, so der Vorwurf der Bundesanwaltschaft. Seltsam nur, dass der angeblich so gefährliche Franco A. bis heute noch nicht angeklagt ist, denn dem zuständigen Gericht in Frankfurt fehlen bisher triftige Beweise und Argumente für einen dringenden Tatverdacht.[212]

Doch der *Focus* hat nun einen neuen Staatsfeind ausgemacht. Innerhalb des Vereins Uniter habe sich ein »konspiratives Netzwerk« gebildet, das »auch vor der gezielten Tötung politischer Gegner nicht zurückschrecken soll«, schreibt das Magazin.[213] Der Militärische Abschirmdienst (MAD) habe bereits im Sommer 2016 ein Schreiben mit Hinweisen auf den in der Kritik stehenden Soldatenverein Uniter erhalten. In dem einseitigen Brief heiße es, es gebe »Verdachtsmomente hinsichtlich Waffenschmuggels« bei Uniter-Mitgliedern sowie fragwürdige Geschäfte mit einem deutschen Versicherungsunternehmen. Ausdrücklich werde in dem Schreiben der Hauptfeldwebel André S. genannt, der »federführend« bei Uniter tätig gewesen sei. In dem Schreiben heiße es weiter, der »geistige Zustand« von S. sei »zweifelhaft«. In dem Brief werde der Verdacht geäußert, Uniter-Mitglieder würden mit ihrer Vereinsarbeit die »wahren Absichten« des Vereins verschleiern.[214]

Seltsam auch hier ist, dass der MAD auf den Vorwurf des *Focus* antwortete, das Schreiben »liegt hier nicht vor«. Allerdings könne es zu einem früheren Zeitpunkt vorgelegen haben. Das Bundesministerium der Verteidigung hat nach eigenen Angaben keinerlei Hinweise, dass Uniter Umsturzpläne hege. Die Bundesregierung hat in einer Antwort auf eine Anfrage der Grünen geschrieben, bislang seien Anhaltspunkte für Straftaten, welche die Zuständigkeit des Generalbundesanwalts begründen könnten, nicht bekannt geworden. Und dann gibt es da noch den Major der Reserve Horst S. Der hatte Zugang zu den Chatgruppen des angeblichen Netzwerks und lieferte sie den Staatsschützern des Bundeskriminalamtes (BKA) frei Haus. Wie natürlich auch Hannibal. Dieser André S. ist, so stellte sich jetzt heraus, »Auskunftsperson« des MAD.[215]

Die »Untergrundarmee«, die einen Umsturz plant, ist also wohl ein geheimdienstlich gesteuerter Fake, der mithilfe ausgewählter Journalisten in Umlauf gebracht wurde. Ich frage mich, ob die Schlapphüte von mir abgeschrieben haben, denn ich hatte dieses Szenario bereits 2016 in dem Roman *Der Staatsstreich* vorweggenommen.[216]

## Das German Council on Foreign Relations

Doch zurück zur Atlantik-Brücke. Sie hat noch die Schwesterinstituti-on **American Council on Germany** (ACG) an ihrer Seite, ebenfalls 1952 von John J. McCloy und Eric M. Warburg gegründet. Der Ame-rican Council on Germany ist eine Nichtstaatliche Organisation (NGO), welche mit dem Council on Foreign Relations affiliiert ist.[217] Zwischen der Atlantik-Brücke und dem ACG herrscht seit jeher ein reger Informations- und Personalaustausch. Ein Beispiel für diese Art von Zusammenkünften waren die Deutsch-Amerikanischen Konfe-renzen, die 1959 ins Leben gerufen und abwechselnd in Deutschland und den USA durchgeführt wurden. Der Verein hat mehrere Ver-dienstpreise geschaffen, deren Träger unter anderen Bertelsmann-Er-bin Liz Mohn, Henry Kissinger, George W. Bush, Condoleezza Rice, Helmut Schmidt, Helmut Kohl und Angela Merkel sind.

Eng verknüpft mit dem ominösen Council on Foreign Relations ist die **Deutsche Gesellschaft für Auswärtige Politik**. Die DGAP gibt das 2-monatlich erscheinende Magazin *Internationale Politik* heraus und bezeichnet sich selbst als »das nationale Netzwerk für Außenpolitik«. »Als unabhängiger, überparteilicher und gemeinnütziger Verein för-dert die DGAP seit 60 Jahren die außenpolitische Meinungsbildung in Deutschland«, sagt die Gesellschaft bescheiden auf ihrer Web-seite.[218] In Wirklichkeit ist der 1955 in Zusammenarbeit mit dem Washingtoner Council on Foreign Relations und dem Londoner Chatham House gegründete Verein die entscheidende Denkfabrik der deutschen Außenpolitik. Sie zählt heute über 2500 Mitglieder, da-runter führende Persönlichkeiten aus dem Bank- und Finanzwesen, der Wirtschaft, Politik, Medien und der Wissenschaft. Die internati-onal als **German Council on Foreign Relations** bekannte Institution finanziert sich über die Beiträge ihrer Mitglieder sowie Zuwendun-gen von Sponsoren und Mäzenen, darunter dem Auswärtigen Amt, der Deutschen Bank, EADS und der Robert Bosch Stiftung. »Anhand der Funktionen und Tätigkeiten der DGAP-Gründungsväter ist bereits 1955 eine Verzahnung von Entscheidungsträgern aus Finanzwesen, Industrie, Medien, Politik und Justiz nach dem Beispiel der Strukturen des Council on Foreign Relations und des Chatham House wahrnehmbar«, weiß *Wikipedia*.[219]

Doch es gibt noch mehr Netzwerke, wobei ich ohnehin nur die wichtigsten erwähne. Die amerikanische Denkfabrik The Brookings Institution in Washington, D. C., und die Robert Bosch Stiftung in Stuttgart gaben am 6. Februar 2017 an, ihre Zusammenarbeit auszubauen, um »künftig unabhängige Analysen zu erstellen und eine Reihe hochrangiger, öffentlicher Veranstaltungen zur Stärkung der transatlantischen Zusammenarbeit und des gesellschaftlichen Zusammenhalts abzuhalten«. Ziel dieser Transatlantic Initiative sei es, »belastbare Netzwerke zwischen den USA und Europa aus- bzw. aufzubauen sowie Empfehlungen für einige der drängendsten politischen Herausforderungen gerade in Zeiten des Umbruchs und Wandels abzugeben«.[220] Die Initiative richte sich vor allem an politische Entscheider, die weiteren Zugang zu erstklassigen Analysen bekommen sollen. Die Publikationen richten sich aber auch an eine breite Öffentlichkeit, die sich über aktuelle Themen der transatlantischen Beziehungen informieren will.

Im ersten Jahr der Partnerschaft lag der thematische Schwerpunkt auf dem Wiederaufleben von Nationalismus und Xenophobie in Europa, nicht zuletzt im Hinblick auf vergleichbare Entwicklungen in den USA. Auch die Beziehungen zu anderen Regionen der Welt, der Umgang mit globalen Krisen und gesellschaftspolitische Strömungen standen auf der Agenda. Offizieller Auftakt der Initiative war eine Veranstaltung in Washington, D. C., am 10. April 2017, im Herbst folgte eine entsprechende Auftaktveranstaltung in Deutschland.

**The Brookings Institution** mit Sitz in Washington ist einer der ältesten und renommiertesten Thinktanks weltweit. Das Institut wurde 1916 von dem Unternehmer Robert Somers Brookings (1850–1932) gegründet. Die Wissenschaftler der Brookings Institution entwerfen Ideen zu Themen aus den Bereichen Ökonomie, Sozialem, Internationale Beziehungen und Bildung. Nach eigenen Angaben hat Brookings am Entstehen der Vereinten Nationen und am Marschallplan mitgewirkt.[221] Durch den Zusammenschluss mit der Robert Bosch Stiftung werden sich die Experten aus Washington künftig noch stärker Europa zuwenden, teils in Deutschland arbeiten und eine Plattform für Analysen und Debatten zu jährlich wechselnden Schwerpunktthemen schaffen.

Die **Robert Bosch Stiftung** engagiert sich schon seit über 30 Jahren für die deutsch-amerikanischen Beziehungen. In ihren transatlantischen Projekten fördert sie den offenen Austausch und das gegenseitige Verständnis zwischen Deutschland und den USA und kooperiert mit amerikanischen Universitäten, Thinktanks und gemeinnützigen Einrichtungen. Die bestehenden Programme werden auch künftig mit bisherigen wie neuen Partnern fortgesetzt.[222]

Bleibt noch zu erwähnen das **European Council on Foreign Relations**, von Kritikern die George-Soros-EU-Truppe genannt. »Das ECFR ist eine private, gemeinnützig arbeitende Organisation, die sich aus Spendengeldern finanziert«, heißt es offiziell auf der Webseite der Lobbygruppe.[223] Konkret bedeutet das, dass sie in Abhängigkeit von George Soros steht. *Wikipedia* schreibt zum Thema Finanzierung: »Die Hauptunterstützer des ECFR sind die Open Society Foundations … und der US-amerikanische Investor George Soros.«[224] *Wikipedia* weist sie getrennt aus, doch in Wirklichkeit sind die Open Society Foundations der operative Arm von George Soros.

Im Klartext ist das ECFR eine von George Soros kontrollierte und gesteuerte Einrichtung. Soros – nach eigener Aussage ein »Philanthrop« – hat 18 Milliarden US-Dollar und damit einen Großteil seines Vermögens an seine Open Society Foundations übertragen. Neben Soros gehören zu den Mitgliedern des ECFR: Joschka Fischer (Grüne), ehemaliger Außenminister, Ex-Präsident des EU-Rates; Cem Özdemir, ehemaliger Bundesvorsitzender der Grünen; Hannes Androsch, ehemaliger österreichischer Finanzminister; Sebastian Kurz, ehemaliger (und möglicherweise zukünftiger) Kanzler der Republik Österreich; Emma Bonino (Radikale Partei), ehemalige italienische Außenministerin, Ex-EU-Kommissarin; Karl Theodor zu Guttenberg (CSU), ehemaliger Verteidigungsminister; Mabel von Oranien-Nassau, Ehefrau von Prinz Johan Friso, Bruder von König Willem-Alexander der Niederlande (Prinz Bernhard, der Großvater des heutigen Königs, lud 1954 zur ersten Bilderberg-Konferenz ein); Dominique Strauss-Kahn, früher Direktor des Internationalen Währungsfonds; Roland Berger, Gründer und Ehrenvorsitzender des Aufsichtsrats derRoland Berger Strategy Consultants GmbH; Sandra Breka, Vizepräsidentin der Robert Bosch Stiftung; Hans Eichel, ehemaliger Bundesfinanzminister; Annette Heuser, Geschäftsführerin der Professor Otto Beisheim Stiftung; Wolfgang Ischinger, Vorsitzender der Münchener Sicherheitskonferenz; Stefan Kornelius, Leiter des Auslandsressorts der *Süddeutschen Zeitung*; Matthias Nass, Chefkorrespondent International der Wochenzeitung *Die Zeit*; Nikolaus Röttger, Chefredakteur von *Wired Germany*; Michael Stürmer, ehemaliger Chefkorrespondent der *Welt*; David McAllister, Vorsitzender des Ausschusses für auswärtige Angelegenheiten im Europäischen Parlament; Ruprecht Polenz, ehemaliger Vorsitzender des Ausschusses für auswärtige Angelegenheiten des Bundestages; Norbert Röttgen, Vorsitzender des Ausschusses für auswärtige Angelegenheiten des Bundestages; Klaus Scharioth, Dekan des Mercator Fellowship für internationale Angelegenheiten und ehemaliger Botschafter Deutschlands in den Vereinigten Staaten; Michael Schwarz, Geschäftsführer der Stiftung Mercator; Daniela Schwarzer, Direktor des Research Institute, deutscher Rat für auswärtige Beziehungen (DGAP); Eckart von Klaeden, Leiter der Auswärtigen Angelegenheiten, Daimler AG und ehemaliger Staatsminister im Bundeskanzleramt; sowie zahlreiche Bundestagsabgeordnete und Botschafter.[225]

Wenn man die Namen der Mitglieder in den verschiedenen Netzwerken vergleicht, erkennt man, dass zahlreiche Prominente gleichzeitig in mehreren dieser Institutionen vertreten sind.

## Die Soros-Springer-Connection

Bleiben wir noch ein wenig beim allgegenwärtigen Einfluss des Multimilliardärs George Soros. Am 12. Februar 2019 gab ihm die Tageszeitung *Die Welt* wieder einmal die Bühne für seine Propaganda. »Die Menschen in Europa müssen aufwachen, bevor es zu spät ist«, titelte das Springer-Flaggschiff.[226] Dieser Bericht ist eigentlich nur die Abschrift eines Gastbeitrages von George Soros auf einer ihm nahestehenden und vom ihm mitfinanzierten Plattform, deren offizieller Partner *Die Welt* ist. Und wer andere Artikel der *Welt* über Soros liest, kann durchaus eine Linie erkennen. So schreibt etwa der Leitende Wirtschaftsredakteur der Zeitung am 25. Januar 2019 über Soros` Rede in Davos, wobei insbesondere die Sprachlichkeit interessant ist. Denn diese Rede wird als »berühmt« bezeichnet, und: Soros habe sich Chinas »Präsidenten Xi vorgeknöpft«.[227]

Doch eine ganz andere Meinung über Soros hat offenbar die Tageszeitung *Jerusalem Post*. Sie berichtet am 22. August 2016 unter dem Titel »Soros's Campaign of global chaos«[228] über die gehackten E-Mails des überzeugten Globalisten. Soros habe insgesamt Milliarden (nicht bloß Millionen) an linke und zum Teil dubiose Organisationen weitergeleitet und viele Gruppen unterstützt, die von Griechenland bis Israel die illegale Migration fördern; und das gelte sowohl für Pro-Völkerwanderungsparteien wie auch für Gruppen, deren Aktivitäten sehr nahe an Schlepperei herankommen. Er habe in Osteuropa Initiativen gefördert, die gegen die jetzigen Regierungen arbeiten. Er sponsere völlig unterschiedliche Gruppierungen wie die antimarktwirtschaftliche Occupy Wall Street oder Black Lifes Matter – einer Gruppe, die sich mit der amerikanischen Polizei anlegt – genauso wie Gruppen, die sich für Schwulenehe oder (derzeit nur in den USA) Unisex-Toiletten einsetzen.

Der *Jerusalem-Post*-Beitrag fasst als Fazit die so unterschiedlichen und vielfältigen Soros-Initiativen folgendermaßen zusammen:

*Sie alle schwächen die Fähigkeiten nationaler und lokaler Behörden in westlichen Demokratien, die Gesetze und Werte ihrer Nationen und Gemeinschaften aufrechtzuerhalten. Sie alle wollen die freien Märkte behindern, gleichgültig ob es dabei um finanzielle oder ideologische oder politische oder wissenschaftliche geht. Sie geben dabei vor, im Namen von Demokratie, Menschenrechten, Wirtschaft, rassischer und sexueller Gerechtigkeit und anderen erhabenen Ausdrücken zu agieren. In anderen Worten: Ihr Ziel ist, die westlichen Demokratien zu unterminieren, es den Regierungen unmöglich zu machen, die Ordnung aufrechtzuerhalten, und es der jeweiligen Gesellschaft unmöglich zu machen, ihre eigene Identität und eigenen Werte zu bewahren.*[229]

Übrigens: Wussten Sie, dass die jüdische Zeitung *Jerusalem Post* antisemitisch ist? Erschiene sie in Deutschland, wäre sie es in der Tat. Denn hier gilt: Wer Soros kritisiert, handelt sich den Vorwurf des Antisemitismus ein. Das habe ich selbst erfahren. Nach meinem kritischen Vortrag über Soros am 29. Oktober 2016 wurde ich in der *Frankfurter Allgemeinen Zeitung* als Antisemit diffamiert, obwohl ich nicht einmal auf die Religionszugehörigkeit von George Soros eingegangen war, sondern nur die Kritik der *Jerusalem Post* zitiert hatte.[230] *Wikipedia* hat diese Rufschädigung sofort übernommen, und nun steht sie im Netz.[231] Verteidigen kann man sich dagegen nicht, denn *Wikipedia* weigert sich, die Passage zu streichen. So viel zur freien Meinungsäußerung in Deutschland.

Zurück zur Soros-Springer-Verbindung. Im Aufsichtsrat der Axel Springer SE (Societas Europaea – Europäische Gesellschaft) sitzt seit

2014 Martin Varsavsky, ein argentinisch-spanischer Unternehmer und Seriengründer. 3 Jahre später gründete Varsavsky zusammen mit der Axel Springer GmbH & Co. KG ein Gemeinschaftsunternehmen, nämlich einen Investmentfonds für Medien-Startups. Darüber hinaus erstreckt sich die Kooperation in die amerikanische Medienwelt.[232] Derselbe Martin Varsavsky ist seit 1995 mit George Soros geschäftlich verbunden. Im Laufe der Jahre soll die Varsavsky-Soros-Verbindung eine Milliarde Gewinn gemacht haben. Springer profitiert von der Connection ebenso: Soros hat eine größere Beteiligung an einem der größten Kabelnetzbetreiber der USA, der Liberty Broadband, und damit Zugang zu Millionen von Kabelkunden – und Springer kann Inhalte anbieten. Soros ist auch mit 70 Millionen Nutzern pro Monat an der – nach eigenen Angaben – führenden Musik- und Podcast Plattform Pandora beteiligt sowie mit knapp 50 Fernsehsendern und weiteren US-Medien an der Tribune Media Corporation, einem großen Player auf dem US Medienmarkt.

Im Blog von Martin Varsavsky entdeckt man, dass er inhaltlich nicht weit von Soros entfernt ist, indem er die Vergemeinschaftung der Schulden und des Haftungsrisikos für Banken in der EU mit dem Ziel der »United States of Europe« fordert, als Feind gibt er die Nationalstaaten an. Apropos Islam: Er verdammt zwar den IS und den Terror, verteidigt ansonsten aber den Islam. Die Deutschen, so seine Analyse, würden des Holocausts wegen so gutmütig gegenüber den Einwanderern handeln und wären von »Emotionen statt durch Vernunft getrieben«.[233]

Die Soros-Varsavsky-Springer-Verbindung zeigt, welchen Einfluss Drahtzieher auf die in den Medien veröffentlichte Meinung nehmen können. Ihre politischen Überzeugungen schlagen sich in den Beiträgen »ihrer« Zeitungen und Fernsehsender nieder. Und darum finden wir auch in unseren Mainstream-Medien keine kritischen Beiträge zur illegalen Migration und zum teilweise gewaltbereiten Islam.

# Der »Große Bruder«

Es gibt zwei US-Thinktanks, die sicherlich den größten Einfluss auf die deutschen transatlantischen Denkfabriken und ihre Netzwerke haben. Im 1921 gegründeten **Council on Foreign Relations** (CFR) treffen sich regelmäßig die Vertreter der wirtschaftlichen (circa 31 Prozent aus Konzernen stammenden), der akademischen (circa 25 Prozent), der politischen (circa 13 Prozent) und der medialen Macht (6 Prozent). Ziel des CFR ist, die Kontinuität der US-Außenpolitik zu gewährleisten. Alle 2 Monate erscheint die Verbandszeitschrift *Foreign Relations*.[234] Ihre Artikel geben die außenpolitische Richtung Washingtons vor, die aktuellsten habe ich im Laufe des vorliegenden Buchs zitiert. Einer der Hauptfinanziers des CFR ist – wen wundert es? – George Soros,[235] dessen Stiftung Open Society Foundation (OSF, früher: Open Society Institute) in den letzten 35 Jahren über sagenhafte 15,2 Milliarden Dollar verfügte.[236]

Über die sogenannte **Trilaterale Kommission** (TC) haben Patrick Wood und Antony Sutton in ihrem 2017 erschienenen Buch *Trilaterals over Washington* ausführlich berichtet.[237] Gegründet wurde die TC 1973 von Zbigniew Brzeziński und seinem Patenonkel David Rockefeller als »informelle Diskussionsgruppe«.[238] Bereits 4 Jahre (!) zuvor hatte Brzeziński geschrieben:

> *Der Nationalstaat als fundamentale Einheit organisierten menschlichen Lebens ist dem Prinzip der schöpferischen Macht gewichen: Die Handlungen und Pläne internationaler Banken und multinationaler Konzerne sind bei Weitem fortschrittlicher als die politischen Konzepte des Nationalstaats.*[239]

Später erinnerte sich der Nestor der US-Geopolitik, das ursprüngliche Ziel der TC habe darin bestanden, »eine neue internationale Wirtschaftsordnung« zu erschaffen.[240]

Sechs der acht bisherigen Weltbankpräsidenten waren TC-Mitglieder. Des Weiteren zählen George H.W. Bush, Bill Clinton, Dick
Cheney und Al Gore dazu. Die ersten drei Männer halfen dabei, die
USA mit Kriegen im Ausland tief in die Schulden zu treiben, während sich gleichzeitig die Zahl der Menschen in Dritte-Welt-Ländern
ohne Zugang zu modernen Ressourcen oder Energie massiv erhöhte.
Innerhalb Europas gelangten mit Lucas Papademos und Mario Monti in den finanziell angeschlagenen Ländern Griechenland und Italien
zwei TC-Mitglieder in die Position des Ministerpräsidenten, wobei
Monti zudem europäischer Vorsitzende der TC war. Laut Wood und
Sutton waren elf TC-Mitglieder Teil der Regierungsmannschaft Barack Obamas. Ein tieferer Blick auf den Zirkel von Tim Geithners Fi-
nanzministerium zeigt den beunruhigenden trilateralen Effekt: Paul
Volker, Alan Greenspan, E. Gerald Corrigan (Direktor bei Goldman
Sachs) und Peter G. Peterson (ehemaliger Chef bei Lehman Brothers,
ehemaliger Vorsitzender des Rates für Außenbeziehungen) – alle waren Mitglieder der Trilateralen Kommission.

Jedweder Zweifel an den Zielen der TC wird vom Gründer der TC
selbst, David Rockefeller, zerstreut, der 2003 in seinen Memoiren
schrieb:

*Manche glauben gar, wir seien Teil einer geheimen Kabale, die
entgegen die besten Interessen der USA arbeitet, charakterisie-
ren mich und meine Familie als »Internationalisten« und Ver-
schwörer, die gemeinsam mit anderen weltweit eine integrierte
globale politische und wirtschaftliche Struktur schaffen – die
einheitliche Welt, wenn sie so wollen. Wenn das die Anklage ist,
dann bin ich schuldig, und ich bin stolz darauf.*[241]

# Die Taktgeber der deutschen Außenpolitik

Zurück nach Deutschland. Die in Berlin ansässige **Stiftung Wissenschaft und Politik** (SWP) ist Trägerin des Deutschen Instituts für Internationale Politik und Sicherheit, das sowohl den Bundestag als auch die Bundesregierung in Fragen der Außen- und Sicherheitspolitik berät. Das Institut gehört zu den einflussreichsten deutschen Forschungseinrichtungen für außen- und sicherheitspolitische Fragen, und über ihre Vertretung in Brüssel nimmt sie auch Einfluss auf die europäische Politik. Die SWP hat 140 hauptberufliche Mitarbeiter.[242] Die Mittel der SW werden aus dem Haushalt des Bundeskanzleramts gespeist (2017: 13,8 Millionen Euro). Daneben erhält die SWP finanzielle Unterstützung von der Robert Bosch Stiftung, der Alexander von Humboldt-Stiftung, der Fritz Thyssen Stiftung, der Gerda Henkel Stiftung, der Stiftung Mercator, der Europäischen Kommission, dem Norwegian Institute for Defence Studies und anderen. Als »Förderer« führt die SWP an: British Petroleum Europa, Daimler AG, Deutsche Bank und Volkswagen AG.

Das **Aspen Institute** hat seinen Hauptsitz in Washington, D. C., seine Tagungsstätten befinden sich in Aspen, Colorado, Wye Plantation und Maryland. Das Institut hat ein internationales Netzwerk von unabhängigen Dependancen in Deutschland, Italien, Frankreich, Rumänien, Indien und Japan.

Im Oktober 1974 wurde als erste Dependance in Europa das Aspen Institute Deutschland e.V. gegründet. Es organisiert eine Reihe von Konferenzen und Tagungen für Führungskräfte zu aktuellen Themen der Wirtschaft, Politik und Kultur und wird von einem Freundeskreis sowie einer Reihe öffentlicher und privater Quellen finanziert. Den Kuratoriumsvorsitz des Aspen Institute Deutschland hat Eckart von Klaeden inne, der ebenfalls Mitglied der Atlantik-Brücke und der Trilateralen Kommission ist. Nach eigener Darstellung ist das Institut eine »überparteiliche, private, nichtkommerzielle Denkfabrik, die die schwierigsten Fragen der aktuellen Politik untersucht« und sich dabei an Entscheidungsträger sowohl aus der Wirtschaft und Politik als auch der Wissenschaft wendet. Aspen rekrutiert seine Mitarbeiter aus allen akademischen und diplomatischen Bereichen.

Das Aspen Institute Deutschland e.V. beschäftigt derzeit sechs Mitarbeiter und hat seinen Sitz in der Friedrichstraße 60 in Berlin. Der Verein der Freunde des Aspen Instituts e.V. (der aktuell aus ungefähr achtzig Privat- und fünfzehn Firmenmitgliedern besteht) und die Shepard-Stone-Stiftung sind die Hauptquellen der nicht zweckgebundenen Einkünfte des Instituts; von einer Reihe deutscher Firmen, vom Bundesministerium für Wirtschaft und Technologie sowie vom Auswärtigen Amt erhält das Institut außerdem »zweckbezogene« Zuwendungen. Die letztgenannten Ressourcen finanzieren eine Reihe von Konferenzen und Tagungen für Führungskräfte zu aktuellen Themen der Wirtschaft, Politik und Kultur.[243]

Ein beliebtes Mittel zur Beeinflussung und Netzwerk-Gründung sind akademische Austauschprogramme. Das 1952 gegründete deutsch-amerikanische **Fulbright-Programm** war lange Zeit international das größte und prestigeträchtigste Stipendienprogramm der Welt und hat mittlerweile über 40 000 Stipendiaten gefördert. Mit bilateralen Verträgen und Vereinbarungen konzentriert es sich einzig und allein, das aber weltweit, auf den akademischen Austausch in die und aus den USA. Benannt nach dem US-amerikanischen Senator J. William Fulbright (1905–1995), auf dessen Gesetzesentwurf die Einrichtung des Programms zurückgeht, fördert das Fulbright-Programm diesen bilateralen Austausch durch Stipendien an Studenten und Akademiker (einschließlich Professoren) für weiterführende Universitätsstudien, Forschungsaufenthalte und Sprachunterricht an weiterführenden Schulen. Anders als bei anderen Stipendien ist das Ziel des Programms ausdrücklich nicht nur die Förderung akademischer Leistungen, sondern auch die des kulturellen Austauschs und des gegenseitigen Verständnisses.

Das Fulbright-Programm ist eines der prestigeträchtigsten Stipendien-Programme weltweit. 53 Fulbright-Alumni erhielten Nobelpreise. Seit 1993 verleiht die Fulbright Association den mit 50 000 US-Dollar dotierten Fulbright-Preis an Individuen oder Organisationen, die beim Zusammenbringen von Menschen, Kulturen oder Nationen zum besseren gegenseitigen Verständnis außerordentliche Beiträge geleistet haben. Die Preisträgerin des Jahres 2018 war Angela Merkel.[244]

Daneben gibt es noch Austauschprogramme verschiedener amerikanischer Universitäten mit deutschen Hochschulen. Ein Beispiel dafür ist die Duke University in Durham im US-Bundesstaat North Carolina. Das dortige Department of Political Science unterhält Austauschprogramme für Studenten mit der Freien Universität Berlin und mit dem Institut für Politische Wissenschaft der Friedrich-Alexander-Universität Erlangen-Nürnberg.

Das Erlanger Austauschprogramm bietet jedes Akademische Jahr drei Erlanger Studenten die Möglichkeit, zwei Semester an der Duke zu studieren. Auf Dozenten-Ebene sieht das Austauschprogramm einen regelmäßigen Aufenthalt von Erlanger Dozenten an der Duke sowie für das Sommersemester – umgekehrt – den regelmäßigen Aufenthalt eines Professors der Duke in Erlangen vor. Des Weiteren unterhält die Duke ein Austauschprogramm mit der Humboldt-Universität zu Berlin, welches den gegenseitigen Austausch von jeweils zwei fortgeschrittenen Studenten vorsieht. Während dieses Programm für die *outgoing students* der Duke lediglich einen Forschungsaufenthalt von etwa 3 Monaten in Berlin vorsieht, können die Berliner Studenten ein volles Akademisches Jahr in den USA verbringen. Auf der Ebene der Doktoranden unterhält die Duke unter anderem ein Austauschprogramm mit der Universität Potsdam, welches den Aufenthalt von bis zu vier Duke-Studenten für einen Forschungsaufenthalt von bis zu einem Jahr vorsieht. Überdies gibt es eine Hochschulpartnerschaft für Master-Studenten zwischen der Universität Potsdam und der Duke University.[245]

Doch nicht nur der akademische Austausch zwischen den USA und Deutschland wurde und wird angekurbelt, sondern auch die wirtschaftliche Verflechtung wird mit allen Kräften gefördert. Die **American Chamber of Commerce in Germany** (AmCham Germany) ist eine private, unabhängige Non-Profit-Organisation und hat ihren Sitz in Berlin. Sie unterhält Geschäftsstellen mit hauptamtlichen Mitarbeitern in Berlin und Frankfurt. Der Verein hat über 2300 Mitglieder, sehr viele davon sind Unternehmen, und seine Aktivitäten werden ausschließlich über Mitgliedsbeiträge finanziert.[246]

Dieser Verein ist die größte bilaterale Wirtschaftsvereinigung in Europa und versteht sich als Lobbyist der wichtigsten Gruppe ausländischer Investoren in Deutschland. Ziel der Kammer ist nach eigenen Angaben, die deutsch-amerikanischen Wirtschaftsbeziehungen und den Wirtschaftsstandort Deutschland zu fördern.

Die AmCham Germany wurde am 29. Januar 1903 von amerikanischen Geschäftsleuten in Berlin gegründet. Anfangs zählte die Kammer hundert Mitglieder, davon 60 Prozent amerikanischer und 40 Prozent deutscher Herkunft. Sie gilt als ältester bilateraler Handelsverband Deutschlands und zweitälteste AmCham weltweit. In den politischen Ausschüssen der Kammer werden Positionspapiere zu Themen wie Steuerpolitik, Biotechnologie, Telekommunikation, Medien, Energie, Umweltpolitik, Finanzdienstleistungen und Unternehmensrecht erstellt und den entsprechenden Regierungsstellen vorgelegt.

Neben der AmCham gibt es noch den **American-German Business Club** und weitere Vereinigungen.

# Wie die Propaganda der Denkfabriken funktioniert

Wie diese hier kurz beschriebenen Netzwerke die Berichterstattung bestimmen, sei am Schluss dieses Kapitels noch einmal beispielhaft demonstriert. Mit einem Beispiel hatten wir uns ja schon beim Ausstieg aus dem INF-Vertrag und der Aufrüstung mit Mittelstreckenraketen auseinandergesetzt.

Führen wir uns vor Augen, wie die von den USA geforderte Erfüllung des 2-Prozent-Ziels der NATO, das uns aus dem letzten Kapitel noch in Erinnerung ist, in den deutschen Medien Niederschlag gefunden hat. Ein großer Teil der deutschen Presse stellt bei diesem Thema keine kritischen Fragen, sondern stimmt in das Mantra ein: Deutschland muss mehr für die Sicherheit Europas tun! Dementsprechend äußerte Theo Koll in *Berlin direkt* vom 24. März 2019:

> *Wenn die Bundesregierung ... den NATO-Partnern seit langem versprochen hat, die im Vergleich zu anderen anteilig viel zu niedrigen Verteidigungsausgaben zu erhöhen und das Versprechen auch im neuen Haushaltsentwurf ignoriert, dann ist der Schaden ernst zu nehmen.*[247]

In Frankreich will Koll oft gehört haben, wie »sauer viele Franzosen über unsere so empfundene Trittbrettfahrerei« seien. »Vom Unmut der Amerikaner ganz zu schweigen. Sie zahlen prozentual rund das Doppelte, auch für unsere Sicherheit.« Christoph von Marschall vom *Tagesspiegel* verlangt gar ein klares Votum für die NATO vom deutschen Bundestag:

> *Wo bleibt die Bundestagsresolution pro NATO? ... Die Bundesrepublik ist ein Land, das weit überdurchschnittlich von der NATO profitiert. ... Wer schützt, wenn die Konflikte näherkommen und eskalieren, unsere Grenzen? ... Die Beweislast, dass es mit weniger geht, liegt bei den Kritikern der Zwei-Prozent-Regel, nicht bei ihren Befürwortern. ... Warum tut sich Deutschland so schwer, einen unhaltbaren Zustand zu überwinden?*[248]

Unterstützung erhalten Koll und von Marschall vom *Spiegel* (Ausgabe 14, 2019), von Jaques Schuster von der *Welt* oder etwa von Tina

Hassel im ARD-Sommerinterview 2018.[249] Am 4. April 2019 schlug dann der Ober-Transatlantiker des ZDF zu, Claus Kleber begann seine Moderation des *Heute Journal* am 70. Jahrestag der Gründung der NATO folgendermaßen:

> *Zu Wasser und in der Luft sind heute Nacht amerikanische, deutsche und andere europäische Verbündete unterwegs nach Estland, um die russischen Verbände zurückzuschlagen, die sich dort ähnlich wie vor einigen Jahren auf der Krim festgesetzt haben. – Keine Sorge, das ist nicht so, das ist nur eine Vision, aber eine realistische.*[250]

Klebers Botschaft lautete, Aufrüstung möge unangenehm sein, sei angesichts eines Putin aber alternativlos. Ist das noch Journalismus oder schon Propaganda für Aufrüstung und Kriegstreiberei gegen Russland?

Fest steht also, dass in den von US-Denkfabriken durchsetzten deutschen Mainstream-Medien kaum noch Zweifel am Sinn des 2-Prozent-Ziels aufkommen. Niemand erwähnt, dass eine Aufstockung des Verteidigungsetats auf künftig ungefähr 70 Milliarden (also circa 25 Milliarden mehr als bisher) in etwa den Militärausgaben von Russland entspräche, dem designierten Feind. Und erinnern wir uns daran, dass es neben Deutschland noch 28 weitere NATO-Länder gibt.

Von den ohnehin wenigen kritischen Stimmen hingegen, die nicht transatlantisch gefärbt sind, hört man nur in den alternativen Medien. Etwa von Hans-Georg Ehrhart vom Institut für Friedensforschung der Universität Hamburg, der sagt:

> *Letztlich kann sie (die Koppelung von Wirtschaftskraft und Rüstungsausgaben, Anm. d. Verf.) dazu führen, dass diese immensen Aufrüstungssummen, die bis zum Jahre 2024 ausgegeben werden müssen, einen Rüstungswettlauf in Gang setzen, der nicht zu mehr Sicherheit, sondern zu viel mehr Unsicherheit führt.*[251]

Oder Frank Elbe, Jurist, ehemaliger Botschafter, Bürochef von Hans-Dietrich Genscher und Leiter des Planungsstabes des Auswärtigen Amtes, der am 8. April 2019 in der Zeitschrift *Cicero* unter dem Titel »Amerikanische Kraftmeierei, deutsche Unterwürfigkeit« das Thema 2-Prozent-Ziel der deutschen Aufrüstung kommentierte, eine Umsetzung der NATO-Zielvorgaben »würde missverstanden werden und trüge nur zur weiteren Verschärfung der Lage bei. Das mag im amerikanischen Interesse liegen, aber nicht im europäischen.«[252]

Die breite Öffentlichkeit erreichen diese kritischen Stimmen nicht, da ihnen der Zugang zu den Mainstream-Medien versagt ist, die von den transatlantischen Netzwerken kontrolliert werden und der Kontrollmacht USA ermöglichen, das politische Denken in Deutschland in ihrem Sinne zu lenken. Diese Netzwerke und die von ihnen gesteuerten Medien sind es auch, die eine noch größere US-Einflussnahme in Deutschland verschleiern: die Kontrolle der Wirtschaft.

Kapitel 5

# Ausverkauft

Milliardenstrafen gegen deutsche Unternehmen und die damit beabsichtigte Rufschädigung des »Made in Germany«, Sanktionen gegen Russland und den Iran und die dadurch erreichte Schwächung des deutschen Exports, Einfrieren der deutschen Goldreserven, Ausverkauf der DAX-Unternehmen, Manipulation durch US-Beratungsfirmen und Abwicklung deutscher Mittelstandsunternehmen – das Waffenarsenal ist groß, mit dem die USA auf die deutsche Wirtschaft feuern und ihre Tributzahlungen einfordern.

Gehen wir aber zunächst noch einmal zurück zum Zwei-plus-Vier-Vertrag nach der deutschen Wiedervereinigung. Denn wie wir im ersten Kapitel gesehen haben, bestätigte der ja nicht nur das Recht der alliierten Truppen, sich in Deutschland aufzuhalten, sondern er beließ auch wichtige Bestimmungen des Überleitungsvertrags vom 23. Oktober 1954 in Kraft, die mit der Wirtschaft zu tun haben. Im Grunde zementierte er die Reparation für alle Zeiten. So zum Beispiel Artikel 3 Absatz 1 des 6. Teils des Überleitungsvertrags, in dem es heißt:

> *Die Bundesrepublik wird in Zukunft keine Einwendungen gegen die Maßnahmen erheben, die gegen das deutsche Auslands- und sonstige Vermögen durchgeführt worden sind* oder werden sollen *(Hervorhebung durch den Verfasser), das beschlagnahmt worden ist für Zwecke der Reparation oder Restitution oder auf Grund des Kriegszustandes oder auf Grund von Abkommen, die die Drei Mächte mit anderen alliierten Staaten, neutralen Staaten oder ehemaligen Bundesgenossen Deutschlands geschlossen haben* oder schließen werden *(Hervorhebung durch den Verfasser).*[253]

In Absatz 3 heißt es dann weiter: »Ansprüche und Klagen gegen Personen, die auf Grund der in Absatz 1 und 2 dieses Artikels bezeichneten Maßnahmen Eigentum erworben haben, sowie Ansprüche und Klage gegen internationale Organisationen, ausländische Regierungen oder Personen, die auf Anweisung dieser Organisationen oder Regierungen gehandelt haben, werden nicht zugelassen.«[254] Der bereits zitierte Rechtsgelehrte Michael Rensmann bewertet diese Regelung folgendermaßen:

> *Neben der völkerrechtlich vereinbarten Absicherung dieser Maßnahmen gilt für das deutsche Auslandsvermögen daher auch noch Besatzungsrecht im engeren Sinne.*[255]

Was uns hier interessiert, ist jedoch ein weiter gefasster Begriff von »Besatzung«, nämlich der der Beherrschung. Die Herrschaft über Deutschland ist für die USA von entscheidender Bedeutung, wenn Washington seinen Vorsprung gegenüber dem Rest der Welt halten will. Und dazu muss – wie Paul Wolfowitz, stellvertretender Verteidigungsminister unter George W. Bush und danach Präsident der Weltbank, schon vor 25 Jahren forderte – die Entwicklung aller potenziellen Wettbewerber gebremst werden.[256] Wolfowitz hatte damals geschrieben, der gefährlichste Konkurrent der Vereinigten Staaten sei die Europäische Union. Daher solle Washington sie politisch oder wirtschaftlich zerstören. Statt Zusammenarbeit und Entwicklung also Konfrontation und Vasallentum.

Früher wurde diese Doktrin eher geheim gehalten. Heute ist – zum Erstaunen mancher europäischen Transatlantiker – die Stoßrichtung klar zu erkennen: Die Kluft zwischen Russland und Europa soll vergrößert werden, zum Vorteil für die USA und zum Schaden Europas und Russlands.

## Der Fall Bayer

Beginnen wir mit dem aktuellsten Fall – und das gleich im wörtlichen Sinne: dem deutschen Chemie-Giganten Bayer. Zunächst die Fakten: Über 13 400 Verfahren sind in den USA gegen das von Bayer übernommene Chemie-Unternehmen Monsanto anhängig, in denen erst drei Urteile gefällt wurden. Beim letzten sprach die Jury den an Krebs erkrankten Klägern einen Schadensersatz von 2 Milliarden Dollar zu. Inzwischen hat sich der Börsenwert des Leverkusener Konzerns halbiert, die Aktie ist im Sinkflug begriffen, dem Vorstand wurde auf der Aktionärsversammlung die Entlastung versagt. Warum hat die Bayer AG im Juni 2018 Monsanto gekauft, obwohl sie sich damit Bienensterben, Krebserkrankungen und Verseuchung ganzer Landstriche einhandelte?

Die Journalistin und Dokumentarfilmerin Gaby Weber, die derzeit auf dem Klageweg einen Auskunftsanspruch von Monsanto/Bayer erreichen will, wundert sich:

> Bayer hätte sich die Rosinen herauspicken können, Patente, Märkte, einige Abteilungen und den Rest auf eine dritte Firma – eine Art »bad bank«– übertragen können, die dann getrost in den USA ihren Bankrott hätte anmelden können. Bayer hätte auch nach dem Kauf wenigstens den Firmensitz nach Deutschland holen können, um den Klägern künftig den Rechtsweg in den USA zu versperren. Nichts von alledem hat man getan, sondern sich alle Risiken aufbürden lassen.[257]

Gaby Weber hat den Fusionsvertrag auf ihrer Homepage veröffentlicht. Daraus geht hervor, dass sich Bayer vertraglich gegen keine Prozessrisiken abgesichert hat. Monsanto versicherte lediglich, stets alle Vorgaben der Behörden erfüllt zu haben.[258] Vollends fassungslos macht dann folgende Passage des Vertrags:

> Es gibt weder anhängige oder der Firma bekannte angedrohte, zivile, strafrechtliche oder verwaltungsrechtliche Verfahren, Klagen, Forderungen, Anhörungen, Schiedsverfahren, Ermittlungen oder Gerichtsverfahren vor einer Regierungsstelle, bei dem die Firma oder eine ihrer Tochtergesellschaften Partei ist,

*noch irgendeine Handlung von Seiten einer Regierungsstelle ge-*
*gen oder betreffend die Gesellschaft oder ihre Tochtergesellschaf-*
*ten, bei denen es einen vernünftigen Grund für die Annahme*
*gibt, dass sie, individuell oder aggregiert, eine wesentliche nega-*
*tive Auswirkung haben kann.*[259]

Warum ist niemandem im Bayer-Vorstand dieser Passus aufgefallen, fragt Weber und kommt zu dem Schluss, dass hier ganz andere Strippen zusammengelaufen sein müssen. Und tatsächlich ist Hauptaktieninhaber sowohl bei Bayer und Monsanto wie auch bei der Konkurrenz, den beiden großen US-Chemiekonzernen Dupont und Dow, der größte Vermögensverwalter der Welt: BlackRock. Ich komme gleich auf ihn zurück.

Gaby Weber sprach mit Axel Köhler-Schnurra von der Coordination gegen Bayer-Gefahren (CBG), der das folgendermaßen erklärt: »BlackRock saß auf beiden Seiten des Verhandlungstisches und hat an den Verhandlungen verdient. Sie haben einen dreistelligen Millionenbetrag allein durch Spekulation auf den Aktienkurs verdient.« Daraus ergibt sich für Gaby Weber die Frage:

*Monsanto hat jahrzehntelang Gifte aller Art rund um den Pla-*
*neten verkauft und astronomische Gewinne eingefahren. Wer-*
*den jetzt die Verluste unter dem Motto »America First« an die*
*Deutschen abgeschoben – wiederum gewinnbringend?*[260]

Dazu ein passender Nachtrag: Im Juli 2019 melden die Nachrichtenagenturen, dass die Bayer AG vermutlich Tausende von Arbeitskräften entlassen wird.

# Wie die deutsche Wirtschaft ausgespäht wird

Auch die neue Dimension der Wirtschaftsspionage nützt den US-Firmen und schadet der deutschen Wirtschaft. Zwar wiesen gleich nach dem Ende der Sowjetunion Insider wie der ehemalige Leiter des BKA-Referates »Wirtschaftsspionage«, Rainer Engberding, darauf hin, dass die osteuropäischen Geheimdienste auch weiterhin in Westeuropa aktiv seien,[261] doch würden, so der Sicherheitsberater und Autor Manfred Fink, diese Aktivitäten bei Weitem durch jene der Nachrichtendienste verbündeter Länder übertroffen. »Ob Freund, ob Feind – zunächst ist man Konkurrent«, zitiert er den ehemaligen Präsidenten des Bundesnachrichtendienstes (BND), Heribert Hellenbroich, und stellt zur »Verlagerung des Problems von Ost nach West« fest:

> *Heute sind es überwiegend die Dienste verbündeter Nationen, die mit Wissen und Duldung des BND die Telekommunikation überwachen. Zu diesem Zweck werden z.B. in Deutschland große Abhörstationen, wie die der NSA in Bad Aibling, betrieben.*[262]

Wie wir aus dem zweiten Kapitel wissen, kann von »Wissen und Duldung des BND« keine Rede sein, zutreffender wäre »in Kooperation mit dem BND«. Fink sah schon vor 18 Jahren Wirtschaftsspionage sogar als eine der Hauptaufgaben der NSA an. Damals, 2001, hatte das Europäische Parlament in einem 192-seitigen Untersuchungsbericht die Existenz des NSA-Spionageprogramms Echelon bestätigt. Der Wirtschaftskrieg habe den Kalten Krieg abgelöst, warnte der Verfasser des Berichts, Gerhard Schmid (SPD), damals Vizepräsident des Europäischen Parlaments. Schmid führte zwei Dutzend Fälle auf, in denen Geheimdienste bei Firmen und Ministerien im Ausland geschnüffelt hatten – und als mutmaßlicher Täter wird besonders häufig die NSA genannt.[263]

In einem ARD-Interview vom 26.01.2014 sagte Edward Snowden, es gebe keine Zweifel, »dass die USA Wirtschaftsspionage betreiben«:

*Wenn es bei Siemens Informationen gibt, von denen sie meinen, dass sie für die nationalen Interessen von Vorteil sind, nicht aber für die nationale Sicherheit der USA, werden sie der Informationen hinterherjagen und sie bekommen.*[264]

Angesichts der NSA-Affäre zeigten sich Vertreter der deutschen Industrie besorgt. Geradezu erschütternd war für Ulrich Grillo, den Präsidenten des Bundesverbandes der Deutschen Industrie (BDI), die Erkenntnis, »in welchem Ausmaß auch Geheimdienste befreundeter Staaten den Datenverkehr überwachen«. Er forderte die Politik dazu auf, jetzt »beherzt« vorzugehen, um weitere Angriffe auf den »Innovationsstandort« zu verhindern und das Freihandelsabkommen zwischen der EU und den USA nicht zu gefährden. Weiterhin sagte er, der BDI setze sich dafür ein, Wirtschaftsspionage »völkerrechtlich zu ächten«.[265]

Vor der Herbsttagung des Bundeskriminalamtes zum Thema Internetstraftaten, die am 12. und 13. November 2013 in Wiesbaden stattfand, hatte der Sicherheitsexperte Alexander Geschonneck einen »massiven Anstieg« digitaler Spionageattacken gegen die deutsche Wirtschaft beklagt. »Jedes dritte Unternehmen ist betroffen, die Schäden gehen in die Milliarden«, sagte er gegenüber dem Nachrichtenmagazin *Focus*. Und bei der Aufklärung der NSA-Affäre sehe er »großen Nachholbedarf«: Wenn das Handy der Kanzlerin abgehört werden könne, sei auch eine Ausspähung der Wirtschaft wahrscheinlich.[266] Hierzu fasst der Autor Matthias Rude zusammen:

*Aktuell wird geschätzt, dass deutschen Unternehmen durch Spionage über das Internet ein jährlicher Schaden von weit mehr als 50 Milliarden Euro entsteht.*[267]

Diese Zahl bestätigte auch der damalige Innenminister Hans-Peter Friedrich.[268] Nach dem von der Telekom vorgelegten Cyber Security Report 2013 sind nur 13 Prozent der befragten Firmen noch nicht aus dem Internet angegriffen worden. Ein Fünftel gab in der Erhebung an, mehrmals wöchentlich oder sogar täglich angegriffen zu werden.[269]

## Der Angriff mit der Sanktionswaffe

Neben den indirekten Angriffen durch Wirtschaftsspionage greifen die USA die deutsche Wirtschaft aber auch direkt an, vor allem durch Sanktionen gegen andere Staaten. Legalisiert sind die Sanktionen durch das Gesetz Countering America's Adversaries Through Sanctions Act (CAATSA)[270], was bedeutet: »zur Eindämmung der Gegner Amerikas durch Sanktionen«. Damit bestrafen die USA seit August 2017 jene Länder, die nicht vor den US-Interessen einknicken. Dazu gehören die Akte »Über die iranischen Destabilisierungsaktivitäten«, »Über den russischen Einfluss in Europa und Eurasien« und »Über die Modernisierung der Nordkorea-Sanktionen«. Die Unternehmen, die trotz des US-Verbots in bestimmten Sektoren ihre Zusammenarbeit mit den betroffenen Ländern fortführen, werden von den USA wirtschaftlich bestraft.

Anfang September 2018 traten die CAATSA-Sanktionen gegenüber Russland in Kraft. Bereits im Entwurf der vom US-Senat per Gesetz beschlossenen und von Präsident Donald Trump abgesegneten Sanktionen hieß es ganz offen, worum es eigentlich geht, nämlich den Verkauf amerikanischen Flüssiggases und die Verdrängung russischer Erdgaslieferungen vom europäischen Markt. Ziel sei es, Arbeitsplätze in der Erdgas- und Erdölindustrie der USA zu sichern. Unternehmen in Deutschland, Österreich und anderen europäischen Staaten müssten auf dem US-Markt mit Bestrafungen rechnen, wenn sie sich an Erdgasprojekten wie Nord Stream 2 mit Russland beteiligen oder sie finanzieren. Nord Stream 2 ist eine Erweiterung der bestehenden Gaspipeline zwischen Russland und Deutschland, die bislang 1,9 Billionen Kubikmeter Gas nach Europa bringt. Mit Nord Stream 2 soll die Kapazität auf 3,9 Billionen steigen.[271]

Den Unternehmen, die auf Anraten der Europäischen Kommission in Nordstream 2 investiert haben, droht der Ruin, und dazu gehören Wintershall, E.ON Ruhrgas, N. V. Nederlandse Gasunie und Engie (Ex-GDF Suez). Sie büßen nicht nur das Recht ein, bei US-Ausschreibungen mitzumachen, sondern verlieren auch ihr gesamtes Vermögen in den Vereinigten Staaten. Sie verlieren den Zugang zu den internationalen Banken und können ihre Aktivitäten außerhalb der Union nicht mehr weiter betreiben. Nach Einschätzung der Deutsch-Russischen Auslandshandelskammer (AHK) droht allein durch ausfallende Neugeschäfte kurzfristig ein Schaden von mehreren Hundert Millionen Euro. Insgesamt beziffert die AHK den durch die Sanktionen bedingten Ausfall auf Milliarden.[272] Und auf der US-Sanktionsliste stehen natürlich auch russische Firmen, mit denen die deutsche Wirtschaft eng zusammenarbeitet: der Autobauer Gaz, der Energiekonzern Gazprom, der Aluminiumhersteller Rusal oder der Mischkonzern Renova.

Doch die Sanktionen hatten noch ein weiteres, viel massiver einschneidendes Ziel: Während im ersten Jahr der Sanktionen die europäischen Exporte nach Russland um 10 Prozent und die deutschen Exporte sogar um 25 Prozent einbrachen, konnten die USA eine Steigerung des Handelsvolumens um 6 Prozent vermelden. Mittlerweile gehören die USA zu den zehn größten Handelspartnern Russlands, und die Sanktionen gegen Venezuela verleihen dem bilateralen Handel dieser beiden Staaten zurzeit regelrecht Flügel, denn das aktuelle Handelsvolumen liegt gut ein Drittel über dem Vorjahreswert.[273]

Auch die Sanktionen gegen den Iran vom Mai 2018 richten sich gegen Deutschland. Nach dem Atomabkommen von 2015, das dem Iran für den Verzicht auf das Streben nach einer Atombombe und die Kontrolle der Uran-Anreicherung die Aufhebung der Sanktionen der USA und der EU versprach, hatte sich das Handelsvolumen zwischen Iran und der EU von 7,7 Milliarden auf 21 Milliarden Euro fast verdreifacht.

Spitzenpolitiker aus Europa reisten in das Land, und auch Unternehmen wie beispielsweise Volkswagen: Mehr als 17 Jahre war der

Autobauer nicht im Iran aktiv gewesen, doch nun sollte eine Partnerschaft mit dem örtlichen Importeur Mammut Khodro die Marke zurückbringen. Die deutschen Ausfuhren in das islamische Land stiegen dem Außenhandelsverband BGA zufolge von 2,9 Milliarden Euro (2016) auf 3,4 Milliarden Euro 2017. An der Spitze lagen Maschinen, chemische Erzeugnisse, Datenverarbeitungsgeräte, Kraftwagen und Kraftwagenteile. Der Flugzeugbauer Airbus hatte Ende 2016 mit Iran Air einen Großauftrag über 98 Verkehrsflugzeuge abgeschlossen. Allerdings ist das Ganze insgesamt viel langsamer angelaufen als gedacht, weil jener Teil der US-Sanktionen, die den Finanzsektor betrafen, zunächst noch in Kraft war. »Das hat die Finanzierung enorm erschwert«, erklärt Friedolin Strack, Abteilungsleiter von Internationale Märkte im Bundesverband der Deutschen Industrie (BDI).[274] Spezielle Nachweispflichten, das Risiko bei einer Finanzierung wieder mit US-Sanktionen belegt zu werden, ließen die Banken auf die Bremse treten. Dennoch stieg das Handelsvolumen auf 21 Milliarden Euro an. Hingegen beträgt jenes zwischen Iran und den USA nur 180 Millionen Euro – also weniger als ein Prozent (!) des iranisch-europäischen Wertes.

Die von US-Präsident Trump im Mai 2018 neu verhängten Sanktionen zielen also eindeutig auf die europäische und ganz besonders die deutsche Wirtschaft ab. Und sie schaden wirksam. Denn ohne die Begleitung internationaler Banken sind Großinvestitionen wie ein Projekt des Chemiekonzerns BASF oder der Verkauf von Airbus-Jets nicht durchführbar. Wegen des Washingtoner Bannspruchs kann es sich aber keine Großbank leisten, vom US-Markt ausgeschlossen zu werden, nur weil sie Geschäfte mit dem Iran finanziert. Beim vorhergehenden Iran-Boykott bis zum Jahr 2015 haben die Commerzbank und die französische BNP Paribas die Wirksamkeit der Strafen am eigenen Leib erfahren müssen und Milliardenbußen an US-Behörden gezahlt.

Hinzu kommt, dass die Sanktionen auch bestehende Geschäfte stoppen, zum Beispiel den Bau einer Maschinenfabrik. »So wie wir die Sanktionen lesen, haben wir im US-Sanktionsrecht keinen Altbestandsschutz«, mahnt der Vize-Hauptgeschäftsführer des Deutschen Industrie- und Handelskammertages (DIHK), Volker Treier.[275] Nach dem Erlass von Sanktionen bleibt eine Frist von maximal 180 Tagen, um die Geschäfte abzuwickeln, sonst drohen den Unternehmen Strafen für ihre Geschäfte in den USA – und/oder US-Firmen müssen ihre Aktivitäten mit dem Unternehmen beenden. Obwohl die Firmen Geschäfte im Einklang mit dem europäischen Recht machen, trifft sie also der lange Arm des über die Landesgrenzen hinaus geltenden US-Sanktionsrechts.

Bundeswirtschaftsminister Peter Altmaier (CDU) sagte, es gebe juristisch keine Möglichkeit, deutsche Unternehmen gegen die US-Maßnahmen zu schützen oder davon auszunehmen. »Das ist ein enormes Damoklesschwert«, warnt DIHK-Experte Treier.[276]

Ende Dezember 2018 brachte der frühere Bundeskanzler Gerhard Schröder die US-Sanktionen in einem Interview für die *Welt am Sonntag* auf den Punkt. Sollte es so weitergehen, werde Deutschland bald zu niemandem mehr Wirtschaftsbeziehungen haben dürfen. Ein souveränes Land dürfe sich von niemandem vorschreiben lassen, mit welchen Staaten es Handel treiben dürfe – auch nicht von den Vereinigten Staaten. Für ein exportabhängiges Land wie Deutschland sei das inakzeptabel:

> *Das muss man den Amerikanern auch sagen, bei allem Respekt und bei aller Freundschaft … Ich bin sicher kein Anti-Amerikaner. Aber Kern meiner Bemühungen in der Außenpolitik war es, eine relative Unabhängigkeit von den USA zu erkämpfen und zu erhalten.*[277]

Besonders sei das beim Nein zum Irak-Krieg deutlich geworden. »Bei allen Verdiensten der Amerikaner, was Deutschlands Entwicklung nach 1945 angeht, halte ich so eine Position gerade jetzt wieder für vernünftig.« Und bei der Position der USA in Bezug auf die Gaspipeline Nord Stream 2. Washington, das den Stopp des Projekts fordere, gehe es ausschließlich um ihre eigenen Interessen:

> *Das tun sie nicht aus ihrer Liebe zur Ukraine, sondern weil sie selbst Gas nach Deutschland liefern wollen – Flüssiggas, das qualitativ schlechter, dafür aber teurer ist als Pipelinegas.*[278]

## US-Fracking-Gas für Deutschland

Da hat der Altkanzler wohl recht. Denn die Russland-Sanktionen sollen nicht nur russischen und deutschen Unternehmen schaden, sondern zugleich die Geschäfte der US-Firmen befeuern, vor allem die der Gasförderindustrie.

Der treueste europäische US-Vasall, Polen, will laut dem Vize-Präsidenten des halbstaatlichen polnischen Energieunternehmens PG-NiG, Maciej Wozniak, die russischen Erdgasimporte nach und nach durch LNG (*liquified natural gas* – »verflüssigtes Gas«) aus den USA ersetzen.[279] Polen wolle das osteuropäische Drehkreuz für dieses Gas werden, von dort aus solle LNG über Pipelines in andere europäische Länder geliefert werden. Finanziert wird das Pipeline-Netz, das zukünftig ganz Ost- und Südosteuropa mit aus Übersee importiertem Gas erreichen soll, von der EU, also durch unsere Steuergelder. Spätestens 2030 beabsichtigen die US-Exporteure, mehr als die Hälfte der EU-Gasimporte abgedeckt und damit die russischen Gaslieferungen in vollem Umfang ersetzt zu haben.[280] Da die Terminals in Cove Point/Maryland, Freeport/Texas, Corpus Christi/Texas und Cameron/Louisiana bereits 2019 in Betrieb gehen, könnten die USA theoretisch bereits Ende dieses Jahres den kompletten deutschen und britischen Gasmarkt beherrschen. Dazu ist anzumerken, dass die USA derzeit einen wahren Öl- und Gas-Boom erleben. Gerade erst verkündete die Energy Information Administration (EIA) – das Amt für Energiestatistik im Energieministerium der Vereinigten Staaten –, dass die Fördermenge auf täglich 10 Millionen Barrel Erdöl gestiegen sei. Damit liegt die US-Ölindustrie mit den Welt-Spitzenreitern Russland und Saudi-Arabien etwa gleichauf.[281]

US-amerikanisches LNG ist aber nicht nur erheblich teurer als russisches Erdgas, das für durchschnittlich 4,5 US-Dollar pro Million britischer Wärmeeinheiten gehandelt wird und damit weit unter den Preisen liegt, die für LNG-Gaslieferungen auf alternativen Märkten gelten, sondern es kann auch nicht mit anderen globalen LNG-Produzenten wie Katar, Algerien oder Nigeria konkurrieren, die bereits LNG nach Europa liefern – und zwar zu wirtschaftlich günstigeren Konditionen. Im Klartext bedeutet das eine Erhöhung der Energiepreise, denn die Kosten für den langen Transportweg von US-LNG und den Neubau von Terminals und Pipelines werden mit Sicherheit auf die Gaspreise umgelegt werden, und der deutsche Verbraucher wird zugunsten der USA wieder zur Kasse gebeten werden. Hinzu kommt, dass Russland nicht nur über ein ausgedehntes Pipelinesystem in Europa verfügt, sondern dieses System in den vergangenen Jahren sogar noch erweitert hat. Das zeigte sich im Rekordjahr 2017, in dem insgesamt 193 Milliarden Kubikmeter Gas aus Russland in die EU importiert wurden, was 35 Prozent des gesamten europäischen Gasverbrauchs ausmachen.[282]

Deutschland will sich offenbar dem Druck aus Washington beugen und die marktwirtschaftlichen Gegebenheiten missachten. Nach eigenen Angaben prüft die Bundesregierung derzeit finanzielle Hilfen für den Bau eines Terminals für Flüssiggas aus den USA. »Es ist uns bekannt, dass private Investoren aktuell den Bau eines solchen LNG Terminals prüfen an verschiedenen Standorten«, sagte Regierungssprecher Steffen Seibert kürzlich. Die Bundesregierung wiederum prüfe, »welche Finanzierungsoptionen im Rahmen bestehender Bundesprogramme« gegeben sein könnten.[283] Kanzlerin Angela Merkel versprach sogar, die Pläne zum Bau eines Flüssiggas-Terminals in Deutschland zu beschleunigen. Am Rande der deutsch-polnischen Regierungskonsultationen in Warschau sagte sie:

*Deutschland wird seine Pläne beschleunigen, einen LNG-Terminal in Deutschland zu installieren, um auch auf andere Energiequellen zurückgreifen zu können.*[284]

Über ein besonderes Förderinstrument, die sogenannten »Projekte von gemeinsamem Interesse« (PCI), hat die EU-Kommission bereits jetzt eine Milliarde Euro Steuergelder für internationale Energieunternehmen weitergereicht.[285] Mit den LNG-Terminals in Polen und Litauen fördert Brüssel ein umfangreiches Programm, das LNG-Landungspunkte und Pipelines von Skandinavien über Osteuropa bis Aserbaidschan und Turkmenistan entwickelt, und im Dezember 2017 bewilligte die EU-Kommission 122 Millionen Euro, um ein weiteres LNG-Terminal auf der kroatischen Insel Krk zu bauen. Zusätzlich zu den neuen LNG-Terminals im litauischen Klaipėda, im polnischen Świnoujście (Swinemünde mit einer Kapazität von bis zu 7,5 Milliarden Kubikmeter pro Jahr) und im kroatischen Krk planen Kommission und Gasindustrie noch weitere Terminals – etwa auf Malta, in Griechenland und in Schweden, alle natürlich mit entsprechender Pipeline-Anbindung.

Mit den Kosten für die notwendigen Infrastrukturen nimmt der europäische Steuerzahler den Gasunternehmen dabei natürlich einen wesentlichen Teil ihrer Investitionen ab. Pikant ist aber auch, aus welchen Quellen das importierte Gas stammt, nämlich überwiegend aus den USA, Kanada und Australien, in denen es mithilfe der besonders umwelt- und klimaschädlichen Fracking-Methode gefördert wird.[286]

Nahezu die gesamte »inländische Ölförderung«, bei der Alaska und die Meeresbohrungen nicht mitgezählt werden, wird mithilfe von Fracking gefördert. Dabei könnten die USA, so prognostiziert die EIA, Saudi-Arabien und Russland sogar demnächst den Rang ablaufen. Doch auch beim Erdgas liefern sich Russland und die USA ein Kopf-an-Kopf-Rennen; die Gasfördermengen anderer Länder sind im Vergleich dazu unbedeutend. Von 2002 bis 2008 führte Russland, seit 2009 haben die USA die Nase vorn. Im Dezember 2017 holten die

Unternehmen in den USA täglich 2,64 Milliarden Kubikmeter Gas aus dem Boden, davon mehr als die Hälfte – 1,42 Milliarden Kubikmeter aus Schiefergestein –mithilfe von Fracking gefördert.

Im Zentrum der Interessen der US-Konzerne stehen zwei Märkte, die zusammen mit fast 180 Milliarden Kubikmeter Nachfrage der Kernmarkt für US-Exporte sein könnten – und das sind Deutschland und Italien. Interessanterweise sind auch genau diese beiden Länder momentan mitten im Fokus von scharfen Auseinandersetzungen rund um Pipelineprojekte mit russischer Beteiligung. Geht es in Italien um den »südlichen Gaskorridor« mit den geplanten Projekten Trans-Adria-Pipeline, Turkish Stream und South Stream, handelt es sich in Deutschland vor allem um Nord Stream 2.

Doch auf die schwachen Regierungen in Italien und Deutschland will man sich nicht verlassen. So legte der US-Kongress am 11. Oktober 2018 einen Gesetzentwurf vor, der darauf abzielte, die russischen Gaslieferungen in die EU zu reduzieren. Das Dokument sieht die Bereitstellung von einer Milliarde US-Dollar zur Finanzierung von Projekten zur Nutzung neuer Energiequellen in der EU sowie der Bereitstellung diplomatischer und technischer Hilfe für die Europäische Union zwischen 2019 und 2023 vor.[287] Wie in Deutschland subventioniert der Steuerzahler damit auch in den USA die eigentlich unrentable US-Fracking-Industrie.

Dieses Gesetz sieht Maßnahmen für private US-Investitionen in strategisch wichtige Energieprojekte in Mittel- und Osteuropa vor. Dem US-Außenministerium wird empfohlen, die politische und diplomatische Unterstützung bestimmter Länder bei der Entwicklung ihrer Energiemärkte zu verstärken.

## Der Schlag gegen die deutschen Banken

Eine andere Facette des US-Finanzkriegs gegen Deutschland beleuchtet der ehemalige Chef des österreichischen Verfassungsschutzes, Gert R. Polli, nämlich die Ermittlungen der US-Behörden gegen die Deutsche Bank.[288] Dies sei der erste Fall, schreibt der heutige Unternehmens- und Sicherheitsberater, in dem die Amerikaner die Befolgung der Russland-Sanktionen mit äußerster Härte durchsetzen wollten, wobei zugleich der Finanzsektor in Europa geschwächt werde. Als Legitimation für das Eingreifen habe der US-Regierung die Tatsache ausgereicht, dass in Dollar gehandelt wurde.

Der Vorwurf der US-Ermittler lautete dahin gehend, die Kundenliste der Deutschen Bank für die Transaktionen umfasse auch Personen, die auf der seit 2015 implementierten Sanktionsliste der EU und der USA stünden. Es soll sich um eine Geldwäschetransaktion ins Ausland von 5,5 Milliarden Euro handeln. Russische Kunden sollen über die Niederlassung der Deutschen Bank in London Derivate im Freiverkauf erstanden haben. Sekunden später sollen die Derivate über den Londoner Freiverkaufsmarkt wiederverkauft worden sein. Somit seien aus den Rubeln Dollars oder britische Pfund geworden.

Interessant dabei ist, dass damit nicht etwa US-Finanzinstitutionen geschädigt wurden, sondern Russland. Und es war auch die russische Zentralbank, die den Stein ins Rollen gebracht hatte. Die Deutsche Bank betreibt in Moskau und in St. Petersburg mit etwa 1000 Mitarbeitern eines ihrer größten Investmentbankgeschäfte; insbesondere das Privatkundengeschäft ist einer der lukrativsten Geschäftszweige der Deutschen Bank in Russland. Und genau um diese Privatkunden und ihnen nahestehende Unternehmungen geht es in den Ermittlungen. Nicht umsonst interessieren sich die US-Behörden vor allem für eben die Kundenliste dieser Transaktionen. Der Vorwurf, mit dem die Deutsche Bank seitens der US-Behörden konfrontiert ist, lautet, die Herkunft dieses Geldes nicht ausreichend geprüft zu haben. Die Liste soll, russischen Quellen zufolge, auch Personen enthalten, die im Zuge des Ukraine-Konfliktes auf den Sanktionslisten der EU und der USA zu finden sind und die der russischen Regierung nahestehen. Genau darauf beziehen sich die amerikanischen Ermittlungen, wenn von Verletzungen der Sanktionen die Rede ist.

Seit dieser US-Intervention jedenfalls befindet sich die Deutsche Bank auf Talfahrt. Bis zum Jahr 2022, so verkündete der Vorstand im Juli 2019, sollen 18 000 Mitarbeiter entlassen werden.

Doch die Deutsche Bank ist kein Einzelfall. Denn vor allem gegen europäische Unternehmen und Geldinstitute verhängten US-Behörden in den vergangenen Jahren drakonische Geldstrafen, was zunehmend zu politischer Verstimmung zwischen der EU und den ermittelnden US-Behörden führt. Die ins Visier geratenen europäischen Geldinstitute werfen den US-Behörden vor, gezielt Jagd auf europäische Institute zu machen, um außenpolitische Zielsetzungen zu unterstützen und durch empfindliche Strafen gleichzeitig zu einer Kapitalverschiebung zulasten der Europäer beizutragen.

Anfang 2015 stimmte die Commerzbank einem Vergleich mit dem US-Justizministerium zu. Das Unternehmen verpflichtete sich, 1,45 Milliarden Dollar Strafe zu zahlen, was den operativen Gewinn des Unternehmens faktisch halbierte. Vorgeworfen worden war ihm der Bruch der Sanktionen gegen Iran und Sudan zwischen den Jahren 2002 und 2008. Im Jahr davor hatte die US-Behörde eine Rekordstrafe gegen die französische Bank BNP Paribas in Höhe von 8,9 Milliarden Dollar verhängt. Der Vorwurf: Embargo-Bruch gegen Iran, Kuba und dem Sudan.

Die Finanzaufsichtsbehörden in den USA berufen sich bei ihrem Ermittlungsmandat darauf, dass für die jeweilige Manipulation der US-Dollar genutzt wurde. Das ins Visier geratene Unternehmen muss weder an der US-Börse notiert haben, noch muss zwingend eine US-Niederlassung in die vermeintlichen kriminellen Vorgänge verstrickt sein. Allein die Involvierung des Dollars reicht aus, um die Ermittlungen der US-Behörden zu rechtfertigen. Dazu spricht Gert Polli die Befürchtung aus:

*Es ist damit zu rechnen, dass der vielerorts so bezeichnete Raubzug von US-Aufsichtsbehörden gegen nicht-amerikanische Unternehmen und Institute weitergeht.*

# Wo sind die Bundes-Goldreserven geblieben?

Der Raubzug zielt offenbar auch auf das deutsche Gold ab. Insgesamt 1236 Tonnen davon im Wert von über 50 Milliarden Euro hat Deutschland in den USA gelagert.[289] »Alles noch da«, versichert die Federal Reserve Bank, bei der das deutsche Gold gebunkert ist, seit Jahren auf Anfragen aus dem deutschen Bundestag. Und seitdem die Bundesbank vor wenigen Jahren ein paar Barren Gold medienwirksam nach Hause geholt hat, ist es wieder still geworden. Sind die deutschen Goldreserven überhaupt noch da?

Wiederholt hatte der Bundesrechnungshof (BRH) in den vergangenen Jahren die Bundesregierung gemahnt, den Zugang zu den bei der Federal Reserve Bank of New York in New York City (FED) lagernden deutschen Goldreserven zu sichern. Er bezeichnete es als rechtswidrig, dass Deutschland über keinen Zugang zu den 1236 Tonnen Gold der Bundesbank verfüge.[290] Trotz dieser rügenden Aufforderungen der unabhängigen, selbstständigen und weisungsfreien externen Finanzkontrolleure des BRH hat es die Bundebank bis heute nicht erreicht, die bei der FED gelagerten Goldreserven in Augenschein zu nehmen.

Die Mainstream-Medien vermeiden dieses Thema, weil sie ihr Publikum vor 3 Jahren eingelullt hatten und ihnen diese Lüge nun auf die Füße fällt. 2016 nämlich hatte die Bundesbank stolz die Verlagerung von insgesamt 285 Tonnen aus New York nach Frankfurt gemeldet, woraufhin die deutschen Leitmedien in Jubel ausbrachen. Der Bundesrechnungshof aber ließ sich von dieser Show nicht beeindrucken, sondern kritisierte, dass die im Ausland gelagerten Goldbarren »noch nie von der Bundesbank selbst oder durch andere unabhängige Prüfer körperlich aufgenommen und auf Echtheit und Gewicht geprüft worden« seien.[291] Ebenso moniert der BRH, dass die New Yorker FED keinerlei Haftung für das Gold der Bundesbank übernehme. Als 2018 Florian Warweg, Journalist bei *RT Deutsch*, auf einer Bundespressekonferenz die Frage stellte, weshalb die Bundesregierung immer noch keinen Zugang zu dem in der FED eingelagerten deutschen Goldreserven habe, verwies ihn der Sprecher des Finanzministeriums, Dennis Kolberg, auf die Bundesbank, denn die sei für diese Frage zuständig.[292]

In alternativen Medien der USA besteht gegenüber der aus privaten Mitgliedsbanken bestehenden US-Zentralbank schon lange der Verdacht, dass mit dem Gold etwas nicht stimmen könnte; beispielsweise schwirrte er durch die viel gelesenen Medien der Gold-Bugs. Um diese Vorwürfe zu entkräften, startete die FED ab 2013 eine PR-Aktion, die vor allem ausländische Einleger beruhigen sollte, und die deutsche Bundesbank und andere Notenbanken spielten bei dieser Show gehorsam mit. So ließ die Bundesbank verlauten, sie habe einfach angeben dürfen, wie viel Gold sie haben wolle, woraufhin die New York FED ihr dieses bereitwillig ausgehändigt habe.

Jenseits der offiziellen Lesart lässt sich der Vorgang folgendermaßen rekonstruieren: Im Sommer 2013 hatte die Bundesbank mit einem ersten Transport von 5 Tonnen begonnen. Dann kamen andere Länder wie zum Beispiel die Niederlande und erklärten, wenn die Deutschen Gold abziehen dürften, wollten sie das ihre ebenfalls ausgehändigt bekommen. Daraufhin stoppten die Amerikaner die Aktion, und der siebenköpfige Board of Governors der FED beriet sich und beschloss, die Abzüge zu begrenzen und nach dem Prinzip zu handeln, dass niemandem verwehrt werden solle, was einem anderen gestattet wurde. Im Jahr 2014 holte die Bundesbank 85 Tonnen nach Deutschland, im Jahr darauf 99 Tonnen und 2016 schließlich 111 Tonnen.[293]

Doch die bescheidenen Goldverlagerungen, die in den vergangenen Jahren nach Frankfurt geschehen waren, konnten die massiven Bedenken des Rechnungshofs an der Goldlagerung in New York nicht zerstreuen. Obwohl der Bundesbank-Vorstand bei der Vorstellung seiner Verlagerungspläne im Jahr 2013 der Öffentlichkeit und dem Parlament in Aussicht gestellt hat, von den Amerikanern schon bald Prüfrechte eingeräumt zu bekommen, hat er bis heute keine Inventur des in New York gelagerten Goldes vorgenommen.

Die Bundesbank lieferte aber noch mehr Grund zum Zweifeln, als sie 2013 und 2014 insgesamt 55 Tonnen des zurückgeführten Goldes einschmolz und damit alle Beweise für eine eventuelle Überprüfung vernichtete. Die großen New Yorker Bestände rechtfertigt die Bundesbank nach wie vor damit, dass viele Länder und Institutionen bei der New York Federal Reserve Goldlagerräume hätten, weil man dort Gold an offizielle Adressen übertragen könne, ohne dass es die Tresorräume verlassen müsse.

Der Rechnungshof hatte auch moniert, dass die New York FED keinerlei Haftung für das in ihrer Obhut befindliche Gold übernimmt. Sollte sich irgendwann herausstellen, dass es ganz oder teilweise fehlt, haben die deutschen Steuerzahler eben Pech gehabt.

Für die USA ist es wichtig, die Kontrolle über möglichst viel des weltweit vorhandenen Notenbankgoldes zu behalten, denn eine goldgedeckte Währung wäre eine große Bedrohung für die Führungsrolle des Dollar im Weltfinanzsystem. Deshalb hat der Internationale Währungsfonds (IWF) 1978 seinen Mitgliedern auf Betreiben der USA ausdrücklich verboten, ihre Währungen mit Gold zu decken. Tut man dies dennoch, bricht man internationale Abkommen und liefert den USA den perfekten Vorwand, die Herausgabe des Goldes zu verweigern, das für die Golddeckung nötig wäre. Darum geht es also, nicht um den Marktwert des Goldes in New York, und deshalb darf das deutsche Gold auch nicht an weit sinnvolleren Orten wie zum Beispiel in Zürich gelagert werden, wo auch Österreich einen Teil seines Goldes lagert. Die Schweiz ist ein Nachbar und ein neutrales kleines Land; anders als die USA hätte es weder die Macht noch wohl das Interesse, Deutschland die Herausgabe des Goldes zu verweigern. Wenn die Bundesbank darauf verzichtet, in diesem Land einen Teil ihres Goldes zu lagern, dann tut sie das nicht, weil sie es nicht möchte, sondern weil sie es nicht darf.

## Wem gehört der Dax?

Doch nicht nur deutsches Gold lagert in den USA, sondern auch deutsche Profite. Denn die dreißig größten deutschen Aktiengesellschaften, die im Deutschen Aktienindex (Dax) verzeichnet sind, sind fest in ausländischer Hand. Schon längst haben in Konzernen wie Volkswagen, BMW oder Infineon nicht mehr deutsche Eigentümer das Sagen, sondern über ein Drittel von deutschen Aktien ist laut einer Studie des Deutschen Investor Relation Verbandes (DIRK) in amerikanischer Hand. So haben US-Investmentgesellschaften einen Anteil an der Deutschland AG von 34,6 Prozent (2018) und kaufen – auch angesichts der schwachen Kurse der Dax-Unternehmen – weiter zu.[294]

Die zweite große Investorengruppe kommt aus Großbritannien und Irland, 20 Prozent halten Anleger von dort an den deutschen Großkonzernen. Der Anteil von Investoren aus dem restlichen Europa beträgt 18,8 Prozent. Chinesische und andere asiatische Investoren spielen, anders als der mediale Alarmismus erwarten lässt, mit knapp 4 Prozent nur eine untergeordnete Rolle. Insgesamt befinden sich laut der Studie des DIRK knapp 85 Prozent des Dax in ausländischer Hand, auf Investoren aus Deutschland entfallen nur 15,2 Prozent. Kay Bommer, Geschäftsführer des DIRK, kommentiert dieses Geschehen:

> *Der Dax steht zunehmend im Fokus internationaler Investoren. Das erhöhte Interesse von amerikanischen Anlegern bei gleichzeitigem Weggang heimischer Investoren spiegelt die Beliebtheit deutscher Gesellschaften im Ausland wider.*[295]

Unter den ausländischen Investoren stechen vor allem die amerikanischen Asset Manager Vanguard (4,6 Prozent) und BlackRock (4,0 Prozent)[296] heraus. Sie sind die größten Investoren der gesamten Deutschland AG und bieten beide eine Vielzahl von Fonds und börsengehandelten Fonds an. Fonds kaufen sich mit dem Geld der Anleger bei Unternehmen ein. Insgesamt sind rund 60 Prozent der Dax-Aktien (nach Marktkapitalisierung) im Besitz solcher institutionellen Investoren, zu denen neben Fondsgesellschaften zum Beispiel auch Pensionskassen gehören. Dazu gleich mehr.

Um nun die Macht von Investoren wie BlackRock zu verstehen, muss man wissen, dass sie sich untereinander absprechen und den bestimmenden Aktionärsblock bilden. Das wird auch dadurch erleichtert, dass die nächstgroßen Investoren wie Vanguard, State Street und Norges gleichzeitig Aktionäre bei BlackRock sind. BlackRock und Konsorten verkaufen ihren Unternehmen außerdem Risiko- und Marktanalysen und sind die Eigentümer der US-Ratingagenturen, bei denen die Unternehmen jährlich für einige Millionen ihre Ratings kaufen müssen.

BlackRock wurde von Obama mit der Abwicklung der Finanzkrise beauftragt, berät die US-Zentralbank FED, aber auch die EZB und die wichtigsten westlichen Zentralbanken. BlackRock ist Miteigentümer in 17 000 Unternehmen: bei den Wall-Street-Banken, bei General Motors, Coca-Cola, IBM, Tesla, Ryan Air, Facebook, Google, Microsoft, Apple, Amazon, bei der Deutschen Bank, der Commerzbank, Daimler, Siemens, VW, Lockheed, Rheinmetall, BAE Systems, RWE, E.on und so fort. Damit ist BlackRock der größte Insider der westlichen Finanz- und Wirtschaftswelt, mit ihm kommt keine Finanzaufsicht und kein Kartellamt mit.

BlackRock wurde in aller Stille größter Wohnungseigentümer in Deutschland: Vonovia mit 400 000 Wohnungen, Deutsche Wohnen mit 160 000 Wohnungen, LEG mit 135 000 Wohnungen. Ihre operativen Sitze haben BlackRock und Kollegen in New York, Chicago, Boston, Houston und San Francisco, ihre Filialen in London, Paris und Frankfurt. Aber ihre juristisch-steuerlichen Sitze haben sie in einer Finanzoase, vor allem im US-Bundesstaat Delaware.

Überdies sind BlackRock und Konsorten die größten Organisatoren für Briefkastenfirmen. In diesen anonymisieren sie die Multimillionäre und Multimilliardäre, deren Kapital sie für die Unternehmenskäufe und Wertpapierspekulationen einsetzen und denen sie einen Teil der Gewinne überweisen, zum Beispiel aus den Miet- und Nebenkostensteigerungen in Deutschland. So versteckt BlackRock beispielsweise seine 8,47 Prozent Vonovia-Aktien in 158 Briefkastenfirmen, und diese wiederum in einem Dutzend jeweils passend ausgewählter Finanzoasen. Die entsprechenden Fake-Konstruktionen heißen etwa BlackRock Delaware Holdings Inc., BlackRock Holdco 6 LLC, BlackRock Luxembourg Holdings S.a.r.l., BlackRock Asset Management Schweiz AG. Und das scheint die EU-Kommission und die deutschen Finanzminister nicht zu stören.

Die ausländischen Besitzanteile bedeuten auch, dass die Dividenden ins Ausland fließen. Im Jahr 2018 haben Deutschlands Börsenschwergewichte 36,5 Milliarden Euro ausgeschüttet,[297] was heißt, dass 80 Prozent der Dividenden aus Deutschland in privaten Taschen in Übersee landen; ein Beispiel dafür sind die Pensionsfonds in den USA. Die Früchte der Arbeit und des Erfindungsgeistes deutscher Arbeitskräfte werden also von amerikanischen Pensionären genossen.

Und noch eines fällt auf: US-Investoren gehen mit aus dem Nichts geschaffenen Dollars auf Einkaufstour. So werden aus »Fiat-Money« und »Micky-Maus-Geld« reale Besitztümer, die in der Folge dann »rechtmäßige« Einkommen generieren.

Doch aus dem Umstand, dass der überwiegende Teil deutscher Aktien in fremder Hand ist, ergibt sich noch ein weiterer negativer Effekt für uns: Ausländische Aktionäre haben natürlich keinerlei Interesse am Wohlergehen der deutschen Arbeitnehmer, sondern sind einzig und allein an maximalen Dividenden interessiert. Das erklärt auch, warum ihre Vorstände ohne Rücksicht auf die deutsche Nationalökonomie und Arbeitsplatzsituation vorgehen. Deutschen Arbeitnehmern oder gar dem deutschen Gemeinwesen fühlen sie sich nicht verpflichtet, ihre einzige Verpflichtung ist, für ihre Aktionäre maximale Dividenden zu erwirtschaften. So ist es nur logisch, dass die Soziale Marktwirtschaft seit 1990 Stück für Stück abgeschafft worden ist und heute kaum mehr erkennbar ist.

Das einzige deutsche Großunternehmen, das noch nicht restlos vom Ausland kontrolliert wird, ist der VW-Konzern, und das wegen des »VW-Gesetzes«, das dem Land Niedersachsen eine Sperrminorität garantiert. Vor diesem Hintergrund wird auch verständlich, warum die USA Volkswagen wegen der Manipulationen der Dieselmotoren mit Strafen belegt hat. Aber der neue Vorstandsvorsitzende des VW-Konzerns, Herbert Diess, arbeitet schon an diesem »Problem« und hat vor, den Konzern in einzelne eigenständige Einheiten aufteilen.[298] Diese können dann vom ausländischen Kapital aufgekauft werden, nur der (kleine) verbleibende Rumpfkonzern wird weiterhin dem VW-Gesetz unterliegen.

Werner Rügemer zeigt in seinem 2018 erschienenen Buch *Die Kapitalisten des 21. Jahrhunderts. Allgemeinverständliche Notizen zum Aufstieg der neuen Finanzakteure*[299] die Kapitalverflechtung zwischen den USA und Deutschland auf. Da seine bemerkenswerten Recherchen für unseren Kontext wichtig sind, fasse ich sie im Folgenden kurz zusammen: Rügemer zieht eine große Linie vom Marshallplan – für ihn ein Investitions- und Marktöffnungsplan für Banken und Konzerne aus den USA – bis hin zur Deregulierung der Bankgeschäfte unter US-Präsident Clinton. Sie war es, die neue Finanzprodukte und neue Finanzakteure der Wall Street wie Hedgefonds und Private Equity Fonds legalisiert und auch den ganz großen Kapitalorganisatoren wie BlackRock, Vanguard und State Street ein neues Operationsgebiet eröffnet hatte. Heuschreckenartig fielen sie darüber her und kauften und kaufen vorhandene Unternehmen auf, verwerten sie, fusionieren sie oder spalten sie auf, verschlanken sie, vernichten Arbeitsplätze und verstecken die Privatgewinne. Ihren Steuersitz haben sie in Finanzoasen an Orten wie Delaware (USA) oder innerhalb Europas in Irland, Luxemburg und den Niederlanden. Sie zahlen also keine Steuern. Gleichzeitig öffnete die Regierung Schröder/Fischer zusammen mit ihrem Regierungsbeauftragten, dem Ex-Chef der Deutschen Bank, Hilmar Kopper, durch Steuererleichterungen und neue Investitionsgesetze die Tore. Ab Beginn der 2000er-Jahre bis zum Jahr 2018 erwarben die Private-Equity-Investoren Blackstone, KKR, Cerberus, Carlyle & Co etwa 10 000 gut gehende Mittelstandsfirmen allein in Deutschland, bürdeten ihnen Kredite auf, entnahmen Gewinne, verhängten Lohnstopps und Entlassungen, vertrieben Betriebsräte, verscherbelten Unternehmensimmobilien und verkauften nach 2 bis höchstens 8 Jahren die »verschlankten« Unternehmen gewinnträchtig an die nächsten Investoren weiter; bei einigen gelang ihnen sogar der noch lukrativere Börsengang.

## Deutsche Konzerne: von den USA überwacht

Aber die wirtschaftlichen Würgegriffe sind noch viel stärker, denn die US-Justiz herrscht bis direkt in deutsche Konzerne hinein. Diese müssen jahrelang auf eigene Kosten hochrangige US-Teams im Vorstand installieren und ihnen Zugriff zu allen Interna gewähren. In Deutschland gilt das etwa für Commerzbank, Deutsche Bank, Hypo-Vereinsbank, VW, Siemens, Bilfinger und Daimler.[300]

**Daimler** begründet die Überwachung aller Beschäftigten – auch ihrer Gehaltskonten – mit der Möglichkeit terroristischer Verbindungen. Kommen Daimler-Beschäftigten der Auskunftspflicht nicht ausreichend nach, können die vom Konzern bezahlten US-Ermittler ihnen mit Kündigung drohen. Auch die Landesregierung Baden-Württembergs und die IG Metall stimmten solchen Kontrollen zu.

Bei der **Commerzbank** erzwang die US-Justiz die Schließung einer Abteilung, die Finanztransfers für die staatliche Reederei des Iran durchführte. Die entsprechenden Ermittlungen liefen seit 2002. Schließlich musste die Commerzbank 1,4 Milliarden Dollar Strafe zahlen, 3 Jahre lang eine US-Agentur bezahlen, die weltweit die Einhaltung des Iran-Embargos überwacht, den vier Mitarbeitern der besagten Abteilung kündigen, den Abteilungsleiter hinauswerfen, obwohl dieser vor allen Arbeitsgerichten Recht bekommen hatte. Vor Gericht begründete der Bankvertreter den rechtswidrigen Rauswurf damit, dass die US-Justiz eine »wirksame Abschreckung durch persönliche Bestrafung« gefordert habe, und dieser hätte man sich beugen müssen.[301] Die Bundesregierung, die mit Finanzminister Schäuble zuständig war, weil der deutsche Staat Hauptaktionär der Bank und im Aufsichtsrat vertreten ist, stimmte dem Rechtsbruch ebenso kommentarlos zu wie die Gewerkschaft ver.di, die im Betriebsrat und Aufsichtsrat vertreten ist.

Bei **Volkswagen** führt der Chefrechtsberater von Pepsi Cola und Ex-US-Vizejustizminister Larry Thompson in der Wolfsburger Konzernzentrale seit 2017 eine vielköpfige Ermittlergruppe an. VW zahlt dafür pro Jahr »Dutzende Millionen Euro«[302], wie die Wirtschaftspresse kritiklos meldete. Bis 2020 werden die Ermittler den Autokonzern weltweit überwachen. Und auch alle 30 000 Beschäftigten in den USA wurden verhört, Anlass dafür war der Abgasbetrug in den USA, doch wurde die Überwachung ausgeweitet und der Autokonzern nach öffentlich nicht genau bekannten Kriterien durchforstet. Dazu gehört auch die »Transparenz und Kommunikation über arbeitsrechtliche Maßnahmen«[303], einschließlich der Einhaltung von Arbeitszeiten. Bisher wurde weder seitens der Landesregierung Niedersachsen als Vertreter des Miteigentümers noch von Betriebsrat- oder gewerkschaftlicher Seite Kritik laut.

Doch auch US-Beraterkonzerne regieren mit, und zwar von dem Moment an, als die CDU-geführte Bundesregierung unter Helmut Kohl und Finanzminister Theodor Waigel (CSU) die US-Berater J.P Morgan, McKinsey, Price Waterhouse Coopers & Co in die Treuhand holten, um das betriebliche Vermögen der Ex-DDR zu verscherbeln. In den entsprechenden Standard-Gutachten hieß es, das Unternehmen sei nur noch eine Deutsche Mark wert. So wickelte die Treuhand die DDR-Wirtschaft mit dem Ergebnis von 270 Milliarden DM Schulden ab, die auf den deutschen Staatshaushalt übertragen wurden.[304]

Dieses Muster gilt, etwas gemäßigt, in Deutschland bis heute: US-Berater, die inzwischen zu Staats-Dauerberatern geworden sind, verdienen viele Millionen, auch und gerade dann, wenn Staat und Bürger Milliarden verlieren; siehe die Beratungsfirmen, die Ursula von der Leyen jüngst für das Verteidigungsministerium beauftragte.

Dazu ein paar Beispiele:[305] Gemeinsam mit McKinsey trimmt **Accenture** – mit 400 000 hochbezahlten Akademikern der weltweit größte Beratungskonzern – Arbeitsagentur und Jobcenter dahin gehend, die Arbeitslosen als Reservearmee für die Leiharbeitsbranche zu bewahren, die ihrerseits von den größten Leiharbeitsvermittlern Adecco und Manpower angeführt wird, die natürlich BlackRock & Co. gehören. **McKinsey** berät das BAMF, sitzt fest im Verteidigungsministerium, stellt mal eine Staatssekretärin, bekommt mal ohne Ausschreibung dicke Beraterverträge.

**Freshfields** hat, vom damaligen Finanzminister Steinbrück (SPD) berufen, die zwei Bankenrettungsgesetze entworfen, weil diese Kanzlei als Banken-Lobbyist und Vertragsentwerfer für die neuen Finanzprodukte die Interessen der Banken natürlich am besten kennt. Freshfields hatte 2002 den 17 000-Seiten-Vertrag für Toll Collect entworfen, hatte für die erfolglose Beratung des SPD- und dann CSU-geleiteten Verkehrsministeriums bis 2018 eine mehrstellige Millionensumme einkassiert und darf gleichwohl den jetzigen CSU-Verkehrsminister weiter beraten.

Den vormaligen Wirtschaftsminister Gabriel beriet **Price Waterhouse Coopers** (PWC), wie private Investoren an der maroden Infrastruktur einen über dem Marktdurchschnitt liegenden, staatlich garantierten Mindestgewinn einfahren können. Von PWC kommt auch Matthias Kollatz her; dieser ist in Berlin Finanzsenator und folgt dort den Empfehlungen, die er bei seinem vorherigen Dienstherrn entworfen hat.

**Moody's, Standard&Poor's** und **Fitch** – natürlich gehören sie BlackRock und Co. – legen, gegen hohes Honorar, die Kreditkonditionen nicht nur aller großen Unternehmen in der EU fest, sondern auch aller EU-Mitgliedsstaaten. Die Europäische Zentralbank (EZB), der Europäische Stabilitätsmechanismus (ESM) und die deutsche Finanzaufsicht richten sich ebenfalls statutengemäß nach den Vorgaben der drei großen Ratingagenturen.

Die US-Unternehmensberater, die US-Wirtschaftsprüfer, die US-Wirtschaftskanzleien und die US-Ratingagenturen sind Lobbyisten der Konzerne. Sie wurden in der EU und in Deutschland zu Dauer-Staatsberatern und regieren genauso mit wie die US-Justiz und die NSA, Abteilung S32 (Wirtschaftsspionage).[306]

Kapitel 6

# Überrannt

Seit 2015 sind hierzulande – grob geschätzt, denn es gibt keine verlässlichen statistischen Erhebungen darüber – mehr als 2 Millionen mehrheitlich junge männliche Migranten aufgenommen und vollumfänglich versorgt worden.

Unmittelbar nach der willkürlichen Öffnung der Grenzen im September 2015 setzte das Trommelfeuer der transatlantischen Netzwerke ein. Industriebosse wie Daimler-Chef Dieter Zetsche tönten von einer Chance für die wirtschaftliche Entwicklung in Deutschland, ja gar von einer »Grundlage für das nächste deutsche Wirtschaftswunder« (Zetsche am 14. September 2015).[307] Ebenso euphorisch äußerten sich damals Porsche-Chef Matthias Müller, der Chef des Essener Chemiekonzerns Evonik, Klaus Engel, und der Post-Vorstandsvorsitze Frank Appel.[308]

Doch bereits 4 Monate später konnte man die Augen vor der Realität nicht mehr verschließen, und IVW-Präsident Alfred Gaffal forderte bei einem Neujahrskonzert in der Bayerischen Vertretung in Berlin: »Wir brauchen eine deutliche Reduzierung der Flüchtlingszahlen. Es wird zu viel geredet und zu wenig gehandelt.«[309] Man dürfe nicht zu hohe Erwartungen bei der Integration von Zuwanderern in den Arbeitsmarkt haben. In der Tat sind die Analphabeten-Raten in den Ländern der Menschen, die zu uns kommen, sehr hoch. Die sechs Länder, aus denen die meisten Asylbewerber nach Deutschland kommen, sind: Syrien (13,6 Prozent Analphabeten bei den über 15-Jährigen), Afghanistan (61,8 Prozent), Irak (20,3 Prozent), Eritrea (26,2 Prozent), Nigeria (40,4 Prozent) und Pakistan (42,1 Prozent).[310] Das nächste Problem, das sich stellt, ist die Ausbildung der Ankömmlinge, denn das Institut für Arbeits- und Berufsforschung (IAB) hatte bei einer Stichprobe 2018 unter anerkannten Flüchtlingen festgestellt, dass 58 Prozent keinerlei Berufsausbildung hatten.[311] Und eine weitere Befragung der Johann Daniel Lawaetz-Stiftung unter knapp 20 000 vor Kurzem eingereisten Asylbewerbern und Flüchtlingen kam zu dem Ergebnis, dass rund zwei Drittel der Befragten über keine abgeschlossene Berufsausbildung verfügten.[312]

Hinzu kommen Hürden, die in der Sprache der Bundesagentur für Arbeit als »Vermittlungshemmnisse« bezeichnet werden. Neben teilweise komplett fehlender schulischer Bildung kommen Fluchttraumata, fehlende Zertifikate über die vorhandenen Bildungsabschlüsse und vor allem mangelnde Sprachkenntnisse zum Tragen. Selbst die damalige Arbeitsministerin Andrea Nahles musste zugeben, dass der vielzitierte »syrische Arzt« die große Ausnahme ist und dass gut 90 Prozent der Zuwanderer nicht unmittelbar auf dem Arbeitsmarkt unterzubringen sind. »Ein Modellprojekt der Bundesagentur für Arbeit hat gezeigt, dass von 850 Flüchtlingen nur 65 direkt ohne weitere Maßnahmen vermittelt werden konnten, 13 davon in Ausbildung«, schilderte Nahles ihre ernüchternden Erkenntnisse.[313]

Das Nachsehen dürften, wie der Zukunftsforscher Professor Franz-Josef Radermacher bei der CSU-Grundsatzkommission sagte, die Angehörigen der bereits in Deutschland lebenden Unterschicht haben, und zwar unabhängig davon, ob es eingesessene Deutsche oder Nachfahren der Gastarbeiter sind. Für sie werde auf dem Wohnungs- und Arbeitsmarkt, bei Sozialämtern sowie bei wohltätigen Organisationen wie Lebensmittel-»Tafeln« die Konkurrenz spürbar härter werden, warnte Radermacher. Dabei könne es langfristig zu erheblichen sozialen Unruhen kommen.[314]

# Das Ende der deutschen Gemütlichkeit

Zum aktuellen Zeitpunkt, also 4 Jahre nach der rechtswidrigen Grenzöffnung, zeichnen sich die vorhersehbar gewesenen Konsequenzen in Form von Wohnraumverknappung, rapidem Anstieg der Sozialausgaben und zunehmendem Verlust der öffentlichen Sicherheit ab. Neben der erhöhten Nachfrage seitens Neuansiedlern ist die Nullzinspolitik der Europäischen Zentralbank natürlich die Hauptursache für Spekulation und das Ansteigen von Wohnungs- und Mietpreisen. Und das wird sicherlich Auswirkungen auf die gesamte

Marktpreisentwicklung haben, wenn die Kommunen für ihre Neubürger stark überhöhte Großstadtmieten begleichen werden müssen. Und überdies wird bei diesem Thema gerne vergessen, dass Schwarzgeld aus Russland beziehungsweise China, ergaunertes und zu waschendes Geld der italienischen Mafia, osteuropäischer Banden und arabischer Clans ebenfalls in den Immobilienmarkt fließt. Zurzeit wird dieser regelrecht leergekauft, und zwar zum überwiegenden Teil von ausländischen »Investoren«.[315]

Angesichts von Herausforderungen, die sie nicht mehr bewältigen konnten, kapitulierten sogar schon migrationsfreundliche SPD-geführte Kommunen, wie zwei eindrucksvolle Beispiele zeigen:

1. Anfang des Jahres 2016 hatten gerade mal sechs Städte in Nordrhein-Westfalen (NRW) die elektronische Gesundheitskarte für Flüchtlinge eingeführt. Obwohl als Prestigeprojekt unter dem Stichwort »schnellere Behandlung und weniger Bürokratie« von Rot-Grün mit großer Fanfare angekündigt, befürchteten die Kommunen, die Kontrolle über die Kosten zu verlieren, die bei der medizinischen Versorgung der Flüchtlinge anzufallen drohten; die örtlichen Behörden könnten nicht mehr überprüfen, ob die ärztliche Behandlung unbedingt notwendig sei, denn mit der Gesundheitskarte können Asylbewerber auf Kosten der Steuerzahler selbstständig Ärzte aufsuchen. Milliardenkosten für die Steuerzahler entstanden und entstehen auch für die Zahnarztkosten von Asylbewerbern. »Bei einem großen Teil der Flüchtlinge besteht Bedarf auf eine umfassende zahnmedizinische Behandlung oder Sanierung der Gebisse. Das ist mit entsprechenden Kosten verbunden«, sagte der Direktor der Kassenzahnärztlichen Vereinigung Baden-Württemberg, Knuth Wolf, den *Stuttgarter Nachrichten* gegenüber. Viele Asylbewerber hätten schlechte Zähne, und die Kosten für deren Behandlung müssten nach 15 Monaten Aufenthalt von den Steuerzahlern aufgebracht werden. Nach Berechnungen von Experten würden bis zu 10 000 Euro pro Person fällig. Dies könne sich schnell auf mehrere Milliarden Euro summieren.[316]

2. SPD-Kommunalpolitiker in Essen klagten über eine zu hohe Belastung durch die Flüchtlingsheime in ihren Stadtteilen. »Immer mehr sozialdemokratische Kommunalpolitiker glauben nicht mehr, dass die Integration der ja sehr vielen Flüchtlinge gelingen wird«, sagte der SPD-Ratsherr Guido Reil aus dem Essener Stadtteil Karnap der *Rheinischen Post* schon Anfang 2016.[317] »Sie teilen den Zweckoptimismus von Bundes- und Landesregierung nicht mehr. Ich erfahre da viel Zuspruch auch von anderen Lokalpolitikern der SPD, aber auch von der CDU in NRW und speziell im Ruhrgebiet.« Er fügte hinzu: »Im Internet gibt es geschlossene Nutzergruppen, in denen sich Sozialdemokraten austauschen, die die jetzige Flüchtlingspolitik für völlig falsch halten. Aber Bundes- und Landespolitiker halten sich vorerst noch an den von oben verordneten Zweckoptimismus und diese Schönfärberei.« Und der Essener Ratspolitiker Karlheinz Endruschat ergänzte: »Wir brauchen eine andere Flüchtlingspolitik. Da wo in Kommunen und auch bundesweit schon sehr viele Immigranten leben, sollten weniger Flüchtlinge hinziehen.«[318]

Das Problem der Zuwanderung in die Städte untersuchte Marcel Helbig vom Wissenschaftszentrum Berlin für Sozialforschung.[319] Zwischen 2014 und 2017, so fand er heraus, ist die Zuwanderung in Deutschland zum Großteil in jene Stadtviertel erfolgt, wo arme Menschen leben. Helbig hatte Daten zu 3700 Stadtteilen in 86 deutschen Städten ausgewertet und kam zu dem Ergebnis, dass die soziale Spaltung, die in manchen Vierteln ohnehin bereits vorhanden war, weiter zunimmt. »In einigen Städten«, sagt der Soziologe, »sehen wir sogar Armutsquoten bei Kindern von über 70 Prozent«. Und weiter: »Insgesamt sind die Entwicklungsbedingungen in Gebieten, wo sich viele Arme ballen, schlechter.« Obwohl hier ein brandgefährlicher sozialer Konflikt droht, hätten die Mainstream-Medien, wie Helbig gegenüber den *Nachdenkseiten* berichtet, seine Studie bisher nahezu komplett ignoriert; nur eine einzige Tageszeitung in Thüringen habe seine Forschungsergebnisse öffentlich gemacht.[320]

Doch damit sind Helbigs Erkenntnisse noch nicht erschöpft. Die Zuwanderung erfolgt zunächst in die benachteiligten Gebiete – etwa die ostdeutschen Städte, die Städte des Ruhrgebiets und Norddeutschlands. »Gerade in den Städten, in denen sich Armut in einigen Stadtvierteln bereits stark verfestigt hatte, kommt die Aufnahme von vielen Zuwanderern hinzu. Dies führt auch dazu, dass gerade die finanziell wenig handlungsfähigen Kommunen die größten Integrationsaufgaben an den sozialen Rändern der Städte zu tragen haben«, erklärt Helbig. Hier erkennt der Soziologe einen allgemeinen Trend:

> *Wir beobachten in vielen deutschen Städten, vor allem aber im Osten, dass die ungleiche Verteilung von Armen in den Quartieren zunimmt. In der Quintessenz kommt es zu einer starken Ballung von Armen in einem Teil der Stadtviertel, während in anderen Vierteln fast keine armen Personen mehr leben.*[321]

Es ist also kein Wunder, dass die Willkommenseuphorie in der deutschen Bevölkerung, falls sie je wirklich existierte und nicht nur medial erfunden wurde, schon 2016 spürbar nachließ und zuweilen sogar ins Gegenteil umschlug. Daher mussten schleunigst die Mainstream-Medien wieder dran: »Alles nicht so schlimm«, trommelten sie fortan.

So meldete *Zeit online* am 8. Juli 2016 unter der Überschrift »Deutschland registriert immer weniger Flüchtlinge«: »Die Zahl der Asylsuchenden nimmt von Monat zu Monat ab: Im Juni kamen 16 000 Menschen nach Deutschland. Der Innenminister lobt die Arbeit der obersten Asylbehörde.« Passend dazu zeigte die Zeit das rührende Foto eines kleinen Mädchens, das in einer Flüchtlingsunterkunft in Berlin ein Essen erhält. Zur weiteren Beruhigung der Leser hieß es darunter: »Die Flüchtlingskrise hat sich deutlich entspannt.« Alsdann wurde der Bundesinnenminister zitiert, der davon schwadronierte, dass im ersten Halbjahr 2016 rund 220 000 »schutzsuchende Migranten« nach Deutschland gekommen seien, während es im gesamten Vorjahr insgesamt noch 1,1 Millionen gewesen seien. Und die Zeit bestätigte, »die Zahlen gingen seit Jahresbeginn praktisch auch von Monat zu Monat zurück.«[322]

Auch die *Frankfurter Allgemeine* tutete in das gleiche Horn. Bei ihr sind es sogar nur noch 200 000 Flüchtlinge, gefolgt von dem beruhigenden Satz: »Das ist ein deutlicher Rückgang im Vergleich zum Höhepunkt der Flüchtlingskrise, als allein im Oktober vergangenen Jahres 181 000 Migranten nach Deutschland gekommen waren.«[323]

So weit die Propaganda. Doch die Fakten sahen damals wie heute ganz anders aus, im Vergleich zu den Vorjahreszeiträumen stiegen die Zahlen weiterhin. In der Zeit von Januar bis Juni 2016 hatten insgesamt 396 947 Personen in Deutschland Asyl beantragt. Dies bedeutet einen Anstieg um 121,7 Prozent gegenüber dem ersten Halbjahr 2015. Noch im Jahr davor, also 2014, wurden insgesamt »nur« 203 000 Asylanträge gestellt.[324]

Bis heute dürfte sich die Zahl der Zuwanderer auf mehr als 2 Millionen erhöht haben. In diesen Zahlen sind übrigens jene Migranten, die heimlich bei Nacht und Nebel eingeflogen wurden, nicht eingerechnet.[325]

## Das gewollte Chaos

Warum öffnete Kanzlerin Merkel im September 2015 die Grenzen? Warum bleiben sie bis heute geöffnet? Warum fördern, wie wir im Folgenden sehen werden, die Drahtzieher in den USA offenbar aktiv Flüchtlingsströme nach Europa?

Diese Fragen versuchte der amerikanische Publizist Henry Paul schon in einem Beitrag von Juni 2015 für das *Contra-Magazin* zu beantworten. Er schreibt:

> *Das Flüchtlings-Problem ist kein solches. Es sind keine Flüchtlinge. Es sind aufgeforderte Zuwanderer, die über beeinflusste*

*Menschenhändler erst abgezockt und dann zwangsrekrutiert werden, um Europa zu bevölkern und ins Chaos zu stürzen.*[326]

Deutschland sei das erste Land, das »gebrochen« werden müsse, weil es das erfolgreichste Land in Europa sei. Deutschland entwickele sich bereits nach IWF-Standard, schreibt Paul:

> *alle Arbeitskosten runter, alle Renten runter, alle Ansprüche runter, alle Zinsen runter, alle Steuern und Lebenserhaltungskosten rauf. Verteilung von unten nach oben. Und dann Übernahmen aller ertragreichen Firmen an US-Investoren. Die Scouts am Markt sind sehr fleißig und es wird keine zehn Jahre dauern, bis es keine deutschen Großfirmen oder Konzerne mehr gibt.*[327]

Auch das sei Plan der USA: Es »muss alles ausgebeutet werden, was geht und der Kontinent muss den Oligarchen der USA gehören. Dazu müssen die Flüchtlinge ihren sozialen Auftrag ordentlich erledigen … [Das] Land muss pleite gehen, Ressourcen müssen übereignet werden, BRD-Land muss in US-Hand übergehen.« Die USA, Großbritannien und Frankreich hätten zusammen vorsätzlich den Flüchtlingsstrom durch spät-kolonialistische Machenschaften und Kriege verursacht und befördert, »damit die Dumm-Deutschen als Machtblock im Herzen Europas endlich zerstört werden.« Die deutschen Politiker im Europa-Apparat, in den Landtagen, im Bundestag und in der Regierung durchliefen, so Paul, die Trainingszentren der Denkfabriken, die wir in einem früheren Kapitel bereits kennengelernt haben, denn: »Diese Völkerwanderung ist gewollt. Diese Kostenlawine, die damit einhergeht, ist gewollt. Das Chaos, das dadurch zwangsläufig entsteht, ist gewollt.«[328]

Michael Morris fasste die Flüchtlingsagenda Anfang September 2015 auf *Kopp Online* sehr gut zusammen: »Das Flüchtlingsdrama in Europa war vorhersehbar, es ist geplant und gut organisiert und es ist Teil des Krieges, den die Mächtigen in den USA gegen die eigene Bevölkerung und gegen den Rest der Welt führen. Die Voraussetzung für die Erlangung der Weltherrschaft ist die Abschaffung von Nationalstaaten und somit von nationaler Identität, von Grenzen, von Freiheit und Eigenständigkeit. Das Prinzip lautet: Würfle alle Völker, Ethnien, Religionen und Kulturen durcheinander, zerstöre alle gemeinschaftlichen Strukturen, wenn nötig auch mit Gewalt, so lange, bis am Ende keiner mehr weiß, wo er herkommt, wer er ist und wo er hingehört. Zwing die Menschen in die Knie, dann werden sie allem zustimmen, was Du von ihnen verlangst! Denken Sie, dass ein solcher Plan aufgehen kann? Nun, ich denke, das tut er bereits.«[329]

## Der Coup mit den Vereinten Nationen

Damit dieser Umsiedlungsplan der Drahtzieher des Globalismus nicht vom Wohlverhalten einiger Politiker – wie etwa Angela Merkel – abhängig ist, musste er völkerrechtlich abgesegnet werden. Und dies geschah am 10. und 11. Dezember 2018 in Marokko auf einer Regierungskonferenz aller UN-Mitgliedstaaten. Mit großer Mehrheit wurde dort der »globale Pakt für sichere, geordnete und reguläre Migration« angenommen. Mit diesem soll garantiert werden, dass Migranten ständig legal in andere Länder einwandern können. Die Rechte der Migranten sollen gestärkt und die Zielländer zur unbeschränkten Aufnahme verpflichtet werden. Grundlage des Pakts ist die sogenannte New Yorker Erklärung.[330]

Diese Erklärung hatte die UN-Generalversammlung am 19. September 2016 beschlossen. Die Vertreter der UNO-Mitgliedstaaten hatten sich darin geeinigt, sich global um die gewaltigen Flüchtlings- und Migrationsbewegungen zu kümmern. Es sei nötig, heißt es in dem Papier, eine »langfristige globale Ordnung« zu schaffen, welche die Migrationsbewegungen in geordnete, weitgehend ungefährliche Bahnen lenke. »Mit großer Besorgnis müssen wir mit ansehen, wie Flüchtlingen und Migranten in vielen Teilen der Welt zunehmend mit Fremdenfeindlichkeit und Rassismus begegnet wird«, heißt es im ersten Abschnitt der New Yorker Erklärung. Und mit gesteigertem Nachdruck führt Punkt 22 in Abschnitt II fort:

*Unterstreichend, wie wichtig ein umfassender Ansatz für die mit diesem Thema verbundenen Fragen ist, werden wir einen am Menschen ausgerichteten, sensiblen, humanen, würdigen, geschlechtergerechten und umgehenden Empfang für alle Menschen, die in unseren Ländern ankommen, sicherstellen, und insbesondere für diejenigen, die im Rahmen großer Flüchtlings- oder Migrantenströme ankommen. Ebenso werden wir sicherstellen, dass ihre Menschenrechte und Grundfreiheiten uneingeschränkt geachtet und geschützt werden.*[331]

Schließlich stellt man in Punkt 24 gleichsam als Weltregierung ein Verbot der Zurückweisung auf: »Wir erklären erneut, dass Menschen gemäß dem Grundsatz der Nichtzurückweisung an Grenzen nicht zurückgewiesen werden dürfen.« Alsdann folgt ein Eingriff in die Polizeihoheit der Nationen: »Wir werden sicherstellen, dass in Grenzgebieten tätige Amtsträger und Polizeibeamte darin geschult werden, die Menschenrechte aller Menschen zu wahren, die internationale Grenzen überschreiten oder zu überschreiten versuchen.«[332]

Es ist wohl kein Zufall, dass UN-Generalsekretär Antonio Guterres von 2005 bis 2015 Hoher Flüchtlingskommissar der Vereinten Nationen war. Zumindest machte der Portugiese gleich nach seiner Wahl am 22. November 2016 in Lissabon deutlich, worin er seine Mission als UNO-Chef sieht. Damals sagte er, die Migration sei nicht das Problem, sondern die Lösung. Die europäischen Nationen hätten kein Recht darauf, ihre Grenzen zu kontrollieren, sondern müssten die ärmsten Menschen der Welt massenweise aufnehmen. »Es muss anerkannt werden, dass Migration unausweichlich ist und nicht aufhören wird.« Und diese »Werte« sollten die Politiker höherstellen als den mehrheitlichen Wählerwillen.[333]

Ein weiterer Vordenker neben Guterres war Peter Sutherland, der außerordentlich einflussreiche UN-Sondergesandte für Migration in den Jahren 2006–2016. Er hatte den Globalen Migrationspakt vorangetrieben. Bei einer Befragung im britischen Oberhaus 2012 hatte er gesagt, die Tatsache der alternden Bevölkerung in Ländern wie Deutschland oder der südlichen EU sei das »Schlüsselargument … für die Entwicklung von multikulturellen Staaten«. Auf einer Tagung des Council on Foreign Relations 2015 hatte der hohe EU- und UN-Funktionär, der auch im Vorstand von Goldman-Sachs, Mitglied der von David Rockefeller gegründeten Trilateralen Kommission und des Lenkungsausschusses der Bilderberger war, bekannt: Jeder, der seine Tweets auf Twitter lese und ihm sage, »dass ich dazu entschlossen wäre, die Homogenität der Völker zu zerstören, hat verdammt noch mal absolut recht! (›dead bloody right‹) Genau das habe ich vor! (Applaus, Gelächter). Wenn ich es morgen tun könnte, würde ich sie zerstören, mein eigenes Volk eingeschlossen.«[334]

Sutherland war 2006 vom ehemaligen UN-Generalsekretär Kofi Annan zum Sonderbeauftragten des Generalsekretärs (SRSG) für Internationale Migration ernannt worden. Ein Jahr später hatte er das Global Forum on Migration and Development (GFDM) ins Leben gerufen, jene Organisation also, die von der UNO mit der Durchführung des Globalen Pakts für Migration beauftragt ist. Sutherland hatte bis September 2016, als er krank geworden war (er ist am 7.1.2018 gestorben), den jeweiligen GFMD-Vorsitz strategisch beraten und unterstützt. Das GFMD hat, was Aufgaben und Ziele angeht, von ihm seine Prägung erhalten.

Bis Ende 2018 hatten Marokko und Deutschland den Vorsitz des GFMD innegehabt – genau zum richtigen Zeitpunkt, um die Dezemberkonferenz (siehe oben) inhaltlich und organisatorisch vorzubereiten. Deutschland wurde vertreten durch Götz Schmidt-Bremme, der zuvor 2013–2017 Leiter und Ministerialdirektor der Rechts-, Konsular- und Migrationsabteilung im Auswärtigen Amt war. In einem Nachruf, den Schmidt-Bremme zusammen mit seinem marokkanischen Kollegen auf Peter Sutherland schrieb, heißt es am Ende: »Da 2018 ein entscheidendes Jahr für die Verabschiedung des ersten Global Compact sein wird, wird sich der GFMD weiterhin von der Arbeit und Vision von Herrn Sutherland für die internationale Migration inspirieren lassen. Mögen wir uns immer an das Leben des Dienstes erinnern, den er mit der GFMD und der globalen Gemeinschaft geteilt hat.«[335] Peter Sutherlands Intentionen sind für das deutsche Auswärtige Amt also ein Vorbild.

Kommt aber dieser globale Pakt weltweit zur Umsetzung, dann verlieren alle Staaten ihr souveränes Recht, selbst zu bestimmen, ob, wen und wie viele Menschen sie in ihre Gemeinschaft aufnehmen wollen. Es vollzöge sich ein gewaltiger Schritt der Souveränitätsaufgabe aller Staaten und ihrer Unterordnung unter eine UNO-Weltregierung. Doch muss Deutschland diese Entwicklung gar nicht mehr abwarten, denn die New Yorker Erklärung der UNO wird in Deutschland bereits seit 2015 umgesetzt.

Schon am 21.März 2000 hatte eine UN-Studie der Abteilung »Bevölkerungsfragen« wegen des Schrumpfens der Bevölkerung in Europa eine »Bestandserhaltungs-Migration« aus Afrika und dem Nahen Osten empfohlen.

Lapidar heißt es im Vorwort der UN-Empfehlung: »Die Abteilung Bevölkerungsfragen der Vereinten Nationen verfolgt die Fruchtbarkeits-, Sterblichkeits- und Migrationstrends für alle Länder der Welt und erstellt auf dieser Grundlage die offiziellen Schätzungen und Prognosen der Vereinten Nationen zur Bevölkerungsentwicklung.«[336] Im Rahmen der Studie wurden für eine Reihe von Ländern, deren Fruchtbarkeitsziffern allesamt unter dem Bestandserhaltungsniveau liegen, die Höhe der zur Bestandserhaltung erforderlichen Zuwanderung errechnet und die möglichen Auswirkungen dieser Zuwanderung auf den Umfang und die Altersstruktur der Bevölkerung untersucht. Zu den acht untersuchten Ländern gehören Deutschland, Frankreich, Großbritannien, Italien, Japan, die Republik Korea, die Russische Föderation und die Vereinigten Staaten. Ebenfalls untersucht wurden die beiden Regionen Europa und die Europäische Union. Der untersuchte Zeitraum erstreckt sich ungefähr über ein halbes Jahrhundert, von 1995 bis 2050. Unter den demografischen Trends, die diese Zahlen aufzeigen, springen zwei besonders ins Auge, nämlich der Bevölkerungsrückgang und die Bevölkerungsalterung. Die Studie kommt zu dem Schluss:

> *Das Wanderungsniveau, das notwendig ist, um das Altern der Bevölkerung aufzufangen, übersteigt um ein Vielfaches die Wanderungsströme, deren es bedarf, um den Bevölkerungsrückgang aufzuhalten. Um das potenzielle Unterstützungsverhältnis zwischen der Bevölkerung im arbeitsfähigen Alter und der nicht mehr im Erwerbsprozess stehenden Personen aufrechtzuerhalten, müssten in allen Fällen bislang unerreichte und jeglichen vernünftigen Erwartungen widersprechende Einwanderungszahlen erreicht werden.*[337]

Um das »potenzielle Unterstützungsverhältnis«, was heißt, das Verhältnis zwischen der Zahl der Menschen im erwerbsfähigen Alter (15 bis 64 Jahre) und der Zahl der Senioren (65 Jahre oder älter) zu erhalten, seien jährlich für Deutschland 3 630 000 und für die gesamte EU 13 480 000 Migranten erforderlich.

## Der Ansturm aus Afrika

Ressourcen für massenhafte Zuwanderung gibt es vor allem an Europas Südgrenze. Millionen Afrikaner werden sich in Bewegung setzen und, infiltriert von Terroristen (dazu gleich mehr), Europa ins Chaos stürzen. Und diese düstere Prophezeiung stammt nicht etwa von einem unverbesserlichen Verschwörungstheoretiker, sondern von David Beasley, Exekutivdirektor des Welternährungsprogramms der UNO:

*Mein Kommentar an die Europäer ist: Wenn Ihr glaubt, Ihr*
*hattet ein Problem aufgrund eines 20-Millionen-Volkes wie der*
*Syrer infolge der Destabilisierung und der Konflikte, die zu Mi-*
*gration geführt haben, wartet nur einmal, bis die größere Sahel-*
*Region mit 500 Millionen Menschen noch weiter destabilisiert*
*ist. Und das ist der Zeitpunkt, an dem die europäische und die*
*internationale Gemeinschaft aufwachen muss,*

zitiert ihn der britische *Guardian*.[338] Die Sahelzone hatte ich bereits
im dritten Kapitel erwähnt, weil die Bundeswehr dorthin zu einem
Einsatz befohlen wurde.

Laut Beasleys Schilderung werden IS-Anführer nach der Zerstörung ihres »Kalifats« aus Syrien fliehen und sich mit anderen Terror-
organisationen wie Al-Qaida und Boko Haram verbünden, um in der
Sahelzone durch Konfliktherde und Hunger eine gigantische Migra-
tionswelle auszulösen, im Zuge derer sie nach Europa gelangen und
es ins Chaos stürzen können: »Es wird dasselbe Muster wie vor ein
paar Jahren sein, außer dass diesmal mehr IS und andere extremisti-
sche Gruppen den Flüchtlingsstrom infiltrieren werden.«

Im weiteren Verlauf des *Guardian*-Artikels weist er dann auf den
Zusammenhang zwischen unterlassener Hilfe für die Menschen vor
Ort (mit der Folge von Hungersnot) und der daraus resultierenden
Mobilisierbarkeit der Notleidenden durch Extremisten hin. Und das
ist nicht schwer zu verstehen, denn wenn wir ihnen nicht Nahrung,
ideologische Hilfestellung und eine Wegbeschreibung nach Europa
liefern, werden das andere tun. So wurde bereits die letzte sogenann-
te »Flüchtlingskrise aus Syrien« maßgeblich durch die kurzsichtige
Kürzung der Hilfsmittel für die Kriegsflüchtlinge in der betroffenen
Region ausgelöst.

Doch Syrien war nur der Anfang. Mehr als die Hälfte aller jungen
Menschen, die in der arabischen Welt leben, möchten auswandern.
Das ergab eine Studie der Princeton University. Die US-Elite-Univer-
sität hatte Ende 2018 und Anfang 2019 eine Befragung von 25 000

Personen in zehn arabischen Ländern sowie den palästinensischen Gebieten durchgeführt. Das Ergebnis war, dass 52 Prozent der Unter-30-Jährigen in Algerien, Ägypten, Jordanien, im Libanon, in Marokko, Tunesien und den palästinensischen Gebieten über Auswandern nachdenken.[339] Nun ist die arabische Welt vielfältig und umfasst viele Länder. Etliche davon liegen in Nordafrika, die zu Transitstaaten für Migranten aus Schwarzafrika geworden sind. Wenn sich auch in Ländern wie Tunesien, Marokko und Ägypten Flüchtlingsbewegungen zusammenballen, ist das nächstliegende Ziel der Migranten die Küste Italiens oder Spaniens, das Endziel aber vor allem Schweden, Großbritannien und Deutschland.

## Die fremdfinanzierte Völkerwanderung

Dass hinter der Mobilisierung eines Millionenheers von Migranten eine Absicht steht, davon ist der US-Historiker Eric Zuesse überzeugt. Die USA hätten Irak, Libyen, Syrien und schließlich die Ukraine gezielt destabilisiert, um Europa und Russland zu schwächen, schrieb er auf der Webseite *globalresearch.ca*.[340]

Doch wie kommen die Migrationswilligen nach Europa? Wer gibt ihnen das Geld für die lange Reise? Der Sicherheitsberater des ungarischen Premierministers, György Bakondi, erklärte am 5. Mai 2019 in einem Fernsehinterview, dass »über 2 Millionen Migranten anonyme EC-Karten erhalten haben und auf diese Weise ein Gegenwert von 500 Milliarden Forint (zirka 1,55 Milliarden Euro) ausgegeben wurde«.[341] Nach Ansicht der ungarischen Regierung sind die vom UN-Flüchtlingshilfswerk UNHCR herausgegebenen und von der EU finanzierten EC-Karten für Migranten rechtswidrig, denn europäische Bürger dürften keine anonymen Bankkarten besitzen. »Und es wurde kein Vergabeverfahren für ihre Ausstellung eingeleitet«, erklärt die Regierung Orban. Für Bakondi stellt »diese Lösung, die nicht durchdacht und rechtswidrig ist«,[342] ein Sicherheitsrisiko dar. Auch Bemühungen der Europäischen Union zur Legalisierung der illegalen Migration wie das Migrantenvisum und die Einrichtung legaler Einwanderungswege hätten negative gesundheitliche, wirtschaftliche und kulturelle Folgen für ungarische und europäische Bürger.

Ende 2018 berichtete das slowenische Nachrichtenportal Nova24tv, die kroatische Polizei habe darauf hingewiesen, dass viele Migranten Prepaid-EC-Karten von Mastercard besäßen. Ein Teil der Migranten würde mit diesen Karten Geld abheben, auch würden vermehrt Migranten beobachtet, die mit neu gekauften hochwertigen Schuhen und Wanderkleidung, Smartphones, ja sogar Waffen ausgestattet seien. Während ihres Zwischenstopps würden sie an Geldautomaten Bargeld abheben, um Vorräte anzuhäufen. Die EC-Karten würden statt des Namens des Inhabers den Aufdruck »UNHCR« und eine Nummer tragen, so Nova24tv. Sogar die kritische Webseite *correctiv.org* hat diese Meldung bestätigt.[343]

Das Flüchtlingshilfswerk der Vereinten Nationen (UNHCR) liefert auf ihrer Webseite Auskunft über die Ausgabe solcher EC-Karten.[344] Ein Sprecher der UNHCR erklärte, dass solche Prepaid-EC-Karten nicht nur in Griechenland ausgegeben wurden, sondern auch in Botswana, Sudan, Mexiko, Türkei, Libanon und Syrien. Die Karten würden monatlich mit einem bestimmten Geldbetrag aufgeladen, die Höhe des Geldbetrags sei abhängig von der Größe der betreffenden Familie. Mit dem Geld solle der Grundbedarf an Kleidung, Transport und Schulbedarf und dergleichen gedeckt werden. Jene EC-Karten, die in Griechenland ausgegeben worden seien, seien in ihrer Nutzung aber auf Griechenland beschränkt.

In Griechenland sind diese Prepaid-EC-Karten im Rahmen des ESTIA-Programms bereitgestellt worden, das vom Europäischen Amt für humanitäre Hilfe und Katastrophenschutz gegründet wurde; finanziert hat das Programm die Europäische Kommission. Bis September 2018 sind weltweit insgesamt mehr als 2 Millionen Menschen durch das UNHCR mit Bargeld unterstützt worden, und zwar in Form von Kartenzahlungen, mobiler Konten und direkter Bargeldhilfe.

In einer Antwort auf die schriftliche Anfrage des Europaabgeordneten Udo Voigt bestätigte die EU-Kommission im April 2019, dass innerhalb von 3 Jahren – in den Jahren 2016 bis einschließlich 2018 – 122 Millionen Euro durch Mastercard-Prepaid-Karten an Asylanten in Griechenland ausgegeben worden sind. Der Betrag verteilte sich auf mindestens 90 000 Empfänger, was heißt, dass jeder Begünstigte durchschnittlich 1355 Euro auf die Hand erhielt. Zum Vergleich liegt der durchschnittliche Monatslohn in Syrien bei 300 Euro.[345]

## Die heimliche Invasion des Terrors

Unter den Millionen Zuwanderern sind auch Tausende von Terroristen. Wie die *Süddeutsche Zeitung* am 16. November 2016 berichtete, wirft eine Studie von Verfassungsschutz und Polizei ein Schlaglicht auf den Zustand des Islamischen Staates. Inzwischen rufe der IS seine Anhänger dazu auf, »nicht mehr in das Kalifat auszureisen, sondern in ihren Heimatländern Anschläge zu begehen«.[346]

Welche Auswirkungen könnte diese neue Strategie für Deutschland haben? Terrorexperte Rolf Tophoven warnt davor, dass IS-Kämpfer mittlerweile nicht mehr unbedingt in einem Terrorcamp in Syrien gewesen und dort indoktriniert worden sein müssen, um in Deutschland Anschläge zu begehen. »Eine schwer bezifferbare Gruppe gewaltbereiter Dschihadisten hat sich über soziale Medien radikalisiert«, sagte der Direktor des Instituts für Krisenprävention (IFTUS) in Essen gegenüber *FOCUS Online*.[347] Zweifellos dauere die Propaganda- und Rekrutierungsarbeit des IS an, zum Beispiel durch Gruppierungen wie die jetzt verbotene Koran-Verteilgruppe »Die wahre Religion«. Insgesamt geht der Experte von einer weiterhin »sehr hohen« Gefährdungslage für Deutschland aus.

Doch Tophoven sieht noch ein weiteres Problem, denn nach Erkenntnissen des Verfassungsschutzes versuchen deutsche Salafisten gezielt, Flüchtlinge anzuwerben, darunter auch Jugendliche. Flüchtlinge im Alter zwischen 20 bis 30 Jahren seien besonders gefährdet, radikalen Predigern und Anwerbern auf den Leim zu gehen. Dem Nachrichtenportal *Sputnik* gegenüber sagte Tophoven, diese Menschen, die jetzt zu Tausenden nach Europa kämen, könnten, wenn sie ihre Hoffnungen und Perspektiven nicht erfüllt sähen, in die Hände von geschickten Propagandisten geraten – sei es in einem privaten Zirkel oder einer Moschee. Und er fügt hinzu:

> *Es gibt aber ein ganzes Bündel von Gründen, warum junge Menschen dem IS anheimfallen. Die einzige Ursache gibt es nicht, denn es wird kein Mensch als Terrorist oder Gewaltverbrecher geboren.*[348]

Die Terroristen haben in den Schleusern illegaler Migranten gute Gehilfen, denn diese bringen nicht nur die Kämpfer der IS-Terrorgruppe in die Europäische Union, sondern sie finanzieren mit ihren Einnahmen auch den Terrorismus, weiß Michèle Coninsx, Vorsitzende der Einheit für Justizielle Zusammenarbeit der Europäischen Union (Eurojust).

> *Die Situation ist alarmierend, weil der illegale Transport offenbar für die Finanzierung des Terrorismus bestimmt ist und oft zum Schleusen von Mitgliedern des »Islamischen Staates« benutzt wird,*

sagte Coninsx in einer Presse-Konferenz. Staatsanwälte hätten Hinweise auf das Schleusen von IS-Kämpfern geliefert. »Natürlich gibt es Dschabhat an-Nusra, Boko Haram, Al-Shabab sowie viele andere Varianten, wir sind aber über den ›Islamischen Staat‹ informiert worden«, fügte Coninsx hinzu, ohne dabei Zahlen zu nennen.[349]

Doch es gibt Zahlen und Fakten. Immer wieder nämlich werden mutmaßliche IS-Terroristen enttarnt, ob in einem Asylheim im württembergischen Ludwigsburg, wie die *Stuttgarter Nachrichten* meldeten,[350] oder in Graz in der Steiermark, wo sogar elf Dschihadisten aufgespürt wurden.[351] Und die griechische Küstenwache beschlagnahmte gar eine als Hilfscontainer getarnte Lieferung mit circa 5000 Waffen und 500 000 Schuss Munition.[352] Der britischen Zeitung *Sunday Express* nach, welche sich auf einen syrischen Agenten innerhalb des IS-Netzwerks beruft, sind bereits 2015 um die 4000 Kämpfer des IS nach Deutschland geschleust worden. Der IS-Agent beziehungsweise IS-Whistleblower, der dem Blatt das Interview gab, erklärte die geheime Infiltration des europäischen Westens als vollen Erfolg. Der IS verwende Schlepperboote, um seine Leute nach Europa zu schleusen. Einige Schlepper würden sogar gezwungen, die IS-Kämpfer mit auf das Boot zu nehmen.[353] Der libanesische Erziehungsminister Elias Bousaab geht sogar noch weiter und gibt an, dass 2 Prozent aller syrischen EU-Einwanderer IS-Terroristen seien, was Tausende von Kämpfern bedeute, die darauf abgerichtet worden seien, Ziele im Westen anzugreifen. Die meisten von ihnen nähmen die Balkanroute. Ein großes Problem sei, dass der IS bereits Schulkinder rekrutiere.[354]

Nach dem Einsickern in Deutschland tauchen die Terrorkämpfer meist unter und nehmen Kontakt zu einheimischen Islamisten auf, und von diesen versuchen einige, sich in den deutschen Sicherheitsapparat einzuschleusen. Allein im Jahr 2016 hat der Militärische Abschirmdienst (MAD) zwanzig Islamisten in der Bundeswehr enttarnt. Darüber hinaus wurden sechzig Verdachtsfälle verfolgt. Der MAD warnt, dass Anhänger der radikalislamistischen Muslimbruderschaft in allen Sicherheitsbehörden, bei der Polizei und auch in der deutschen Bundeswehr, ganz gezielt Sympathisanten unterbringen, und diese säßen dort häufig schon in Führungspositionen. In »islamistischen Kreisen« werde der Dienst in der Bundeswehr befürwortet, weil dort der Umgang mit Waffen gelehrt werde. Es bestehe die Besorgnis, »dass gewaltbereite Extremisten der Propaganda Folge leisten«.[355] Seit 2007 hat die Bundeswehr bereits 24 aktive Soldaten als Islamisten eingestuft und 19 davon entlassen, die restlichen 5 hatten ohnehin das Ende ihrer Dienstzeit erreicht. 30 ehemalige Soldaten sind nach Erkenntnissen des MAD nach Syrien und in den Irak ausgereist.

Inzwischen werden Bewerber für die Bundeswehr wegen ihres späteren Umgangs mit Kriegswaffen einer einfachen Sicherheitsüberprüfung unterzogen, und es werden Informationen der Verfassungsschützer oder des Bundeskriminalamts herangezogen. Damit soll verhindert werden, dass Islamisten oder andere Extremisten die Bundeswehr nutzen, um sich militärisch ausbilden zu lassen. »Aktuell liegen Hinweise vor, dass islamistische Kreise versuchen, sogenannte ›Kurzzeitdiener‹ in die Bundeswehr zu bringen, damit sie eine solche Ausbildung erhalten«, heißt es im Bundesverteidigungsministerium.[356]

Doch eine weitere Gefahr droht der Truppe: der Militär-Imam. Die Initiative Liberaler Muslime Österreichs (ILMÖ) hat in einem offenen Brief an den Wiener Verteidigungsminister davor gewarnt, dass radikale Muslimbrüder und Anhänger des Islamischen Staates sowohl die österreichische Armee als auch die deutsche Bundeswehr unterwandern. Im österreichischen Bundesheer gibt es nämlich bereits einen Imam, und der Zentralrat der Muslime in Deutschland hat auch für die Bundeswehr einen Militär-Imam gefordert.

Diese Militär-Imame sollen fast durchweg zum radikalen Islam-Lager gehören. [357]

Doch die Lage ist noch weitaus bedrohlicher, als man nach dem bisher Gesagten meinen könnte. Denn viele Asylbewerber werden in Kasernen einquartiert und leben dort mit Soldaten zusammen. 80 Prozent der Asylbewerber sind männlich, unter 30 Jahre alt – und kampferfahren. Bereits Mitte September 2015 (!) waren in 67 Liegenschaften der deutschen Bundeswehr – Kasernen und Standortübungsplätzen – rund 25 000 Asylbewerber untergebracht. In vielen Standorten nutzen Soldaten und Asylbewerber die Kasernen mittlerweile sogar »gleichberechtigt«. In internen Papieren nennt die Bundeswehr das »Mitnutzung«.[358] Außerhalb der Dienstzeiten sind die fast ausschließlich aus islamischen Staaten stammenden, wie gesagt, meist kampferfahrenen männlichen Asylbewerber den Soldaten in den meisten Kasernen schon jetzt zahlenmäßig deutlich überlegen. Weil dort auch Waffen und Munition gelagert sind, schließt die Bundeswehrführung in den oben zitierten internen Papieren nicht mehr aus, dass Kasernen handstreichartig von Asylbewerbern übernommen werden könnten und die Bundeswehr in die Lage käme, die eigenen Kasernen zurückerobern zu müssen.

Ein weiteres Problem sehen die deutschen Sicherheitsdienste in den sogenannten Schläfern. *Sleeper* – »Schläfer« – nennt man Terroristen, die unter dem Deckmantel eines normalen Lebens über Jahre hinweg Anschläge vorbereiten, die sie auf Befehl jederzeit ausführen können. Der ehemalige Chef der Kremlverwaltung, Sergej Iwanow, warnt:

*Man spricht noch kaum darüber, man wagt es nicht, offen darüber zu sprechen … Scharen von Flüchtlingen aus dem Nahen Osten strömen in Länder Südeuropas in der Hoffnung, als Transit-Gänger nach Westeuropa zu gelangen.*[359]

Iwanow zufolge könnten sich solche *sleeper* unter ihnen befinden, die in das Abendland unterwegs seien, um sich dort irgendwo unauffällig niederzulassen und zu warten. Diese Personen würden nur auf den Moment warten, als Selbstmord-Terroristen eingesetzt zu werden. Wie der Chef der Operativen Hauptverwaltung des Generalstabs in Moskau, Andrej Kartapolow, zuvor geäußert hatte, überschreiten täglich bis zu hundert bewaffnete Extremisten, die sich als Flüchtlinge tarnen, die syrisch-türkische Grenze.[360] »Solche Schläfer-Zellen des IS existieren schon in Europa«, sagt Ioannis Michaletos vom griechischen Institut für Sicherheits- und Verteidigungsanalysen gegenüber der Welt: »Anschläge sind nur eine Frage der Zeit.«[361] Der griechische Experte für Terror und organisierte Kriminalität berichtet, die griechischen Behörden hätten allein 2016 mehrere islamistische Netzwerke enttarnt, mehrfach seien Waffen und Munition konfisziert worden. Offenbar ist für die heimlichen Gesandten des IS Griechenland eines der wichtigsten Tore nach Europa, haben sie hier doch die perfekte Tarnung – den unüberschaubaren Strom ihrer fliehenden Opfer. Unter die Hunderttausende von Flüchtlingen haben sich zahlreiche Mitglieder des IS gemischt, dessen ist sich Michaletos sicher.

Sobald Flüchtlinge politisches Asyl erhalten, können sie sich in Deutschland frei bewegen und arbeiten. Alles, was Terroristen für ihre Aufnahme brauchen, ist ein syrischer Pass, denn ein solcher ist gleichsam eine Garantie für die Asylbewilligung. Wie der Nahost-Korrespondent Alfred Hackensberger berichtet, kann man ihn – Personalausweis inklusive – auf dem Schwarzmarkt jederzeit für umgerechnet 1200 Euro kaufen; überdies hatte der IS selbst Pässe erstellt, als er in Syrien und im Irak Provinzhauptstädte und ihre Meldeämter beherrschte.[362]

Noch gefährlicher für Europa als die Balkanroute aber ist die Bulgarien-Verbindung. Über sie kommen die Terroristen als quasi echte EU-Bürger nach Europa – es gibt keine Aufnahmelager, keine Identitätsprüfungen, doch ein erleichtertes Reisen in der ganzen Union. Bulgarien ist als ärmstes Land Europas prädestiniert für illegale Aktivitäten. Wie die EU-Kommission feststellte, hat der bulgarische Staat bis in die obersten Führungsebenen hinauf ein ernsthaftes Problem mit Korruption, und die international agierende bulgarische Mafia ist in diesem Land ein Machtfaktor. Von der bulgarischen Mafia bekommt der IS auch die erforderlichen Pässe. Zwischen 20 000 und 30 000 Euro verdienen die bulgarischen Gangster an einem Reisedokument.[363]

Und was genau hat der IS in Europa vor? Aufschluss darüber gibt ein Vortrag des Imam der al-Aqsa-Moschee in Jerusalem, Scheich Muhammad Ayed, der über die Videoplattform YouTube verbreitet wurde.[364] Die Aufnahme muslimischer Einwanderer habe nichts mit Barmherzigkeit zu tun, sondern solle nur die europäischen Fabriken mit jungen Arbeitern füllen. Denn die Europäer »haben ihre Fruchtbarkeit verloren, deswegen verlangen sie nach unserer. Wir werden mit ihnen Kinder zeugen, weil wir ihre Länder erobern werden.« Und weiter: »Oh Deutsche, oh Amerikaner, oh Franzosen, oh Italiener und alle, die so sind wie ihr. Nehmt die Flüchtlinge auf! Wir werden sie bald im Namen des kommenden Kalifats einsammeln.« Man werde diesen Völkern sagen: »Das sind unsere Söhne.« Und an die Muslime gewandt, erklärte er:

*Die Juden und Christen werden euch nie mögen, aber ihr werdet dennoch nie ihren Religionen folgen. Diese dunkle Nacht wird bald vorüber sein, und dann werden wir sie niedertrampeln, so Allah will.*[365]

## Nichts wie weg –
## Immer mehr Deutsche wandern aus

Während Millionen aus fernen Ländern nach Deutschland einwandern, ergreifen immer mehr Deutsche die Flucht. Die Bundesrepublik erlebt derzeit die größte Auswandererwelle ihrer Geschichte. Ist das eine »Abstimmung mit den Füßen« wie damals in der DDR? Warum verlassen die Deutschen ihr Land?

Jedes Jahr verliert Deutschland die Einwohner einer ganzen Großstadt. Von 1992 bis 2015 waren es im Schnitt 700 000 Menschen pro Jahr, die nicht mehr hier leben wollen. Seit 2015, als mehr als eine Million Zuwanderer ins Land strömte, verlassen mehr als eine Million Einheimische jährlich die Bundesrepublik – 3 Millionen also in den letzten 3 Jahren.[366]

Allerdings umfassen diese erschreckenden Zahlen nur jene ausgewanderten Menschen, die noch vor Kurzem in Deutschland Steuern gezahlt hatten. Wie viele Deutsche waren unter diesen Exilanten? Gemäß den vorläufigen Daten des Statistischen Bundesamtes wanderten im Jahr 2016 offiziell 1 368 191 Personen aus Deutschland aus. Darunter sind 282 808 fortgezogene und abgemeldete Deutsche. Weil aber 145 965 aus dem Ausland wieder nach Deutschland zurückgekommen sind, bedeutet das einen Schwund von 136 843 Deutschen im Jahr 2016. Dabei erfasst die Statistik nur diejenigen, die sich ordnungsgemäß abgemeldet haben, weshalb Experten schätzen, dass die wirkliche Zahl der Exilanten noch größer sei und etwa 250 000 Deutsche im Jahr umfasse.[367]

Doch zurück zum Jahr 2016. Damals kamen 1 866 155 Personen mit offizieller Anmeldung aus dem Ausland nach Deutschland und 433 920 erhielten laut dem Bundesamt für Migration und Flüchtlinge die Rechtsstellung eines Flüchtlings, subsidiären Schutz oder Abschiebungsschutz,[368] was bedeutet: 1,3 Millionen Menschen gehen, 2,3 Millionen kommen. Oder anders gerechnet: knapp eine Viertelmillion Deutsche verlässt das Land, mehr als 2 Millionen Nicht-Deutsche wandern ein.

Allerdings begannen die Deutschen schon lange vor der großen Einwanderungswelle, ihrem eigenen Land den Rücken zu kehren. So war nach der Wiedervereinigung der beiden Teile Deutschlands die Anzahl der Auswanderer bis zum Jahr 1994 zunächst auf fast 140 000 Deutsche sprunghaft gestiegen, bis kurz nach der Jahrtausendwende aber wieder rückläufig.

Von 2002 an aber stieg nach Information des Statistischen Bundesamtes die Abwanderung Deutscher fast kontinuierlich an – im Schnitt auf 150 000 pro Jahr.[369]

Besonders bedauernswert ist dabei, dass es vor allem junge und gut qualifizierte Menschen ins Ausland zieht. Das geht aus einer Studie hervor, die im März 2015 vom Sachverständigenrat deutscher Stiftungen für Integration und Migration (SVR) vorgelegt wurde.[370] Akademiker und Führungskräfte seien stark überrepräsentiert, heißt es in der von der Stiftung Mercator geförderten Studie. So liege bei den Auswanderern der Anteil der Hochqualifizierten bei 70 Prozent. *Brain drain* – »Abfluss von Gehirn« – nennen die Migrationsforscher dieses Phänomen und meinen damit den hohen Anteil an Akademikern unter den Auswanderern. Junge Ärzte nehmen lieber eine Stelle in Ländern wie der Schweiz als in Deutschland an, denn sie werden dort um einiges besser bezahlt und müssen meistens weniger Überstunden machen. In Deutschland hat das schon jetzt die katastrophale Folge, dass sich in den ländlichen Regionen immer weniger Arztpraxen finden. Aber nicht nur junge Ärzte fliehen aus Deutschland, sondern auch Doktoranden finden die Forschungsbedingungen an US-Universitäten oft viel verlockender als an den als bürokratisch und verschlafen geltenden deutschen Hochschulen.

Auch immer mehr deutsche Arbeitssuchende packen ihre Koffer. In Österreich etwa gibt es mittlerweile mehr deutsche Gastarbeiter als türkische – insgesamt 52 692. Als Kellner, Küchenhilfen und Zimmermädchen finden in der dort blühenden Tourismusbranche vor allem Jobsuchende aus den neuen Bundesländern eine Chance; von den lokalen Arbeitgebern werden sie mit offenen Armen empfangen, weil sie als besonders höflich und fleißig gelten.

So warnt Migrationsforscher Klaus J. Bade im *manager magazin*, Deutschland befinde sich in einer »migratorisch suizidalen Situation«. Übersetzt heißt das: Es gelingt Deutschland nicht mehr, jungen und fähigen Menschen eine Perspektive zu geben. »Wir bluten aus«, so Bade.[371]

Laut einem Report der Organisation für wirtschaftliche Zusammenarbeit und Entwicklung (OECD) mit dem Titel »Talente im Ausland: Ein Bericht über deutsche Auswanderer« lebten allein im Jahr 2011 mehr als 3 Millionen in Deutschland geborene Personen in einem anderen OECD-Land.[372] Noch im Mai 2010 staunte das *Hamburger Abendblatt*: »Auswandern liegt im Trend«,[373] und die *Huffington Post* brachte 2015 »Gute Gründe« vor, »genau jetzt aus Deutschland auszuwandern«, und listete auf: Die CDU-Regierungspartei sei völlig ausgebrannt, es gebe keine neuen Ideen und keine Zukunftsvision, es drohe eine Rentenkatastrophe, die Reallöhne stagnierten seit 15 Jahren, und es herrsche die Furcht vor einer Islamisierung des Abendlandes.[374]

Seit diesen Artikeln, die hier nur beispielhaft erwähnt sind, haben weitere Faktoren die Unsicherheit der Deutschen noch erhöht. Stark zunehmende Einwanderungszahlen und die sich daraus ergebenden Spannungen sowie die anhaltende Finanzkrise in Europa haben viele Deutsche bewogen, über einen Umzug ins Ausland nachzudenken und Schritte zu unternehmen, die Heimat zu verlassen. Zu diesem Ergebnis jedenfalls kommt eine Untersuchung der Jobsuchmaschine *Jobrapido*. Diese Webseite hatte im März 2016 mehr als 1300 deutsche Nutzer zu ihren Erfahrungen und Wünschen befragt, was eine eventuelle Arbeit im Ausland anbelangt. Die Ergebnisse zeigten, dass ein Großteil der Deutschen zum Auswandern bereit war. Einige von ihnen hatten bereits berufliche Erfahrungen im Ausland gesammelt und würden ihre Koffer auch ein zweites Mal packen.[375]

Doch nicht nur junge und gut ausgebildete Menschen kehren Deutschland den Rücken. Nach Angaben der südafrikanischen Beratungsgesellschaft New World Wealth haben im Jahr 2016 rund 4000 Millionäre Deutschland verlassen.[376] Die Anzahl besonders Vermögender, die die Bundesrepublik verlassen, ist laut Auskunft dieser Gesellschaft also binnen Kurzem sprunghaft gestiegen: 2015 seien etwa 1000 Millionäre aus Deutschland ausgewandert, in den Jahren zuvor habe die Anzahl aber höchstens im niedrigen dreistelligen Bereich gelegen. Diese Zahlen sind Teil einer New-World-Wealth-Studie über die Migrationsbewegungen von Menschen weltweit, die über ein Vermögen von jeweils mehr als einer Million Dollar verfügen (zurzeit etwa 950 000 Euro). Für die Analyse sollen weltweit mehrere Hundert Reiche und Superreiche interviewt worden sein, und es habe Gespräche mit Migrationsexperten, Vermögensberatern und Immobilienmaklern sowie Auswertungen von Visa-Statistiken, Immobilienregistern, Medienberichten und Ähnlichem gegeben, so das Unternehmen.[377] Das beliebteste Ziel der reichen Auswanderer sei Australien, gefolgt von den USA sowie Kanada, den Vereinigten Arabischen Emiraten, Monaco und Neuseeland. Nach Ansicht der Studienautoren ist die Abwanderung besonders reicher Menschen aus einem Land ein alarmierendes Zeichen, denn diese Klientel sei bei größeren Migrationsbewegungen aufgrund der hohen persönlichen

Flexibilität häufig die erste, die gehe. Zudem stützen vermögende Menschen in einem Land nicht nur den Konsum und über ihre Steuerzahlungen die Staatskasse. Sie schaffen und bieten über eigene Unternehmen vielmehr nicht selten auch zahlreiche Jobs. Der starke Anstieg der Auswanderung reicher Menschen aus Deutschland hänge, so New World Wealth weiter, mit zunehmenden Spannungen in der Gesellschaft zusammen, wie sie auch in anderen europäischen Ländern zu beobachten seien. Namentlich in Großbritannien, den Niederlanden, Österreich, Schweden und Belgien erwarten die Fachleute daher in Zukunft eine ähnliche Entwicklung. Mahnendes Beispiel ist der Studie zufolge Frankreich, wo seit einiger Zeit Jahr für Jahr so viele Millionäre auswandern wie aus keinem anderen Land der Welt. 2016 kehrten Frankreich nach Angaben von New World Wealth insgesamt 12 000 Menschen den Rücken, die mindestens über ein Vermögen von umgerechnet einer Million Dollar verfügen. Bereits 2015 war Frankreich mit 10 000 reichen Auswanderern Weltspitze. Auf die Frage nach den Gründen für die starke Abwanderung verweisen die Autoren der Studie auch im Falle Frankreichs auf »religiöse Spannungen«, die in dem Land besonders stark ausgeprägt seien.[378]

Früher war der Grund für Auswanderung wirtschaftliche Not gewesen. Die große Auswanderungswelle aus dem deutschsprachigen Raum über den Atlantik begann schon um 1700. Damals gingen die Auswanderer vor allem in die heutigen Vereinigten Staaten, gefolgt von Kanada, Brasilien und Argentinien. Die Hochzeit der »transatlantischen Massenauswanderung«, wie Klaus J. Bade diese Bewegung nennt,[379] war das 19. Jahrhundert, denn von 1816 bis 1914 wanderten 5,5 Millionen Deutsche in die USA aus. Gegen Jahrhundertende stellten die deutschen Einwanderer sogar die größte ausländische Bevölkerungsgruppe in den USA. Der Hauptgrund für die Auswanderung war damals das schnelle Bevölkerungswachstum gewesen, das für Armut und Arbeitslosigkeit gesorgt hatte. Nur rund 20 Prozent der Auswanderer zogen wieder zurück. Eine zweite Auswanderungswelle erfolgte von 1949 bis 1989, diesmal eine deutsch-deutsche Wanderung – die Flucht in den Westen. Zwischen 1949 und 1961 haben 2,7 Millionen Menschen die deutsch-deutsche Grenze in Richtung Westen überquert. Um diese Binnenmigration zu stoppen, ließ die DDR-Regierung 1961 eine Mauer rund um die Insel West-Berlin bauen und schirmte die Grenzen zu Westdeutschland ab. Dennoch gelang es bis zum Mauerfall rund 700 000 Menschen, die DDR zu verlassen, etwa indem sie nach Besuchen nicht zurückkehrten, als politische Häftlinge von der BRD freigekauft wurden oder sogar mit Erfolg offiziell die Ausreise beantragen konnten. Darüber hinaus gelang es 5000 DDR-Bürgern, oft unterstützt von Fluchthelfern, die Mauer zu überwinden. Mindestens 138 Menschen kamen an der deutsch-deutschen Grenze ums Leben.

Auch heute gibt es diese Flucht vor Armut wieder, vor allem bei vielen Rentnern, die sich nur noch ein Leben außerhalb Deutschlands leisten können. Jüngere Auswanderer hingegen sind Zeugen einer anderen Fehlentwicklung in unserem Land, nämlich des Mangels an zukunftsweisenden Visionen sowie der Bedrohung des inneren Friedens durch (buchstäblich) grenzenlose Zuwanderung.

Kapitel 7

# Angekettet

Nachdem wir gesehen haben, wie die USA Deutschland noch immer kontrollieren und beherrschen – über ein weiterhin gültiges Besatzungsrecht, über stationierte Truppen und Geheimdienstagenten, über transatlantische Netzwerke und Denkfabriken, durch Beeinflussung der Medien und der Politik, durch wirtschaftliche Übernahme und geförderte Migration – bleibt die Frage zu erörtern, weshalb sie das tun.

Es gibt eine Reihe von Dokumenten, die uns bei der Beantwortung dieser Frage helfen können. Da gibt es zum Beispiel die Defense Planning Guidance, die Leitlinie für die Verteidigungsplanung des US-Verteidigungsministeriums von 1992, in der es heißt: »Unser erstes Ziel ist es, den (Wieder-)Aufstieg eines neuen Rivalen zu verhindern«, und die entwickelten Industrieländer müssten davon abgehalten werden, »unsere Führungsrolle infrage zu stellen oder zu versuchen, die etablierte politische und ökonomische Ordnung umzustürzen. Und schließlich müssen wir … mögliche Konkurrenten davon abschrecken, eine größere regionale und globale Rolle auch nur zu erhoffen.« Es werde in Zukunft für die USA darum gehen, »der Beherrschung von Schlüsselregionen durch eine feindliche Macht zuvorzukommen«. Wichtiger Schritt in diese Richtung müsse die »Integration Deutschlands und Japans in ein von Amerika geführtes System kollektiver Sicherheit« sein.[380]

Wie diese »Integration« aussieht, haben wir in den vorangegangenen Kapiteln gesehen. Forschen wir aber noch weiter, dann stoßen wir auf Zbigniew Brzeziński. Zu seinen Lebzeiten galt er als graue Eminenz unter Amerikas Globalstrategen, war von 1977 bis 1981 Sicherheitsberater von Präsident Carter und in Carters Regierungszeit Professor für Politikwissenschaft mit Schwerpunkt Internationale Beziehungen an der Columbia University in New York. Einer seiner Studenten hieß Barack Obama. Danach war Brzeziński Professor für US-amerikanische Außenpolitik an der Johns Hopkins Universität in Baltimore, Berater am Zentrum für Strategische und Internationale Studien (CSIS) in Washington und geostrategischer Berater des US-Präsidenten.

Brzeziński deklariert, die Vorherrschaft der USA sei die Voraussetzung für Wohlstand und Demokratie in der Welt. Um dieses Ziel zu
erreichen, müsse »die einzige Weltmacht« – so auch der Titel seines
1997 erschienenen und 2016 neu aufgelegten Buches – der Welt ein
globales Ordnungssystem verpassen.

Für unsere Frage nach der Motivation für die amerikanische Kontrolle ist gleich die Einleitung in dem Buch wichtig, in der er im ersten
Satz schreibt: »Seit den Anfängen der Kontinente übergreifenden politischen Beziehungen vor etwa 500 Jahren ist Eurasien stets das
Machtzentrum der Welt gewesen … Inwieweit die USA ihre globale
Vormachtstellung geltend machen können, hängt davon ab, … ob es
dort (in Eurasien, Anm. d. Verf.) das Aufkommen einer dominierenden gegnerischen Macht verhindern kann … Eurasien ist somit das
Schachbrett, auf dem sich … der Kampf um die globale Vorherrschaft
abspielen wird.«[381] Die Einleitung abschließend, fasst Brzeziński zusammen, es gelte »das Gebot, keinen eurasischen Herausforderer aufkommen zu lassen, der den eurasischen Kontinent unter seine Herrschaft bringen und damit auch für Amerika eine Bedrohung darstellen
könnte.«

Warum aber versteift sich Amerikas Top-Geostratege auf Eurasien? Das erklärt Brzeziński im zweiten Kapitel: »Eurasien ist der
größte Kontinent der Erde … Eine Macht, die Eurasien beherrscht,
würde über zwei der drei höchstentwickelten und wirtschaftlich
produktivsten Regionen der Erde gebieten … Nahezu 75 Prozent
der Weltbevölkerung leben in Eurasien, und in seinem Boden wie
auch Unternehmen steckt der größte Teil des materiellen Reichtums der Welt. Eurasien stellt 60 Prozent des globalen Bruttosozialprodukts und ungefähr drei Viertel der weltweit bekannten Energievorkommen.«[382] Damit folgt Brzeziński den Gedanken des
Gründers der britischen Geopolitik, Halford Mackinder, der schon
vor mehr als 100 Jahren gesagt hatte: »Wer über Osteuropa herrscht,
beherrscht das Herzland (Russland, Anm.d. Verf.). Wer über das
Herzland herrscht, beherrscht die Weltinsel (Eurasien und Afrika,

Anm. d. Verf.). Wer über die Weltinsel herrscht, beherrscht die Welt.«

Die Dominanz auf dem gesamten eurasischen Kontinent, so Brzeziński weiter, müsse das geostrategische Ziel der USA sein. Auf dem Weg dorthin gelten drei »große Imperative imperialer Geostrategie: Absprachen zwischen den Vasallen zu verhindern und ihre Abhängigkeit in Fragen Sicherheit zu bewahren, die tributpflichtigen Staaten fügsam zu halten und zu schützen und dafür zu sorgen, dass die ›Barbaren‹völker (Schreibweise nach Brzeziński) sich nicht zusammenschließen.«[383] Später im Buch (im dritten Kapitel) präzisiert er diese Aussage: »Tatsache ist schlicht und einfach, dass Westeuropa und zunehmend auch Mitteleuropa weitgehend ein amerikanisches Protektorat bleiben, dessen alliierte Staaten an Vasallen und Tributpflichtige von einst erinnern.«[384]

## »Unverzichtbarer Brückenkopf in Eurasien«

Europa ist für Brzeziński ein Vasall der USA. Aber einer von größter strategischer Bedeutung. Es ist ihr »unverzichtbarer geopolitischer Brückenkopf auf dem eurasischen Kontinent«.[385] Und das »Atlantische Bündnis« verankere den politischen Einfluss und die militärische Macht Amerikas unmittelbar auf dem eurasischen Festland.

Eine zentrale Rolle spiele dabei Deutschland als stärkste europäische Kraft. Aufgrund seiner jüngsten Vergangenheit sehe es »im Engagement für Europa die Grundlage für die nationale Erlösung, während es sicherheitspolitisch auf eine enge Bindung an Amerika nicht verzichten kann«.[386] Das mache es zu Europas Musterknaben und stärkstem Anhänger Amerikas in Europa. Daher, so Brzeziński weiter, müsse Deutschlands Vorreiterrolle im europäischen Einigungsprozess zu einem einheitlichen Bundesstaat kräftig unterstützt werden, schon allein aus dem Grund, dass die deutsche Vorstellung von einer europäischen Ordnung nicht mit wachsendem Selbstbewusstsein nationalistische Züge annehme und sich zu einer eigenständigen Politik gegenüber dem Osten und dem Westen entwickle.[387]

Die europäische Einigung sei aber für die USA vor allem deshalb von größter Bedeutung, weil sich mit jeder Osterweiterung der EU automatisch auch die Einfluss- und Machtsphäre der USA nach Osten erweitere. Diesem in die »postkommunistischen Staaten Mitteleuropas einschließlich der baltischen Republiken, Weißrusslands und der Ukraine und sogar Russlands« führenden Prozess müsse daher größte Aufmerksamkeit gewidmet werden. In ihm komme wiederum Deutschland eine Führungsrolle zu. Denn »in vielerlei Hinsicht entspricht dieses Gebiet dem historischen Einflussbereich konstruktiver deutscher Kultur, den in pränationalistischer Zeit deutsche Städtegründer und bäuerliche Siedler im östlichen Mitteleuropa und in den heutigen baltischen Republiken geformt hatten«. Die Verbreitung der westlichen »Werte« von »Demokratie und Menschenrechten« werde eine magnetische Anziehungskraft auf die Menschen Osteuropas ausüben.

Mit der Osterweiterung der EU müsse aber eine dementsprechende Erweiterung der NATO einhergehen: »Sie ist für die transatlantische Verbindung von entscheidender Bedeutung … Ohne die NATO würde Europa nicht nur verwundbar werden, sondern fast augenblicklich auch politisch in seine Einzelstaaten zerfallen. Die NATO gewährleistet Sicherheit für Europa und gibt einen stabilen Rahmen für die Verfolgung der europäischen Einheit ab. Das macht die NATO für Europa historisch so unverzichtbar … Der entscheidende Punkt bei der NATO-Erweiterung ist, dass es sich um einen ganz und gar mit der Ausdehnung Europas selbst verbundenen Prozess handelt … Ein neues Europa nimmt bereits Gestalt an, und wenn dieses neue Europa geopolitisch ein Teil des ›euro-atlantischen‹ Raums bleiben soll, ist die Erweiterung der NATO von entscheidender Bedeutung. Sollte die von den Vereinigten Staaten in die Wege geleitete NATO-Erweiterung ins Stocken geraten, wäre das das Ende einer umfassenden amerikanischen Politik für ganz Eurasien.«[388]

Ein russisch dominiertes eurasisches Imperium müsse verhindert werden: »Entscheidend für eine fortschreitende Ausdehnung Europas muss die Aussage sein, dass keine Macht außerhalb des bestehenden transatlantischen Systems ein Vetorecht gegen die Teilnahme eines geeigneten europäischen Staates in dem europäischen System – und mithin in dessen transatlantischem Sicherheitssystem – hat, und dass kein europäischer Staat, der die Voraussetzungen mitbringt, a priori von einer eventuellen Mitgliedschaft in EU oder NATO ausgeschlossen werden darf.«[389]

Auf welche Weise die USA ihre Macht über Deutschland (und Europa) ausüben, zeigt der langjährige Auslandskorrespondent des *Spiegel*, Armin Wertz, in seinem beeindruckend recherchierten Buch *Die Welt-Beherrscher. Militärische und geheimdienstliche Operationen der USA*.[390] Zu den Methoden dieser Weltmacht zählt er: diplomatischen Druck ausüben, andere Staaten isolieren, mit protektionistischen Maßnahmen wie hohen Einfuhrzöllen und Gesetzen zum Arbeits- und Umweltschutz deren Exportchancen reduzieren, wirtschaftliche Sanktionen verhängen, Konten einfrieren, Oppositionsparteien finanzieren und Widerstandsgruppen unterstützen. Und genau diese Ziele verfolgen zahlreiche internationale Organisationen, die von den Vereinigten Staaten kontrolliert und gesteuert werden. Führten aber, so Wertz weiter, diese Formen der Einflussnahme auf die Angelegenheiten ausländischer Staaten nicht zum gewünschten Erfolg, griffen die Vereinigten Staaten oftmals zu noch massiveren Maßnahmen und destabilisierten in Geheimdienstoperationen Staaten und Regierungen. Regierungen, die Washingtons Interessen nicht ausreichend berücksichtigt hatten, wurden gestürzt, und gelegentlich sogar widerspenstige Politiker kurzerhand ermordet. Und wenn das Ziel nicht auf andere Weise durchzusetzen war, setzten die Vereinigten Staaten oft genug ihre ganze militärische Macht ein.

Brzeziński zeigt noch weitere Druckmittel des Welt-Hegemons USA auf: »Als Teil des amerikanischen Systems muss das weltweite

Netz von Sonderorganisationen, allen voran die *internationalen* Finanzinstitutionen, betrachtet werden. Offiziell vertreten der Internationale Währungsfond (IWF) und die Weltbank *globale* Interessen und tragen weltweit Verantwortung. In Wirklichkeit werden sie jedoch von den USA dominiert, die sie mit der Konferenz von Bretton Woods im Jahre 1944 aus der Taufe hoben.«[391] (beide Hervorhebungen von Brzeziński selbst)

## Deutsch-russisches Bündnis verhindern

Noch deutlicher und eindeutiger als Brzeziński wurde George Friedman in seinen Beobachtungen. Er ist Direktor von Stratfor (*Strategic Forecast*, zu Deutsch »Strategische Vorhersage«), einem Institut der US-Beratungsindustrie, die das US-Außenministerium, das US-Verteidigungsministerium, Hedgefonds-Manager und Finanzoligarchen berät. Welch enormen Einfluss diese Denkfabrik hat, lässt sich an ihrer Rednerliste nachvollziehen, denn die reicht von Kennedy, Kissinger, Mubarak, Thatcher, Kohl und Shamir bis Obama.

Interessant ist, dass Friedman nicht bewusst war, dass gefilmt wurde, als er am 4. Februar 2015 vor dem Chicago Council on Global Affairs klare Worte sprach. Der Film kam über *WikiLeaks* an die Öffentlichkeit. »Das erstrangige Interesse der Vereinigten Staaten, wofür wir über Jahrhunderte hinweg Krieg geführt haben«, sagte Friedman auf eine Frage aus dem Publikum, »waren die Beziehungen zwischen Deutschland und Russland. Seit einem Jahrhundert ist es für die Vereinigten Staaten das Hauptziel, die einzigartige Kombination zwischen deutschem Kapital, deutscher Technologie und russischen Rohstoff-Ressourcen, russischer Arbeitskraft zu verhindern. Denn vereint sind sie die einzige Macht, die uns bedrohen kann, und es sollte sichergestellt werden, dass das nicht geschieht … Die USA sind dabei, einen ›Cordon sanitaire‹ (Sicherheitsgürtel, Anm. d. Verf.) um Russland herum aufzubauen. Und Russland weiß das. Russland glaubt, dass die Vereinigten Staaten vorhaben, die Russische Föderation zu brechen. Ich denke, es ist so, wie Peter Lory sagte: Wir wollen euch nicht töten, wir wollen euch nur irgendwie wehtun.«[392] Dann kam Friedman auf die geostrategische Ausrichtung der USA zu sprechen:

> *Die Vereinigten Staaten haben ein fundamentales Interesse: Sie kontrollieren alle Ozeane der Welt. Keine Macht hat das jemals getan. Aus diesem Grund dringen wir in Völker ein und sie können nicht bei uns eindringen. Das ist eine sehr schöne Sache. Die Aufrechterhaltung der Kontrolle über die Ozeane und im Weltall begründet unsere Macht. Der beste Weg, eine feindliche Flotte zu besiegen, ist, zu verhindern, dass diese gebaut wird. Der Weg, den die Briten gegangen sind, um sicherzustellen, dass keine europäische Macht eine Flotte baut, ist, dass die Europäer einander bekämpften.*[393]

Daraus zieht Friedman die Schlussfolgerung: »Die Politik, die ich empfehlen würde, ist die, die Ronald Reagan angewendet hat, im Iran und im Irak. Er unterstützte beide Seiten, so dass sie gegeneinander kämpften und nicht gegen uns … Die Vereinigten Staaten sind nicht in der Lage, ganz Eurasien zu okkupieren. In dem Moment, wo unsere Stiefel den dortigen Boden berühren, sind wir demographisch zahlenmäßig unterlegen … Aber wir sind in der Lage, erstens die gegeneinander kämpfenden Mächte zu unterstützen, damit sie sich auf sich selbst konzentrieren können. Sie unterstützen, politisch, finanziell, militärisch, Waffen liefern und die US-Berater aussenden.« Hier findet sich übrigens eine interessante Parallele zu den Ereignissen und Entwicklungen vor 1914 und 1939, als Großbritannien ähnliche Aktionen unternahm, Stützpunkte ausbaute und neue Allianzen schmiedete, um auf einen Krieg hinzuarbeiten, in dem sich die beiden damaligen Konkurrenten Deutschland und Russland gegenseitig ausschalten sollten. Zur Illustration seien hier zwei Zitate von Winston Churchill angeführt:

*Das unverzeihliche Verbrechen Deutschlands vor dem Zweiten Weltkrieg war der Versuch, seine Wirtschaftskraft aus dem Welthandelssystem herauszulösen und ein eigenes Austauschsystem zu schaffen, bei dem die Weltfinanz nicht mitverdienen konnte,*

sagte Churchill nämlich 1938 zu Lord Robert Boothsby.[394] Und Emrys Hughes hat uns noch eine weitere Aussage von diesem Staatsmann überliefert:

*Sie müssen sich darüber im Klaren sein, dass dieser Krieg nicht gegen Hitler oder den Nationalsozialismus geht, sondern gegen die Kraft des Deutschen Volkes, die man für immer zerschlagen will, gleichgültig, ob sie in den Händen Hitlers oder eines Jesuitenpaters liegt.[395]*

## Die Angst um den Verlust der Vorherrschaft

Wie lange wird diese von Brzeziński und anderen geforderte Vormachtstellung der USA noch andauern? Einflussreiche Kreise scheinen sich Sorgen zu machen, denn am 10. Juni 2019 forderten Experten auf der Webseite der einflussreichen Agentur Bloomberg das Pentagon auf, sich für einen Krieg gleichzeitig gegen China und Russland zu rüsten,[396] und zu derselben Zeit trommelte das Council on Foreign Relations für einen Krieg gegen die chinesisch-russische Allianz – und zwar kurz bevor US-Präsident Trump am amerikanischen Nationalfeiertag die Macht und Größe des US-Militärs beschwor. Professor Hal Brands, Experte für Geostrategie an der Johns Hopkins University, und der ehemalige Admiral James Stavridis – heute Finanzanalyst bei der Carlyle Group – schlugen Alarm, indem sie warnten: Die Vereinigten Staaten und ihre Verbündeten seien nicht vorbereitet auf eine russisch-chinesische Allianz, die allein aufgrund ihrer Existenz schon eine Gefahr für die USA und die gesamte westliche Welt darstelle. Als Lobbyisten der Rüstungsindustrie entpuppten sich die beiden Experten mit ihrer Forderung, die USA müssten baldigst damit anfangen, sich auf einen Konflikt gegen die beiden Großmächte vorzubereiten, sonst könne es passieren, dass Washington schutzlos dastehe. Dann nämlich, wenn einer der beiden – Peking oder Moskau – durch einen Krieg die Kräfte der Vereinigten Staaten binde, während der andere der beiden – Moskau oder Peking – dem schutzlosen Amerika den Gnadenstoß verpasse.[397]

Indes sind die beiden auf *Bloomberg* veröffentlichten Artikel keine Ausnahme, denn dieses drohende Gefühl vom »Niedergang Amerikas« und dem »Tod der US-Hegemonie« durchzog die gesamte politische US-Fachliteratur in den vergangenen Jahren immer wieder, wohingegen die Propaganda des Medienfastfoods das Volk in alter Manier manipuliert. So dreht Hollywood weiter Filme darüber, wie die Bomben-Demokratie alle besiegt; die Macher von PC-Spielen bringen ihren Usern bei, dass russische Kampfpiloten unschuldige Syrer töten, während Weißhelmen rückhaltlos zu glauben ist; die Fernsehstationen hören nicht auf, das amerikanische Militär zu preisen; und vor allem US-Präsident Donald Trump schwadroniert immer wieder – zuletzt am 4. Juli 2019 –, dass Amerika noch nie so mächtig gewesen sei wie heute.

Doch eine Ebene höher – beispielsweise in der Mai-/Juni-Ausgabe 2019 der vom außenpolitischen Taktgeber Council on Foreign Relations herausgegebenen Fachzeitschrift *Foreign Affairs* – herrscht eine andere Stimmung: »Schaut man zurück, kann man sagen, dass der Niedergang unausweichlich erscheint«, heißt es dort. Man müsse sich heute mit der »Washingtoner Wahnvorstellung« vom Ende des vergangenen Jahrhunderts »von der ewiggleichen US-Hegemonie« auseinandersetzen. Es sei an der Zeit, eine »Obduktion der US-Herrschaft der letzten Jahrzehnte« vorzunehmen, jener Zeit, »als die US-Eliten ihr Erbe und ihren guten Namen verschwendeten«.[398] Und studiert man die genannten *Bloomberg*-Artikel, erkennt man darin schnell

einen Appell an eben diese tiefsitzende Angst der Washingtoner Polit-
eliten: »China und Russland wollen die ›Weltinsel‹ kontrollieren«, wie
Stavridis schreibt, was aus seiner Sicht eine existenzielle Bedrohung
für die USA darstellt. Und diese »Weltinsel« umfasst, wie wir bereits
gesehen haben, ganz Europa, ganz Asien und ganz Afrika.

Nach einer Analyse jener Bereiche, in denen China und Russland
kooperieren, kommt Stavridis zu dem Schluss, das Endziel dieser Zusammenarbeit sei eine russisch-chinesische Kontrolle über Eurasien
und Afrika, was unausweichlich voraussetze, dass die USA und ihre
Verbündeten an die »Peripherie der Welt« verdrängt würden. Als Ge-
genmaßnahme schlägt Stavridis vor, alles zu tun, um Europa an die
USA zu binden, und nicht zuzulassen, dass die russisch-chinesische Allianz die europäischen Länder verführe. Die USA und ihre Verbündeten »müssen tun, was möglich ist, um das vereinte Europa zu unterstützen und das Netz von Allianzen, Partnerschaften und freundschaftlichen
Beziehungen entlang der gesamten Peripherie Asiens zu stärken«.[399]

Auffällig ist, dass es den Experten nicht in den Sinn kommt, eine
wie auch immer geartete Normalisierung der Beziehungen zwischen
Moskau und Washington vorzuschlagen. Sie diskutieren ausschließlich Zwangsmaßnahmen, und das betrifft gleichermaßen das Verhältnis zwischen Washington und Peking wie zwischen Washington
und Berlin, Paris und Brüssel. In den empfohlenen Lösungsansätzen
fehlt das Wort »Kompromiss« völlig. Professor Brands schreibt sogar
in einer militärisch unverblümten Art, Amerika müsse eine »richtige
Kombination von Möglichkeiten und Konzepten« erarbeiten, »um
Russland und China zu besiegen, bevor sie ihre Streitkräfte entscheidend vergrößern«. In absehbarer Zukunft würden die USA in eine
»angespannte und gefährliche Rivalität gleichzeitig mit China und
Russland« involviert sein.[400]

Für uns in Deutschland bedeutet dies: Washington wird jede Annäherung der Bundesrepublik an Russland und China torpedieren
und uns noch fester an sich ketten, soweit da eine Steigerung überhaupt noch möglich ist.

# Die alternativlose Aufrüstung

Auch für US-Präsident Donald Trump sind Russland und China die Hauptkonkurrenten um Macht und Geld. In der Nationalen Sicherheitsstrategie der Vereinigten Staaten (NSS) – vom Weißen Haus am 17. Dezember 2017 vorgestellt – heißt es, China und Russland seien entschlossen, die Sicherheit und den Wohlstand Amerikas auszuhöhlen und »die ökonomische Freiheit und Fairness zu untergraben, ihr Militär zu vergrößern und mittels Daten- und Informationskontrolle ihre Bevölkerung zu unterdrücken und ihren Einfluss auszuweiten«.[401] Das findet sich so schon in dem im Oktober 2014 vorgestellten Operationskonzept »Siegen in einer komplexen Welt 2020–2040«, das vom U.S. Army Training and Doctrine Command (TRADOC) erstellt wurde. Schon lange vor Trump wurde darin Russland und China als Hauptbedrohung der USA definiert, die als Erste zu eliminieren seien. Nordkorea und der Iran stehen erst an zweiter Stelle.[402]

Auch eine Studie des United States Army War College (USAWC), der höchsten Bildungseinrichtung der US Army, aus dem Jahr 2017 bläst in dieses Horn.[403] Die USA verlören ihre Vormachtstellung in der Welt, fürchten die Autoren der Studie, und damit bräche jene Weltordnung zusammen, die sich nach dem Zweiten Weltkrieg unter ihrer Führung etabliert habe. Doch nicht nur, weil die Macht der USA schwände, befände sich die Welt auf dem Weg ins Chaos, sondern weil die Autorität der Regierungen überall bröckele. Überall könnten neue »Arabische Frühlinge« aufbrechen, warnen die Militärstrategen, man müsse auch in den westlichen Ländern mit Unruhen rechnen. Schuld an diesem weltweiten Zweifel an der Autorität der Regierungen seien die Fake News, die dank Internet weltweit Verbreitung fänden.

Die Gegenmaßnahmen, die die Chefstrategen des Pentagons alsdann empfehlen, sind, wie erwartet, mehr Überwachung, bessere Propaganda durch »strategische Manipulation« und ein größeres und flexibleres US-Militär. Und damit wären wir beim Kern der Studie angelangt: Weil die globale Ordnung, also die Führung durch die USA, gefährdet sei, brauche es eine Kraftanstrengung, einen Ausbau des Militärs, damit eben diese Dominanz nicht schwände. Folgerichtig sieht sich die Studie als Weckruf für die USA, Ausbau und Aufrüstung des Militärs als einzige Option zu erkennen. Denn nur sie erlaube den USA, den Ausgang internationaler Dispute zu diktieren, weil sie mit dem Einsatz dieser militärischen Macht drohen könne. Folglich müsse das US-Militär in Zukunft in der Lage sein, ungefährdet Zugang zu strategischen Regionen, Märkten und Ressourcen zu haben.

Die Konkurrenten, die ins Visier genommen werden, sind natürlich China und Russland – sie seien es, die den Herrschaftsanspruch der USA über die Welt infrage stellen. Hinzu kommen allerdings der Iran und Nordkorea, auch sie würden dem imperialen Anspruch der USA Widerstand leisten und ihn zerstören wollen. Kurzum: Der Weckruf der Pentagon-Strategen birgt nicht das traurige Eingeständnis des Scheiterns einer Weltmacht, sondern die Begründung und Rechtfertigung für höhere Militärausgaben, mehr Propaganda und vor allem eine flächendeckende Massenüberwachung.[404]

Auch in der Missile Defense Review (MBR), dem »Bericht zur Raketenabwehr« der Raketenabwehragentur MDA, den US-Präsident Trump im Januar 2019 vorgestellt hat, findet sich die Zielrichtung dieser Studie des War-College wieder. China und Russland seien für die USA gefährlicher als der Terrorismus, heißt es darin. Daher müsse aufgerüstet werden.[405]

Während in der letzten MBR von 2010 – also aus Obamas Zeiten – noch Terroristen und »Schurkenstaaten« als die größte Bedrohung der USA angeprangert worden waren, gilt jetzt die »Rivalität von Großmächten« als die größere Gefahr. Russland und China seien »revisionistische Staaten«, die eine »aggressive Politik« betrieben, heißt es in dem Pentagon-Papier.[406] China verfolge das Ziel, die USA aus dem indopazifischen Raum zu verdrängen, um die Region unter Kontrolle zu nehmen, und Russland sehe die USA und die NATO als

Bedrohung für seine »revisionistischen geopolitischen Ambitionen«. Überdies unterstellen die Autoren des Berichts Moskau die Absicht, in einem Konflikt Kernwaffen einsetzen zu wollen, um die Gegenseite von einer starken Position aus zu Verhandlungen zu zwingen. Ja, Moskau trainiere bei Manövern sogar regelmäßig nukleare Einsätze.

Laut diesem Strategiepapier soll im Gegenzug die bodengebundene Raketenabwehr um weitere zwanzig Abfangraketen verstärkt und im Nordosten der Vereinigten Staaten der Bau eines zusätzlichen Raketenstützpunkts in Angriff genommen werden; ebenso soll das Radarnetz erweitert werden und sollen neue Stationen auf Alaska, Hawaii und bis 2025 im Pazifik entstehen. Das schiffsgestützte Aegis-Raketenabwehrsystem, mit dem derzeit 38 Kreuzer und Zerstörer der US Navy plus Kampfschiffe der japanischen Marine ausgerüstet sind, soll bis 2023 auf über 60 Schiffe ausgedehnt werden. Darüber hinaus soll ein Netz von Weltraumsensoren aufgebaut werden. Damit könnten gegnerische Interkontinentalraketen vom Start an besser erfasst, identifiziert und verfolgt werden, so das Kalkül der US-Strategen. Zum Abfangen der Raketen könnten laut dem Bericht auch mit Laserwaffen bestückte Drohnen eingesetzt werden.[407]

Am Verblüffendsten in dieser Missile Defense Review ist die Offenheit, mit der das Pentagon erklärt, die Raketenabwehr könne als politisches Druckmittel gegen andere Staaten eingesetzt werden.

## Deutschland wird abgeschaltet

Um die Vorherrschaft zu erhalten, soll noch mehr aufgerüstet werden. Und es sollen auch brüchige alte Allianzen durch starke neue Bündnisse ersetzt werden. Ein perfektes Beispiel dafür, wie die USA einen solchen Wandel herbeiführen, liefert die Inszenierung rund um den G-20-Gipfel in Hamburg im Jahr 2017. Damals lieferten die Mainstream-Medien uns Bilder von brennenden Autos, von Plünderungen und Straßenkampf, also einem außer Rand und Band geratenen Deutschland – einem Land der politischen Unruhen, der Flüchtlingsströme und der Terroranschläge.

Mit propagandistischem Geschick war einen Tag vor dem Gipfel das Gegenbild dazu präsentiert worden: Polen – ein Hort der Ruhe und des wirtschaftlichen Aufschwungs. Um dieses Bild in die Weltöffentlichkeit zu tragen, hielt US-Präsident Trump vor dem Denkmal für den Warschauer Aufstand gegen die deutschen Besatzer im Zweiten Weltkrieg eine flammende Rede, in der er unter frenetischem Jubel sagte: »Das amerikanische Volk liebt Polen«.[408] In seiner denkwürdigen Ansprache zeichnete Trump die Geschichte Polens als leuchtendes Beispiel für die Widerstandsfähigkeit der westlichen Zivilisation. Diese Verklärung gipfelte dann in dem Statement: »Polen ist das Herz Europas« – einem Satz, den wir uns gleich noch genauer ansehen werden.

Wie bei seinen anderen Auslandsreisen ging es dem Dealmaker Trump offiziell vor allem um das Geschäft, allen voran das Waffengeschäft. Für bis zu 7,6 Milliarden Dollar sollte Polen acht Patriot-Raketenabwehrsysteme des Herstellers Raytheon ankaufen; außerdem, wie wir bereits im fünften Kapitel gesehen haben, vom russischen Gas abgekoppelt werden und amerikanisches Flüssiggas kaufen. Die hinter den Handelsvereinbarungen liegende Agenda ist allerdings noch weitaus interessanter.

Denn in Warschau hatten sich aus mittel- und osteuropäischen EU-Staaten stammende Politiker zu einem Gipfeltreffen der Drei-Meere-Initiative (Three Seas Initiative) eingefunden; Trump war als Ehrengast eingeladen worden. Diese Initiative plant einen Korridor unabhängiger Staaten zwischen der Ostsee, dem Schwarzen Meer und dem Mittelmeer, der Europa vor Russland schützen soll. Das Herz dieser Staatenallianz ist Polen, dessen historisch bedingte bittere Feindschaft mit Russland der Garant für die Ausrichtung des neuen Bundes ist. Entsprechend soll Polen eine Annäherung Deutschlands und Westeuropas an Russland verhindern beziehungsweise erschweren.

Wie der irische Historiker Carroll Quigley in seinem Buch *Tragödie und Hoffnung. Eine Geschichte der Welt in unserer Zeit*[409] darlegt, betreibt spätestens seit Beginn des 20. Jahrhunderts eine Elite der angelsächsischen Länder, die sich nach Quigley um Lord Alfred Milner und sein Round Table Movement gebildet hatte, ein perfides Spiel, um eine starke europäische Kontinentalmacht zu verhindern und Deutschland und Russland voneinander abzuschneiden oder zumindest zu schwächen. Zu diesem Zweck wurden Intrigen gesponnen und Wirtschafts- und Handelskriege angezettelt, Länder gezielt destabilisiert, ja, in eine offene militärische Auseinandersetzung (Erster und Zweiter Weltkrieg) oder einen verdeckten Krieg (Kalter Krieg) verstrickt. Heute haben sich die Methoden etwas geändert, aber das Ziel ist gleich geblieben: die Destabilisierung Deutschlands und des von ihm abhängigen West- und Südeuropa durch Handelskrieg sowie Flüchtlingsströme und Terror. Diese Waffe kommt in den letzten Jahren verstärkt zum Einsatz.

»Das alte Europa«, wie George W. Bush abschätzig sagte, ist demontiert. An seine Stelle tritt ein »neues Europa«, das von Flüchtlingen und Terror abgeschottet und von den USA durch intensive Handelsbeziehungen unterstützt wird.

Diese Idee des *Intermariums* oder *Intermarums* (»Zwischenmeers«) ist bereits 100 Jahre alt. Nach dem Ersten Weltkrieg hatten die Siegermächte USA, Frankreich und Großbritannien begonnen, einen Gürtel von Pufferstaaten zwischen Deutschland und Russland zu schaffen; der damalige französische Außenminister Stephen Pichon hatte dafür den Begriff *Cordon Sanitaire* aus der Seuchenterminologie in die politische Diskussion eingeführt. Bald erstreckte sich von Finnland über die baltischen Staaten und Polen, die Tschechoslowakei, Ungarn und Jugoslawien bis Rumänien ein Staatengürtel, der die Sowjetunion vom übrigen Europa trennen sollte – angeblich zum Schutz vor der »bolschewistischen Weltrevolution«.

Um aktuell den amerikanischen Alptraum einer deutsch- beziehungsweise europäisch-russischen Kooperation zu verhindern, greifen die USA auf diese Idee zurück. Ein Beistandsabkommen der Staaten zwischen Ostsee und Schwarzem Meer könnte Länder wie die Ukraine und Georgien unter den Schutz der NATO stellen, obwohl sie noch keine Mitglieder des Bündnisses sind. Vorrangige Aufgabe einer solchen Allianz wäre es, so schwärmen die Polen und ihre transatlantischen Freunde, die klare Botschaft an Moskau zu entsenden, dass jeder der bereits schwelenden und künftigen Konflikte Russlands in eine multilaterale Konfrontation mit einer größeren Staatengruppe münden könnte. Nun findet auf bi- oder trilateraler Basis die Kooperation zwischen den potenziellen Mitgliedsstaaten des Intermariums schon längst statt, beispielsweise in Form einer polnisch-litauisch-ukrainischen Brigade. Seit 2001 bereits gibt es außerdem die Organisation für Demokratie und Wirtschaftsentwicklung, die sogenannte GUAM (Georgien, Ukraine, Aserbaidschan, Moldau), und seit 2005 die Gemeinschaft für demokratische Wahl (Estland, Georgien, Lettland, Litauen, Mazedonien, Moldau, Rumänien, Slowenien, Ukraine).

Wenn man beachtet, dass sich alle diese Staaten gegen den Flüchtlingsansturm abschotten, dann wird deutlich, dass das Ziel dieser Neuordnung Europas nicht nur ein Militärgürtel entlang der russischen Grenzen ist, sondern die endgültige Entmachtung des unbequemen Westeuropa – insbesondere Deutschlands, das sich immer noch nicht dem amerikanischen Hegemon beugen will.

## Die ewige deutsche Frage

Entmachtung – oder ist Deutschland sogar Vernichtungsziel der USA? Die Mai-/Juni-Ausgabe 2019 der Foreign Affairs, der hauseigenen Zeitschrift des Council on Foreign Relations (CFR), beschwört die Vergangenheit herauf, wenn sie titelt: »Die Deutsche Frage ist wieder da.«[410] Diese habe 1871 sich erstmals mit der deutschen Reichsgründung gestellt, als plötzlich eine allzu große, allzu bevölkerungsreiche Macht im Herzen Europas entstanden sei. Demgemäß sei es bei der Gründung der NATO darum gegangen, die »Sowjetunion draußen, die Amerikaner drinnen und Deutschland unten« zu halten. Verfasst hat den Artikel Robert Kagan. Er ist Stipendiat des German Marshall Fund, war Mitbegründer der einflussreichen neokonservativen Denkfabrik Project for the New American Century (PNAC) und ist aktuell Seniorpartner der Denkfabrik Carnegie Endowment for International Peace.

Bemerkenswert ist, dass überhaupt – und noch dazu im einflussreichen Council on Foreign Relations – diese alte Bezeichnung »deutsche Frage« wiederauftaucht. Das letzte Mal nämlich, als die USA die »deutsche Frage« aufwarfen und zu einer Lösung dieser »Frage« in ihrem Sinne ansetzten, führten sie mit Deutschland Krieg. Eine derartige »Frage« wirft nur jemand auf, dem Deutschland, das Land der Mitte Europas, bei dem Vorhaben im Wege steht, die Vorherrschaft über Europa zu erlangen. Vor dem Ersten Weltkrieg und vor dem Zweiten Weltkrieg war das sicherlich der Fall. Doch heute? Steht Deutschland den USA in ihrer Auseinandersetzung mit China und Russland im Wege?

Hören wir dazu Andreas von Bülow, als er in Dresden am 13. Juni 2017 konstatierte:

*Es gibt eine Destabilisierung Deutschlands. Es gibt eine Desta-*
*bilisierung Europas, gar kein Zweifel. Es gibt ein Treiben zum*
*Krieg. Wir haben Flüchtlinge in hellen Scharen, die wundersa-*
*merweise den Weg durch die deutschen Wälder gefunden ha-*
*ben. Es gibt eine beispiellose Medienkampagne auf Mitleid. –*
*Die Frage ist, was steckt eigentlich dahinter? Das Problem ist,*
*dass die USA als einzige Supermacht vor der Frage steht, ob sie*
*jetzt die Weltherrschaft in Angriff nehmen bzw. durchsetzen*
*soll, oder sich in ein multipolares System eingliedern soll. Und*
*ungefähr 70 Prozent der amerikanischen Machtelite ist dafür,*
*das jetzt durchzusetzen.*[411]

Wir müssen also davon ausgehen, dass der Angriff der USA auf China und Russland fester Bestandteil der US-Planungen ist. Wenn Deutschland wieder zur »Frage« geworden ist, dann könnte es nicht nur, wie bisher angenommen, als Schlachtfeld vorgesehen sein, sondern sogar als Kollateralschaden vernichtet werden. Dass dieser Gedanke leider nicht weit hergeholt ist, sagte schon 2015 Sergei Arutonov, der Chefredakteur der russischen Wochenzeitung *Novy Den*, in einem Interview:

> *Wir könnten bald einen heißen Krieg sehen, wenn sich eine große Anzahl an US-Soldaten und Waffen in der Ukraine befinden. Wenn die US-Soldaten auf Russen schießen oder Russen durch amerikanische Waffen getötet werden, was bedeutet das? Es könnte die Ausweitung der Operationen bis zu einem richtigen Krieg zwischen Russland und Amerika bedeuten.*[412]

Ob es sich um reguläre US-Soldaten handle, verdeckte US-Sondereinheiten oder um angeheuerte Blackwater-Söldner spiele dabei keine Rolle. Jeder Kämpfer, der nicht Ukrainer sei, werde als Mitglied der »NATO-Fremdenlegion« angesehen, wie Präsident Putin sagte. Strategisch gesehen, sei jede Einmischung durch die Vereinigten Staaten vor der Haustür Russlands ein Kriegsakt, so der erfahrene Kriegsberichterstatter. Die Streitkräfte Russlands stünden voll mobilisiert an der Grenze. Und dann wird Arutonov deutlich: »Wenn die Amerikaner nicht schleunigst aus der Ukraine verschwinden und ihre militärische Unterstützung des Fascho-Regimes sofort aufgeben, dann steht die Welt vor einem großen Krieg, einem mit Atomwaffen! … Was die Deutschen nicht realisieren, ihr Land ist primäres Ziel bei einem Krieg mit Russland. Alleine wegen der vielen amerikanischen Hauptquartiere, Spionagezentren, Militärbasen, Flugplätze und auch Lager für Atomwaffen, die sich auf deutschem Territorium befinden. Die werden als erste getroffen, wenn es los geht.«

In meinem 2014 erschienen Buch *Der Dritte Weltkrieg – Schlacht-feld Europa* hatte ich Arutonovs Aussagen bereits vorweggenommen, indem ich schrieb: »Oberbefehlshaber Putin weiß, dass die Angriffs-wellen der NATO auf russische Einrichtungen kommen werden. Aber er weiß auch, dass die NATO Zeit braucht, um diese Militär-schläge vorzubereiten. Die einzige Chance der russischen Armee be-steht in der Schnelligkeit. Wenn die in Ost- und Mitteleuropa statio-nierten NATO-Einrichtungen in einer Blitzaktion angegriffen und zerstört werden, dann hat Russland eine militärische Überlebens-chance. Denn aufgrund der militärischen Kapazitäten der USA ist anzunehmen, dass Russland unterlegen wäre, je mehr die Nachschub-Maschinerie der NATO ins Rollen kommt.

Die russischen Streitkräfte müssten – ähnlich dem Blitzkrieg-Konzept der Deutschen Wehrmacht oder dem amerikanischen Pan-zervorstoß nach Bagdad im Irak-Krieg von 2003 – versuchen, ihre Kriegsziele schnell zu erreichen.

Das vorrangige strategische Ziel dürfte sein, die militärischen Ein-richtungen und die Infrastruktur der Gegner zu zerstören.«[413]

Doch kommen wir noch einmal auf das Interview mit Arutonov zu-rück. Darin antwortet er auf die Frage, was die Menschen im Westen gegen einen drohenden Krieg tun könnten:

*Mir kommt es vor, wie wenn die Menschen in Europa und USA entweder gleichgültig zuschauen oder sich sogar darauf freuen, wie die Apokalypse aufzieht. Für viele ist es eher ein Schauspiel, das im Fernsehen abläuft und nicht echt ist. Erst wenn die Rea-lität sie aufschreckt, ein Atompilz über ihre Stadt aufsteigt, ihre Häuser wegfliegen, es Hunderttausende Tote gibt, werden sie die Frage stellen: »Wie konnte das nur passieren?« Dann ist es aber zu spät.[414]*

# Auswuglos?

Hoffen wir, dass es nicht zu einem derartigen Krieg kommt. Doch sollte deutlich geworden sein, dass Deutschland und Westeuropa eine entscheidende strategische Bedeutung für die USA haben und deshalb bis heute massiv in die deutschen Hoheitsrechte eingreifen.

Das sieht auch Josef Foschepoth, der Historiker, so, den ich in den beiden ersten Kapiteln dieses Buches zitiert habe: »Von hier aus (also Deutschland, Anm. d. Verf.) können sie (die USA, Anm. d. Verf.) weltweit operieren – früher in Richtung Ostblockstaaten, heute in ganz Europa und in Richtung Afrika und Naher Osten.«[415] Daher sei ihr Ziel »die Überwachung der Bundesrepublik selbst. Der Schutz der Sicherheit der eigenen Truppen ist dabei die Legitimation für jede geheimdienstliche Tätigkeit der USA in der Bundesrepublik.« Über 35 000 GI's seien noch in der Bundesrepublik stationiert, somit sei Deutschland nach Afghanistan der größte US-Stützpunkt außerhalb der USA. »Die Amerikaner sind stets erpicht darauf, zu erfahren, was der Partner wirklich denkt. Sie wollen immer einen Schritt voraus sein ...« Schließlich dürfe man nicht vergessen, dass die Bundesrepublik als Führungsmacht in Europa und aufgrund ihrer besonderen Beziehungen zu Russland und China zunehmend als Konkurrent für die Weltmacht USA angesehen werde.[416]

Zbigniew Brzeziński hatte in seinem bereits mehrfach herangezogenen Buch *Die einzige Weltmacht* geschrieben, Deutschland sei nicht nur Protektorat, sondern auch Vasall der Vereinigten Staaten von Amerika. Das habe ich bereits im letzten Kapitel erwähnt, nicht jedoch, dass seine erschreckende Feststellung weder beim Erscheinen des Buches 1997 noch bei seiner Neuauflage 2016 zu irgendwelchen Reaktionen in Deutschland führte. Im Gegenteil. Selbst im Vorwort zur deutschen Ausgabe von 1997, das der vormalige Außenminister Hans-Dietrich Genscher verfasst und in dem er den Verfasser des Buches mit geradezu schwülstigen Sentenzen würdigt, findet sich kein Wort des Widerspruchs. Kein Wort davon, dass etwas an diesem Zustand zu ändern sei.

Die völkerrechtlich bekannte Formulierung »Protektorat« kennen wir vor allem aus dem Zeitalter des Imperialismus, als die damaligen Kolonialmächte, allen voran England, in vielen Teilen der Welt die von ihnen unterworfenen Länder als Protektorat verwalteten. An deren Spitze stand meist ein Vizekönig oder Gouverneur, der sich gehorsame Personen, um nicht zu sagen Speichellecker, aussuchte, die in seinem Namen das jeweilige Volk regierten und willfährig die Interessen der fremden Macht wahrnahmen.

Obwohl das wiedervereinigte Deutschland im Zwei-plus-Vier-Vertrag 1990 seine volle Souveränität zurückerhalten haben soll, hat sich, wie wir gesehen haben, an dem Protektoratszustand Deutschlands nichts geändert. Wie ich hinreichend belegt habe, ist Deutschland de jure, aber nicht de facto souverän. De Facto ist Deutschland ein Vasall der USA.

Albrecht Müller hat diesen Gedanken, gewissermaßen den Kerngedanken dieses Buches, wunderbar zusammengefasst, wenn er auf den *Nachdenkseiten* vom 15. April 2019 schreibt:

> *Alleine schon das Gehabe beim Umgang mit der Forderung nach mehr Geld für die Rüstung ist typisch für Vasallen und nicht typisch für eigenständige politische Kraft.*[417]

Alsdann zählt Müller noch einmal alle Fakten auf, die die Machtausübung der USA über Deutschland demonstrieren und denen wir auf den vorangegangenen Seiten begegnet sind: Die Militärstützpunkte, die »auch für Interventionen und auch für Mord und Totschlag« benutzt werden; die Steuergelder, die wir für die Stationierung von US-Truppen in Deutschland ausgeben; die Unterstützung ihrer kriegerischen Interventionen in Afghanistan, in Syrien, in Libyen und im Irak. Auch auf die Macht der transatlantischen Netzwerke kommt Müller zu sprechen: »Die USA haben inzwischen direkten Einfluss auf entscheidende Personen in der deutschen Politik: Der außenpolitische Sprecher der CDU/CSU-Fraktion Röttgen, der stellvertretende

Fraktionsvorsitzende der FDP und zugleich sicherheitspolitische und außenpolitische Sprecher seiner Fraktion, Alexander Graf Lambsdorff, und der außenpolitische Sprecher der SPD-Bundestagsfraktion Nils Schmid stehen offensichtlich alle drei auf dem Ticket der USA. Vermutlich konnten sie diese Funktion auch nur deshalb übernehmen, weil sie so nah an die USA und atlantische Organisationen angebunden sind.« Müller erwähnt auch die Medien, die unter dem Einfluss der USA stehen: »Die große Anzahl der deutschen etablierten Medien steht unter Einfluss des US-Imperiums, berichtet und kommentiert jedenfalls ganz auf der Linie des Interesses der zentralen Macht in der Welt … Der Einfluss der USA auf Meinungsbildung und politische Entscheidungsfindung hat seit 1990 zu- und nicht abgenommen.« Auch dass die USA unsere wirtschaftlichen Beziehungen und unsere wirtschaftspolitischen Entscheidungen in markanter Weise bestimmen, wird von Müller bestätigt: »Wir haben wie geölt und eingeübt die Sanktionen gegen Syrien und die Blockade des syrischen Volkes mitgemacht. Wir haben Hunderttausende von Flüchtlingen aus Syrien ohne Überprüfung aufgenommen – alles dem Ziel untergeordnet, Syrien personell ausbluten zu lassen und so unter Druck zu setzen. Das war und ist die Strategie des Imperiums USA. Wir sind dem ohne die in einer Demokratie übliche und notwendige Debatte und demokratische Entscheidungsfindung gefolgt. Ohne Wenn und Aber.« Den US-Widerstand gegen einzelne Projekte wie etwa Nordstream 2 und die Dominanz von US-Unternehmen wie Microsoft, Facebook, Amazon, die »ohne Beschränkungen und ohne angemessene Steuern zu bezahlen« monopolartig auftreten, prangert Müller ebenso an wie den Ausverkauf der DAX-Konzerne.

Aus all diesen Punkten folgert Müller,

*wie grotesk die Vorstellung ist, das US-Imperium sei auf dem Rückzug und die USA würden eine Art Niedergang erleben. Statt den Niedergang der USA zu behaupten, sollten wir eher darüber nachdenken, wie wir uns aus der Vormacht befreien.*

Wir sollten offen über unseren Kolonialstatus reden, statt diesen zu verschleiern, fordert Müller. »Die offene Diskussion darüber ist die Voraussetzung dafür, dass überhaupt erst die Diskussion darüber in Gang kommt, wie wir uns aus dieser gefährlichen Vormacht befreien können. Einfach ist das nicht, aber nötig.«[418]

Genau das aber ist offensichtlich das Problem, denn eine offene Diskussion über den Kolonial- oder Besatzungsstatus findet nicht statt. Selbstbestimmung, Souveränität und Unabhängigkeit scheinen den deutschen Politikern nicht wichtig zu sein, sonst gäbe es wesentlich mehr eigene, nicht fremdbestimmte Entscheidungen.

Doch hätte Deutschland überhaupt die Chance, eine unabhängige Politik zu betreiben?

## Deutschlands Alternativen

Eine Alternative zur transatlantischen Verkettung Deutschlands hat der Vorsitzende des Geopolitischen Ausschusses der Duma, Alexej Mitrofanow, aufgezeigt.

In einer Grundsatzrede mit dem Titel »Anti-NATO – Ein neuer Gedanke für russische Geopolitik« am 18. Februar 1997 hatte er eine Achse Berlin-Moskau-Tokio vorgeschlagen.[419] Mitrofanow sieht diese Achse als »militärpolitische Allianz«, die im Süden durch den »russisch-chinesisch-indischen Block« gedeckt ist: »Wir rufen das deutsche und das japanische Volk auf, ihre erniedrigenden Verfassungen zu zerreißen, welche ihre Möglichkeiten in der Innen- und Außenpolitik einschränken. Russland kann diesen Ländern heute geben, was sie am meisten brauchen.«

Ganz auf dieser Linie war auch eine Rede des russischen Präsidenten Wladimir Putin, die er 2010 vor der versammelten deutschen Industrie hielt und in der er einen Wirtschaftsraum von Lissabon bis Wladiwostock anregte.

Eine andere Alternative ist Chinas Vorschlag der Achse Peking-Moskau-Berlin. Chinas Präsident Xi Jinping präsentierte Anfang April 2014 bei einem Besuch in Duisburg, der Stadt mit dem größten Binnenhafen der Welt und einem historischen Transportdrehkreuz für die europäische und deutsche Stahlindustrie, einen Vorschlag für den Aufbau einer neuen »Wirtschaftlichen Seidenstraße« zwischen China und Europa. Auf diesen Ansatz bin ich in meinem Buch *Durch totales Chaos in die Neue Weltordnung* ausführlich eingegangen.[420] Xi betonte, Deutschland und China seien die beiden wirtschaftlichen Lokomotiven am jeweiligen Ende dieser »Seidenstraße«. Durch die Kooperation an einer gemeinsamen Vision dieser Eisenbahnverbindung könnten entlang derselben völlig neue Wirtschaftszentren entstehen.

Für die Herren Mitrofanow, Putin und Xi redet es sich indes leicht. Denn um die Seite zu wechseln, müsste Deutschland die bestehenden Verträge mit den Westalliierten kündigen. Doch welche deutsche Regierung würde das wagen, und wie würden die ehemaligen Siegermächte reagieren? Überdies ist die Bundesrepublik ja auch ohne alliierte Sonderrechte an die NATO gebunden. Des Weiteren würde sich die Frage stellen, wie man die wirtschaftliche Verflechtung Deutschlands mit dem Westen durch eine neue ostwärts orientierte Kooperation ersetzen wollen würde, solange die Aktienmehrheit der deutschen Großkonzerne in westlicher Hand ist? Und wie würde man die deutsche Öffentlichkeit für diesen Kurswechsel begeistern können, wenn doch die Mehrheit der Medien transatlantisch orientiert ist?

Doch vergessen wir Folgendes nicht: Wenn wir uns das geopolitische Interesse der bis heute dominanten Weltmacht vor Augen führen, dann erkennen wir deutlich, dass die USA auf Deutschland als Brückenkopf in Eurasien nicht verzichten können. Schon immer war es das Bestreben einer Seemacht gewesen, die ihr gegenüberliegenden Ufer durch Länder zu sichern, die nicht unter dem Einfluss der dort dominierenden Macht standen – sehr häufig, um von diesen Brückenköpfen aus den Konkurrenten auf seinem eigenen Territorium zu bekämpfen. Deshalb führten das alte Rom Krieg gegen Karthago und Großbritannien den Ersten Weltkrieg gegen Deutschland, deshalb »befreiten« die USA im Zweiten Weltkrieg ihr Gegenufer am Atlantik – Europa – und ihr Gegenufer am Pazifik – Asien –, und deshalb sind die vormaligen Gegner Deutschland und Japan heute die beiden wichtigsten Stützpunkte der USA an der Peripherie Eurasiens.

Dennoch ist – ihrem wirtschaftlichen Erfolg zum Trotz – keiner von ihnen beiden Hauptakteur in diesem globalen Ringen, sondern auf den Außenposten einer mittlerweile bedrohten Weltmacht beschränkt. Solange die USA die Macht und die Kraft haben, ihre beiden Brückenköpfe zu halten, haben deutsche Unabhängigkeitsbestrebungen wenig Aussicht auf Erfolg.

Vielleicht ist das das Erschütterndste an dieser Bilanz, dass Deutschland nicht die Macht hat, seine Souveränität durchzusetzen, sondern tausendfach gebundene Hände hat. Doch muss es auch nicht in vorauseilendem Gehorsam alle Wünsche des transatlantischen Imperiums erfüllen. Wenn es nur das eine oder andere Mal den Gleichschritt verweigerte, wäre schon einiges erreicht.

Es wäre sicher lohnenswert, wenn sich ein paar kluge Köpfe zusammensetzen würden, um das Modell der zentralasiatischen Länder zu studieren, denn Kasachstan, Usbekistan und die anderen sogenannten Stan-Staaten betreiben seit ihrer Unabhängigkeit von der Sowjetunion Anfang der 1990er-Jahre eine recht erfolgreiche Schaukelpolitik zwischen Russland und dem Westen. Und die Türkei – immerhin (noch) NATO-Mitglied – unternimmt gerade einen ähnlichen Versuch.

Als Optimist sollte man es sich auch erlauben, von einem fernen Tag zu träumen, an dem die NATO auseinanderbricht, Westeuropa seine Neutralität erklärt und sich zum europäischen Block neutraler Länder zusammenschließt. Wie schon der Münchner Querdenker Karl Valentin sagte: »Ein Optimist ist ein Mensch, der die Dinge nicht so tragisch nimmt, wie sie sind.«

# Anhang

# Literaturverzeichnis

Barnett, Thomas P. M.: *The Pentagon's New Map. War and Peace in the Twenty-First Century*, Berkley, New York 2004.

Barnett, Thomas P. M.: *Blueprint for Action. A Future Worth Creating*, Berkley, New York 2006.

Barnett, Thomas P. M.: *Great Powers. America and the World After Bush*, Berkley, New York 2010.

Beck, Friederike: *Die geheime Migrationsagenda*, Kopp Verlag, Rottenburg 2016.

Bentzien, Joachim: *Die völkerrechtlichen Schranken der nationalen Souveränität im 21. Jahrhundert*, Internationaler Verlag der Wissenschaften, Frankfurt 2007.

Bertell, Rosalie: *Kriegswaffe Planet Erde*, J. K. Fischer, Gelnhausen 2016.

Bischoff, Rainer: *Entmachtung der Hochfinanz*, Freiland Verlag, Süderbarup 2002.

Brzeziński, Zbigniew: *Die einzige Weltmacht. Amerikas Strategie der Vorherrschaft*, Fischer, Frankfurt a. M., 2004; Kopp Verlag, Rottenburg 2016.

Brzeziński, Zbigniew: *The Choice: Global Domination or Global Leadership*, Basic, New York 2004.

Chiari, Bernhard, und Pahl, Magnus (Hrsg.): *Auslandseinsätze der Bundeswehr*, Schöningh, Paderborn 2010.

Diringshoff, Lukas: *Der islamische Terror. Wie der IS unsere Weltordnung gefährdet*, CBX, München 2015.

Engdahl, F. William: *Die Denkfabriken. Wie eine unsichtbare Macht Politik und Mainstream-Medien manipuliert*, Kopp Verlag, Rottenburg 2015.

Engels, David: *Auf dem Weg ins Imperium. Die Krise der Europäischen Union und der Untergang der Römischen Republik. Historische Parallelen*, Europa Verlag, Berlin/München 2014.

Foschepoth, Josef: *Überwachtes Deutschland. Post- und Telefonüberwachung in der alten Bundesrepublik*, Vandenhoeck & Ruprecht, Göttingen 2012; 5. Auflage, Kopp Verlag, Rottenburg 2017.

Friedman, George: *Die nächsten 100 Jahre. Die Weltordnung der Zukunft*. Campus, Frankfurt/New York 2009.

Friedman, George: *Flashpoints. The Emerging Crisis in Europe*, Doubleday, New York 2015.

Greenhill, Kelly M.: *Massenmigration als Waffe. Vertreibung, Erpressung und Außenpolitik*. Kopp Verlag, Rottenburg 2016.

Hughes, Emrys (übers. von Andersch, Rudolf): *Churchill. Ein Mann in seinem Widerspruch*, Schlichtenmayer 1959; Englische Erstveröffentlichung:

*Winston Churchill: British Bulldog. His Career in War and Peace*, Expositi-on Press, New York 1955.

Huntington, Samuel P.: *Der Kampf der Kulturen. Die Neugestaltung der Weltpo-litik im 21. Jahrhundert*, Europa-Verlag, München/Wien 1996.

Kagan, Robert: *Macht und Ohnmacht. Amerika und Europa in der neuen Welt-ordnung*, Siedler, Berlin 2003.

Kagan, Robert: *Die Demokratie und ihre Feinde. Wer gestaltet die neue Weltord-nung?*, Siedler, Berlin 2008.

Kissinger, Henry: *Die Herausforderung Amerikas. Weltpolitik im 21. Jahrhun-dert*, Propyläen, Berlin 2002.

Komossa, Gerd-Helmut: *Die deutsche Karte*, Ares, Graz 2007.

Lautsch, Siegfried: *Kriegsschauplatz Deutschland. Erfahrungen und Erkenntnisse eines NVA-Offiziers*, Militärgeschichtliches Forschungsamt, Potsdam 2013.

Maier, Michael: *Die Plünderung der Welt – Wie die Finanz-Eliten unsere Enteig-nung planen*. FinanzBuch, München 2014.

Maier, Michael: *Das Ende der Behaglichkeit*. FinanzBuch, München 2016.

Markus, Uwe: *Schlachtfeld Deutschland. Die Kriegseinsatzplanung der sowjeti-schen Streitkräfte in der DDR*, Militärverlag, Berlin 2011.

Mitterer, Hermann H.: *Bevölkerungsaustausch in Europa*, Kopp Verlag, Rotten-burg 2019.

Orzechowski, Peter: *Der Dritte Weltkrieg – Schlachtfeld Europa*, Kopp Verlag, Rottenburg 2014.

Orzechowski, Peter: *Der direkte Weg in den Dritten Weltkrieg*, Kopp Verlag, Rottenburg 2015.

Orzechowski, Peter: *Durch globales Chaos in die Neue Weltordnung*, Kopp Ver-lag, Rottenburg 2016.

Orzechowski, Peter, und Thiele, Robert B.: *Der Staatsstreich*, Anderwelt, Mün-chen 2016.

Quigley, Carroll: *Tragödie und Hoffnung. Eine Geschichte der Welt in unserer Zeit*, Kopp Verlag, Rottenburg 2016.

Rachman, Gideon: *Nullsummenwelt – Das Ende des Optimismus und die neue globale Ordnung*, Edition Weltkiosk, London/Berlin 2012.

Reichel, Werner: *Der deutsche Willkommens-Wahn. Eine Chronik in kommen-tierten Zitaten 2015-2016*, Kopp Verlag, Rottenburg 2019.

Rensmann, Michael: *Besatzungsrecht im wiedervereinten Deutschland*, Hanno-versches Forum der Rechtswissenschaften, Band 20, Nomos, Baden-Baden 2002.

Retyi, Andreas von: *George Soros. Der Multimilliardär, sein globales Netzwerk und das Ende der Welt, wie wir sie kennen*, Kopp Verlag, Rottenburg 2016.

Rickards, James: *Währungskrieg. Der Kampf um die monetäre Weltherrschaft*, FinanzBuch, München 2012.

Roth, Jürgen: *Der stille Putsch. Wie eine geheime Elite aus Wirtschaft und Politik sich Europa und unser Land unter den Nagel reißt*, Heyne, München 2014.

Rügemer, Werner: *Die Kapitalisten des 21. Jahrhunderts. Allgemeinverständliche Notizen zum Aufstieg der neuen Finanzakteure*, PapyRossa, Köln 2018.

Sauermann, Ekkehard: *Neue Welt-Kriegs-Ordnung. Die Polarisierung nach dem 11. September 2001*, Atlantik, Bremen 2002.

Scahill, Jeremy: *Schmutzige Kriege – Amerikas geheime Kommandoaktionen*, Kunstmann, München 2013.

Schachtschneider, Karl Albrecht: *Die Souveränität Deutschlands*. Kopp Verlag, Rottenburg 2012.

Schimank, Wolfgang: *Ist Deutschland ein souveräner Staat?*, Anderwelt, München 2017.

Schmidt, Helmut: *Die Mächte der Zukunft*, Siedler, München 2004.

Schmidt-Eenboom, Erich: *Nachrichtendienste in Nordamerika, Europa und Japan. Länderporträts und Analysen*, Stöppel, Weilheim 1995.

Schubert, Stefan: *Die Destabilisierung Deutschlands. Der Verlust der inneren und äußeren Sicherheit*, Kopp Verlag, Rottenburg 2018.

Schulte, Thorsten: *Kontrollverlust. Wer uns bedroht und wie wir uns schützen*, Kopp Verlag, Rottenburg 2018.

Teusch, Ulrich: *Der Krieg vor dem Krieg. Wie Propaganda über Leben und Tod entscheidet*, Westend, Frankfurt 2019.

Trump, Donald J.: *Great Again. Wie ich Amerika retten werde*, Plassen, Kulmbach 2016.

Ulfkotte, Udo: *Vorsicht Bürgerkrieg. Was lange gärt, wird endlich Wut*, Kopp Verlag, Rottenburg 2011.

Ulfkotte, Udo: *Unruhen in Europa. Der Vorsorgeplan für Staatsbankrott, Zwangsenteignung und Bürgerkrieg*, Kopp Verlag, Rottenburg 2014.

Ulfkotte, Udo: *Mekka Deutschland. Die stille Islamisierung*, Kopp Verlag, Rottenburg 2015.

Ulfkotte, Udo: *Die Asyl-Industrie. Wie Politiker, Journalisten und Sozialverbände von der Flüchtlingswelle profitieren*, Kopp Verlag, Rottenburg 2015.

Vine, David: *Base Nation. How US Military Bases Abroad Harm America and the World*, Metropolitan Books, New York 2015.

Wendt, Rainer: *Deutschland in Gefahr – wie ein schwacher Staat unsere Sicherheit aufs Spiel setzt*, riva, München 2016.

Wertz, Armin: *Die Welt-Beherrscher. Militärische und geheimdienstliche Operationen der USA*, Westend, Frankfurt/Main 2015.

## Webseiten, auf die Bezug genommen wird

alles-schallundrauch.blogspot.com

augengeradeaus.de

gegenfrage.com

globalresearch.ca

heise.de/tp/

info-welt.eu

journalistenwatch.de

kopp-report.de

konjunktion.info

krisenfrei.de

mmnews.de

nachdenkseiten.de

netzwerk.org

nrhz.de

politaia.org

rubikon-news.com

sciencefiles.org

de.sputniknews.com

strategic-culture.org

unzensuriert.de

voltairenet.org

watergate.tv

wissensmanufaktur.net

zerohedge.com

## Quellenverzeichnis

Zum Zeitpunkt der Drucklegung waren, wenn nicht anders angegeben, alle Internetlinks aufrufbar. Die Zitate im Text wurden im Allgemeinen in der Schreibweise belassen, in der sie in der Quelle aufzufinden sind.

1. berliner-express.com/2019/03/us-botschafter-grenell-akzeptiert-es-endlich-deutschland-ist-unser-protektorat/.

2. rp-online.de/politik/deutschland/us-botschafter-richard-grenell-verteidigt-seine-twitter-nachricht_aid-22574417.

3. www.welt.de/politik/ausland/plus188509607/Richard-Grenell-ueber-den-Streit-um-Nord-Stream-2.html.

4. www.welt.de/newsticker/news1/article190504209/FDP-Kubicki-fordert-Ausweisung-von-US-Botschafter-Grenell.html.

5. www.duden.de/rechtschreibung/Souveraenitaet.

6. www.bundestag.de/services/suche?suchbegriff=Überleitungsvertrag+und+Feindstaatenklauseln+im+Lichte+der+völkerrechtlichen+Souveränität+der+Bundesrepublik+Deutschland.

7.  *de.sputniknews.com/gesellschaft/20190525325052292-kontrollierte-brd-cia-deutschland/*.

8.  *www.hna.de/politik/eine-rede-brisanz-1501143.html*.

9.  *www.duden.de/rechtschreibung/souveraen*.

10. Greenhill, Kelly M.: *Massenmigration als Waffe. Vertreibung, Erpressung und Außenpolitik*, Kopp Verlag, Rottenburg 2016.

11. *www.cicero.de/innenpolitik/merkels-volksbegriff-Bleiche-Mutter-ohne-Courage*.

12. Brzeziński, Zbigniew: *Die einzige Weltmacht: Amerikas Strategie der Vorherrschaft*. Fischer, Frankfurt a. M. 2004; Kopp Verlag, Rottenburg 2016.

13. *fortune.com/global500/2017/*.

14. *www.youtube.com/watch?v=19asrm-S4i0*.

15. *www.unric.org/de/charta*.

16. Ebd.

17. Ebd.

18. *www.bpb.de/geschichte/zeitgeschichte/deutschland-chronik/131321/21-september-1949*.

19. *de.wikipedia.org/wiki/Besatzungsstatut*.

20. *de.wikipedia.org/wiki/Besatzungszone*.

21. *www.verfassungen.de/de49/besatzungsstatut49.htm*.

22. *www.1000dokumente.de/index.html?c=dokument_de&dokument=0013_bes&object=translation&l=de*.

23. Ebd.

24. Ebd.

25. *www.bpb.de/geschichte/deutsche-einheit/deutsche-teilung-deutsche-einheit/43784/2-plus-4-vertrag*.

26. *foschepoth.wordpress.com/*.

27. Foschepoth, Josef: *Überwachtes Deutschland. Post- und Telefonüberwachung in der alten Bundesrepublik*. Vandenhoeck & Ruprecht, Göttingen 2012; 5. Auflage, Kopp Verlag, Rottenburg 2017.

28. *www.sueddeutsche.de/politik/historiker-foschepoth-ueber-us-ueberwachung-die-nsa-darf-in-deutschland-alles-machen-1.1717216*.

29. *www.abg-plus.de/abg2/ebuecher/abg_all/index.html*.

30. *www.gesetze-im-internet.de/g10_2001/*.

31. *www.sueddeutsche.de/politik/historiker-foschepoth-ueber-us-ueberwachung-die-nsa-darf-in-deutschland-alles-machen-1.1717216*.

32. Ebd.

33. *www.abg-plus.de/abg2/ebuecher/abg_all/index.html.*

34. Bentzien, Joachim: *Die völkerrechtlichen Schranken der nationalen Souveränität im 21. Jahrhundert*, Internationaler Verlag der Wissenschaften, Frankfurt 2007.

35. *www.bundestag.de/resource/blob/418456/12c72156e0e29422d9933848bc4c6 b0e/WD-3-416-08-pdf-data.pdf.*

36. *www.bundestag.de/resource/blob/496188/ebfd6dd887eaff9f845e75e-5225f275e/wd-2-005-17-pdf-data.pdf.*

37. *www.bundestag.de/resource/blob/418456/12c72156e0e29422d9933848bc4c6 b0e/wd-3-416-08-pdf-data.pdf.*

38. Ebd.

39. *dipbt.bundestag.de/dip21/btd/17/055/1705586.pdf.*

40. *www.abg-plus.de/abg2/ebuecher/abg_all/index.html.*

41. Michael Rensmann: *Besatzungsrecht im wiedervereinten Deutschland*, Hannoversches Forum der Rechtswissenschaften, Band 20, Nomos, Baden-Baden 2002, S. 103.

42. *www.bundesverfassungsgericht.de/e/ms19990202_2bvm000198.html.*

43. *www.abg-plus.de/abg2/ebuecher/abg_all/index.html.*

44. *dipbt.bundestag.de/dip21/btd/17/055/1705586.pdf.*

45. *beck-online.beck.de/.*

46. *www.sueddeutsche.de/politik/historiker-foschepoth-ueber-us-ueberwachung-die-nsa-darf-in-deutschland-alles-machen-1.1717216.*

47. *www.cicero.de/innenpolitik/nsa-untersuchungsausschuss-ein-instrument-um-das-problem-vom-tisch-zu-kriegen-zu.*

48. *www.sueddeutsche.de/politik/deutsch-amerikanische-beziehungen-in-deutschland-gilt-auch-us-recht-1.2084126.*

49. *www.abg-plus.de/abg2/ebuecher/abg_all/index.html.*

50. Michael Rensmann: *Besatzungsrecht im wiedervereinten Deutschland*, a.a.O., S. 95.

51. *www.abg-plus.de/abg2/ebuecher/abg_all/index.html.*

52. *www.bundestag.de/resource/blob/418456/12c72156e0e29422d9933848bc4c6 b0e/wd-3-416-08-pdf-data.pdf.*

53. Michael Rensmann: *Besatzungsrecht im wiedervereinten Deutschland*, a.a.O., S. 104.

54. *www.abg-plus.de/abg2/ebuecher/abg_all/index.html.*

55. *www.badische-zeitung.de/deutschland-1/debatte-um-us-spitzeleien-ein-akt-der-unterwerfung--105072693.html.*

56. Ebd.

57. *dipbt.bundestag.de/dip21/btd/17/055/1705586.pdf.*

58. Ebd.

59. Ebd.

60. Ebd.

61. Ebd. (Frage 11).

62. *aktenkunde.hypotheses.org/163.*

63. *korrektheiten.com/2011/03/06/die-kanzlerakte-agitation-unter-falscher-flagge-claus-nordbruch/.*

64. *www.zeit.de/2009/21/D-Souveraenitaet.*

65. Ebd.

66. *www.direktzu.de/kanzlerin/messages/mussten-sie-diese-kanzlerakte-unterzeichnen-13569.*

67. Dieses Zitat kursiert allgemein im Internet.

68. *jungefreiheit.de/wissen/geschichte/2011/lebensluege-der-bundesrepublik/.*

69. *www.sopos.org/aufsaetze/54609993df2a6/1.phtml.html.*

70. *www.spiegel.de/netzwelt/web/edward-snowden-ueber-tempora-macht-der-britischen-datensauger-a-909849.html.*

71. *www.dw.com/de/eu-verlangt-erklärung-über-angebliche-spionageaktionen/a-16918164.*

72. *www.zeit.de/politik/deutschland/2013-08/friedrich-nsa-affaere.*

73. *dipbt.bundestag.de/dip21/btp/18/18003.pdf#P.215.*

74. *www.spiegel.de/spiegel/print/d-13494509.html.*

75. *www.spiegel.de/politik/deutschland/mehr-als-200-us-geheimdienstler-spionieren-offiziell-in-deutschland-a-975285.html.*

76. *www.spiegel.de/netzwelt/netzpolitik/nsa-ueberwacht-500-millionen-verbindungen-in-deutschland-a-908517.html.*

77. *www.zeit.de/politik/deutschland/2015-05/bnd-nsa-milliarden-metadaten.*

78. *www.sueddeutsche.de/politik/geheimer-krieg-deutsche-behoerde-horcht-asylbewerber-aus-1.1822668.*

79. *www.spiegel.de/politik/deutschland/nsa-nutzt-neues-abhoerzentrum-in-wiesbaden-a-911811.html.*

80. *www.merkur.de/politik/bauen-neues-abhoerzentrum-wiesbaden-bestaetigt-bericht-zr-3012023.html.*

81. *www.ulla-jelpke.de/2013/07/pressemitteilung-nsa-abhoerzentrum-muss-verhindert-werden/.*

82. www.faz.net/aktuell/politik/inland/nsa-skandal-washingtons-drehscheibe-in-deutschland-12712833-p3.html.

83. www.sueddeutsche.de/politik/geheimdienste-codewort-eikonal-der-albtraum-der-bundesregierung-1.2157432.

84. netzpolitik.org/2014/live-blog-aus-dem-geheimdienst-untersuchungsausschuss-bnd-mitarbeiter-k-l-und-p-auf-der-zeugebank/.

85. netzpolitik.org/2015/vollkommen-ausser-kontrolle-bnd-half-wahrscheinlich-der-nsa-deutsche-politiker-zu-ueberwachen/.

86. www.sueddeutsche.de/politik/geheimdienst-affaere-bnd-half-nsa-beim-ausspaehen-von-frankreich-und-eu-kommission-1.2458574.

87. netzpolitik.org/2015/klaus-landefeld-de-cix/.

88. www.sueddeutsche.de/politik/spionage-in-deutschland-verfassungsschutz-beliefert-nsa-1.1770672.

89. Wie alle vorangegangenen Zitate in diesem Kontext: Ebd.

90. netzpolitik.org/2015/no-spy-verhandlungen-wir-veroeffentlichen-die-kommunikationslinie-des-kanzleramts-gegen-negativschlagzeilen/.

91. www.bild.de/politik/inland/angela-merkel/merkel-muss-vor-nsa-untersuchungsausschuss-aussagen-50456676.bild.html.

92. www.faz.net/aktuell/politik/inland/streit-ueber-bnd-taetigkeit-regierung-will-keine-personellen-konsequenzen-ziehen-13561326.html.

93. www.focus.de/politik/deutschland/definitiv-ueber-jahre-bekannt-vom-bnd-gewarnt-kanzleramt-wusste-von-nsa-spionage-bei-eads-und-eurocopter_id_4640765.html.

94. de.wikiquote.org/wiki/Eric_Schmidt.

95. www.faz.net/aktuell/feuilleton/debatten/weltmacht-google-ist-gefahr-fuer-die-gesellschaft-12877120-p5.html.

96. www.abg-plus.de/abg2/ebuecher/abg_all/index.html.

97. dipbt.bundestag.de/extrakt/ba/WP17/555/55598.html.

98. www.zeit.de/reden/deutsche_innenpolitik/200221_limbach_sicherheit/seite-5.

99. www.bundesverfassungsgericht.de/SharedDocs/Entscheidungen/DE/2008/02/rs20080227_1bvr037007.html.

100. www.bundesverfassungsgericht.de/SharedDocs/Entscheidungen/DE/2013/02/rk20130227_2bvr187210.html.

101. www.menschenrechtskonvention.eu/privatsphaere-und-familienleben-9292/.

102. www.juwiss.de/56-2018/.

103. www.datenschutzbeauftragter-online.de/category/urteile/.

104. *www.juwiss.de/56-2018/.*

105. *dip21.bundestag.de/dip21/btd/18/069/1806978.pdf.*

106. *dip21.bundestag.de/dip21/btd/18/069/1806978.pdf.*

107. *www.andrej-hunko.de/component/search/?searchword=Global%20 Hawk&searchphrase=all&start=20.*

108. *de.sputniknews.com/politik/20180719321626815-us-drohnen-in-deutschland-gegen-russland/.*

109. *www.andrej-hunko.de/start/download/dokumente/1183-verkauf-der-zu-ab-hoerzwecken-beschafften-drohne-euro-hawk/file.*

110. *www.chemtrail.de/es-geht-um-geopolitik-um-die-erpressung-anderer-staa-ten-ex-greenpeace-aktivist-untersucht-chemtrails/.*

111. *www.konjunktion.info/2017/05/usarhode-island-die-eingereichte-gesetzes-vorlage-geoengineering-act-of-2017/.*

112. Ebd.

113. Ebd.

114. *www.mpimet.mpg.de/mitarbeiter/ulrike-niemeier/geoengineering.html.*

115. *www.weather-modification-journal.de/militaerische-flugeinsaetze-ueber-deutschland-das-verspruehen-von-dueppel-chaff-aluminium-nano-fasern-bestehend-aus-60-aluminium-40-glasfasern/.*

116. *www.weather-modification-journal.de/umweltbundesamt-darf-aluminium-barium-und-strontium-in-der-luft-nicht-messen/.*

117. *www.weather-modification-journal.de/aluminium-rueckstaende-bedrohen-leben-der-bienen-britische-wissenschaftler-haben-ermittelt-dass-ein-hoher-aluminiumgehalt-im-organismus-von-bienen-das-bienensterben-ausloest/.*

118. *www.weather-modification-journal.de/todesstrahlen-von-haarp-russischer-militaerexperte-juri-bobylow-bestaetigt-klimawaffen/.*

119. *www.admin.ch/opc/de/classified-compilation/19760318/index.html.*

120. *de.wikipedia.org/wiki/High_Frequency_Active_Auroral_Research_Program.*

121. *de.sputniknews.com/gesellschaft/20190525325052292-kontrollierte-brd-cia-deutschland/.*

122. Ebd.

123. *de.usembassy.gov/de/vp_msc_2017/.*

124. Ebd.

125. *de.usembassy.gov/de/trump-kongress_280217/.*

126. *www.fr.de/politik/bundeswehr-bekommt-neue-ausrichtung-11061680.html.*

127. *www.zeit.de/politik/deutschland/2017-04/bundeswehr-bestand-ausruestung-panzer.*

128. *www.focus.de/politik/praxistipps/global-firepower-index-das-sind-die-maechtigsten-armeen-der-welt_id_6975315.html.*

129. *www.dw.com/de/sipri-militaerausgaben-steigen-weiter/a-48501719.*

130. *www.euractiv.de/section/eu-aussenpolitik/news/2018-hoechste-militaerausgaben-seit-ende-des-kalten-krieges/.*

131. *www.bmvg.de/de/themen/verteidigungshaushalt.*

132. *www.tagesspiegel.de/politik/groesster-anstieg-seit-kaltem-krieg-deutschland-meldet-nato-hoehere-verteidigungsausgaben/24353644.html.*

133. *www.zeit.de/news/2019-03/11/trump-legt-billionen-etatentwurf-fuer-2020-vor-190311-99-334899.*

134. *augengeradeaus.net/2019/04/militaerausgaben-weltweit-usa-und-china-an-der-spitze-deutschland-an-achter-stelle/.*

135. *www.bundespraesident.de/SharedDocs/Reden/DE/Joachim-Gauck/Reden/2014/01/140131-Muenchner-Sicherheitskonferenz.html.*

136. Ebd.

137. *www.spiegel.de/politik/deutschland/von-der-leyen-fuer-staerkeres-engagement-der-bundeswehr-im-ausland-a-945568.html.*

138. *www.zeit.de/politik/2014-01/aussenpolitik-bundeswehr-einsaetze-intervention/seite-2.*

139. *www.spiegel.de/politik/deutschland/gauck-will-neue-deutsche-aussenpolitik-a-950441.html.*

140. *www.geolitico.de/2013/08/21/was-hinter-der-deutschen-allianz-zur-rohstoffsicherung-steckt/.*

141. *www.wsws.org/de/articles/2013/02/rohs-f19.html.*

142. Ebd.

143. *www.ag-friedensforschung.de/themen/Bundeswehr/VPR1992.pdf.*

144. *de.wikipedia.org/wiki/Center_for_Strategic_and_International_Studies.*

145. *archiv.bundesregierung.de/archiv-de/-deutschland-leistet-erheblichen-beitrag--377626.*

146. *enoughisenough14.org/2013/02/22/irun-nonato-deutsche-industrie-und-regierung-planen-kriege-um-rohstoffe/.*

147. *www.dw.com/de/bundestag-gefaehrlichster-bundeswehr-einsatz-in-mali-verlaengert/a-43550547.*

148. *www.focus.de/politik/deutschland/nach-trumps-raketendrohung-berlin-fregatte-hessen-nicht-wegen-syrien-konflikts-auf-dem-weg-ins-mittelmeer_id_8753366.html.*

149. www.focus.de/politik/deutschland/nach-trumps-raketendrohung-berlin-fregatte-hessen-nicht-wegen-syrien-konflikts-auf-dem-weg-ins-mittelmeer_id_8753366.html.

150. www.tagesspiegel.de/politik/us-anfrage-zu-bodentruppen-in-syrien-deutschland-muss-in-militaerbuendnissen-verlaesslicher-werden/24575300.html.

151. de.sputniknews.com/politik/20190710325413484-anti-iran-kriegskoalition/.

152. www.zeit.de/news/2019-07/08/bundesregierung-will-keine-bodentruppen-nach-syrien-entsenden-20190708-doc-1ih17h.

153. www.zeit.de/politik/deutschland/2018-09/bundeswehreinsatz-syrien-idlib-bundestag-gutachten-rechtswidrig.

154. www.einsatz.bundeswehr.de/portal/a/einsatzbw/start/aktuelle_einsaetze/afghanistan/.

155. www.spiegel.de/politik/deutschland/von-der-leyen-fuer-staerkeres-engagement-der-bundeswehr-im-ausland-a-945568.html.

156. www.hydrocarbons-technology.com/projects/turkmenistan-afghanistan-pakistan-india-tapi-gas-pipeline-project/.

157. Brzeziński, Zbigniew: *Die einzige Weltmacht: Amerikas Strategie der Vorherrschaft*, Kopp Verlag, Rottenburg 2015.

158. de.sputniknews.com/politik/20140409268238593-Russlands-Verteidigungsamt-erstaunt-ueber-viele-US-Basen-in/.

159. zeitschrift-ip.dgap.org/de/archiv/ausgaben/jahrgang/2018/amerika-allein.

160. www.srf.ch/news/international/der-atomare-schutzschild-koennte-fallen.

161. www.cicero.de/aussenpolitik/donald-trump-deutschland-usa-atommacht-nato-verteidigung-christian-hacke.

162. zeitschrift-ip.dgap.org/de/archiv/ausgaben/jahrgang/2018/amerika-allein.

163. daserste.ndr.de/panorama/archiv/2017/US-Atombomben-in-Deutschland-und-Donald-Trump,atombombe100.html.

164. www.youtube.com/watch?v=MIfdSGxHR_o.

165. Ebd.

166. Ebd.

167. www.zeit.de/politik/deutschland/2010-03/bundestag-atomwaffen-abruestung.

168. www.luftwaffe.de/portal/a/luftwaffe/start/org/luftm/jabog33/archiv/2015/.

169. www.kas.de/analysen-und-argumente/detail/-/content/ein-neues-strategisches-konzept-fuer-die-nato-.

170. www.foreignaffairs.com/articles/united-states/2006-03-01/rise-us-nuclear-primacy.

171. *www.german-foreign-policy.com/news/detail/7996/.*

172. *www.heise.de/tp/features/Nato-vs-Russland-Wer-hat-die-Eskalationsdominanz-4469784.html.*

173. *www.welt.de/politik/deutschland/plus196803011/Sicherheitspolitik-Experten-Russland-bereitet-sich-auf-regionale-Kriege-in-Europa-vor.html.*

174. *www.nachdenkseiten.de/wp-print.php?p=53428.*

175. *www.focus.de/politik/deutschland/vor-ende-des-inf-vertrages-russland-bereitet-sich-auf-kriege-in-europa-vor-wie-realistisch-ist-das-horror-szenario_id_10928064.html.*

176. *www.german-foreign-policy.com/news/detail/7996/.*

177. *www.german-foreign-policy.com/news/detail/7996/.*

178. *www.nytimes.com/issue/todayspaper/2019/07/05/todays-new-york-times.*

179. *ww.bundeshaushalt.de/fileadmin/de.bundeshaushalt/content_de/dokumente/2013/soll/Haushaltsplan-2013.pdf.*

180. *www.bundeshaushalt.de/fileadmin/de.bundeshaushalt/content_de/dokumente/2014/soll/Haushaltsplan-2014.pdf.*

181. *www.bundeshaushalt.de/fileadmin/de.bundeshaushalt/content_de/dokumente/2015/soll/epl12.pdf.*

182. *www.geolitico.de/2019/04/23/trumps-angst-vor-china-und-russland/*

183. *Ebd.*

184. *de.wikipedia.org/wiki/Liste_von_Militaerbasen_der_Vereinigten_Staaten_im_Ausland.*

185. *Ebd.*

186. *www.nema-netzwerk.de/FremdeBaseniD.pdf.*

187. *www.youtube.com/watch?v=MyJxWOsBV_g.*

188. *www.deutscher-friedensrat.de/materialien_005.htm.*

189. *www.lto.de/recht/nachrichten/n/ovg-muenster-4a1361-15-drohnen-einsaetze-usa-ramstein-voelkerrecht-kontrolle/.*

190. *https://nato.diplo.de/blob/2117930/013c5039a92ee43bd31dd9002d792b3f/erklaerung-gipfeltreffen-bruessel-data.pdf.*

191. *Ebd.*

192. *www.vol.at/eurofighter-bundesheer-muss-fuer-jeden-start-code-kaufen/5273530.*

193. *www.youtube.com/watch?v=8IztA4BfKJs.*

194. *swprs.org/atlantic-council/.*

195. *lobbypedia.de/wiki/Atlantic_Council.*

196. *www.gmfus.org/about-gmf.*

197. www.democracyfund.org/portfolio/entry/alliance-for-securing-democracy

198. securingdemocracy.gmfus.org/hamilton-68/.

199. www.zeit.de/thema/german-marshall-fund.

200. www.atlantik-bruecke.org/.

201. de.sputniknews.com/politik/20190628325333796-gabriel-atlantik-bruecke-wimmer/?utm_source=de_newsletter_links&utm_medium=email.

202. upload.wikimedia.org/wikipedia/commons/d/d7/Satzung_Atlantik-Brücke_vom_20.01.2010.pdf.

203. de.wikipedia.org/wiki/Atlantik-Brücke.

204. de.wikipedia.org/wiki/Liste_von_Mitgliedern_der_Atlantik-Br%C3%BCcke.

205. lobbypedia.de/wiki/Atlantik-Br%C3%BCcke.

206. www.nachdenkseiten.de/?p=41456.

207. taz.de/Rechtes-Netzwerk-in-der-Bundeswehr/!5548926/.

208. www.focus.de/politik/deutschland/politik-die-verschwoerung_id_9879853.html.

209. de.wikipedia.org/wiki/Journalisten-Skandal.

210. www.welt.de/politik/deutschland/plus184397654/Geheimes-Soldatennetz-Schutzraeume-und-Handgranaten-fuer-Tag-X.html.

211. www.faz.net/aktuell/politik/inland/verteidigungsausschuss-prueft-rechte-netzwerke-in-der-bundeswehr-15913697.html.

212. taz.de/Rechtes-Netzwerk-in-der-Bundeswehr/!5548926/.

213. www.focus.de/politik/deutschland/politik-die-verschwoerung_id_9879853.html.

214. Ebd.

215. www.focus.de/politik/deutschland/politik-die-verschwoerung_id_9879853.html.

216. Orzechowski, Peter, und Thiele, Robert B.: *Der Staatsstreich: Ein politisch unkorrekter Roman*, Anderwelt, München 2016.

217. www.acgusa.org/.

218. dgap.org/de.

219. de.wikipedia.org/wiki/Deutsche_Gesellschaft_f%C3%BCr_Ausw%C3%A4rtige_Politik.

220. www.bosch-stiftung.de/de/projekt/brookings-robert-bosch-foundation-transatlantic-initiative-bbti.

221. www.brookings.edu/.

222. www.bosch-stiftung.de/de.

223. www.ecfr.eu/.

224. de.wikipedia.org/wiki/European_Council_on_Foreign_Relations.

225. www.ecfr.eu/berlin/de/council; de.wikipedia.org/wiki/European_Council_on_Foreign_Relations.

226. www.welt.de/politik/ausland/article188634787/George-Soros-eindringliche-Warnung-an-die-EU-Aufwachen.html.

227. www.welt.de/wirtschaft/article187682596/Rede-in-Davos-Was-Soros-mit-seiner-Attacke-auf-China-bezweckt.html.

228. www.jpost.com/Opinion/Our-World-Soross-campaign-of-global-chaos-464770.

229. Ebd.

230. www.faz.net/aktuell/politik/inland/kopp-verlag-profitiert-von-fluechtlingskrise-14890834.html?printPagedArticle=true#pageIndex_0.

231. de.wikipedia.org/wiki/Peter_Orzechowski.

232. meedia.de/2017/12/11/angriff-auf-us-medienmarkt-axel-springer-und-webunternehmer-martin-varsavsky-gruenden-investmentfonds/.

233. english.martinvarsavsky.net/.

234. www.cfr.org/.

235. de.wikipedia.org/wiki/Council_on_Foreign_Relations.

236. www.opensocietyfoundations.org/newsroom/open-society-foundations-and-george-soros/de.

237. Wood, Patrick M., und Sutton, Anthony C.: *Trilaterals Over Washington. Volumes I & II*, Coherent Publishing, Mesa (Arizona) 2017.

238. lobbypedia.de/wiki/Trilaterale_Kommission.

239. www.propagandafront.de/190420/im-wurgegriff-der-globalisten-trilaterale-kommission-stellt-europa-unter-zwangsverwaltung.html.

240. Ebd.

241. h0rusfalke.wordpress.com/2013/06/15/manche-glauben-gar-wir-seien-teil-einer-geheimen-kabale-die-entgegen-die-besten-interessen-der-usa-arbeitet-wenn-das-die-anklage-ist-dann-bin-ich-schuldig-und-ich-bin-stolz-darauf/.

242. www.swp-berlin.org/.

243. www.aspeninstitute.de/.

244. www.fulbright.de/about-us/about-the-fulbright-program/beschreibung-des-programms.

245. www.uni-potsdam.de/de/international/profil/stories/outgoing/studium/usa/13.html.

246. www.amcham.de/.

247. www.heise.de/tp/features/Deutschlands-Journalisten-Jubelperser-der-Aufruestung-4417084.html.

248. Ebd.

249. Ebd.

250. www.zdf.de/nachrichten/heute-journal/heute-journal-vom-4-april-2019-100.html.

251. causa.tagesspiegel.de/politik/muss-deutschland-mehr-fuer-ruestung-ausgeben/das-zwei-prozent-ziel-ist-zum-fetisch-geworden.html.

252. www.cicero.de/aussenpolitik/nato-zwei-prozent-ziel-usa-donald-trump-russland.

253. www.hackemesser.de/ueberleitungsvertrag.html.

254. Ebd.

255. Michael Rensmann: *Besatzungsrecht im wiedervereinten Deutschland*, a.a.O., S.169.

256. www.voltairenet.org/article188331.html.

257. www.heise.de/tp/features/America-First-oder-wer-profitiert-vom-Deal-Bayer-Monsanto-4424220.html.

258. www.gabyweber.com.

259. www.heise.de/tp/features/America-First-oder-wer-profitiert-vom-Deal-Bayer-Monsanto-4424220.html.

260. Ebd.

261. blaetter.de/archiv/jahrgaenge/dokumente/%C2%BBdas-recht-unkontrolliert-zu-kommunizieren-ist-grundvoraussetzung-einer-%20%20%20%20%20%20%20%20.

262. Ebd.

263. www.europarl.europa.eu/sides/getDoc.do?pubRef=-//EP//TEXT+REPORT+A5-2001-0264+0+DOC+XML+V0//DE.

264. www.merkur.de/politik/edward-snowden-betreiben-wirtschaftsspionage-zr-3332528.html.

265. www.zeit.de/wirtschaft/2013-10/bdi-wirtschaftsspionage-grillo.

266. www.focus.de/finanzen/news/kriminalitaet-studie-computerkriminalitaet-macht-unternehmen-zu-schaffen_id_6946570.html.

267. www.blaetter.de/archiv/jahrgaenge/dokumente/»das-recht-unkontrolliert-zu-kommunizieren-ist-grundvoraussetzung-einer-.

268. www.handelsblatt.com/politik/deutschland/wirtschaftsspionage-50-milliarden-schaden/8705934.html.

269. www.telekom/resource/blob/.../dl/cyber-security-report-2013-data.pdf.

270. *en.wikipedia.org/wiki/Countering_America%27s_Adversaries_Through_Sanctions_Act.*

271. *www.nord-stream2.com/de/.*

272. *russland.ahk.de/infothek/news/detail/deutsche-wirtschaft-verliert-milliarden-wegen-us-sanktionen-und-fordert-von-bundeskanzlerin-merkel-m/.*

273. *www.nachdenkseiten.de/wp-print.php?p=51908.*

274. *www.ovb-online.de/weltspiegel/wirtschaft/iran-strafen-ein-damokles-schwert-9862428.html.*

275. *www.rheinpfalz.de/wirtschaft/artikel/ein-damoklesschwert/.*

276. Ebd.

277. *www.welt.de/politik/deutschland/plus185994414/Gerhard-Schroeder-Merkel-hatte-zwar-Herz-aber-keinen-Plan.html.*

278. Ebd.

279. *www.energate-messenger.de/news/186960/pgnig-unterzeichnet-verbindliche-lieferabkommen-fuer-us-lng.*

280. *lngexports.com/.*

281. *www.eia.gov/outlooks/aeo/.*

282. *www.welt.de/wirtschaft/article172361630/Gas-Exporte-in-die-EU-Mit-diesem-Rekord-duepiert-Putin-den-Westen.html.*

283. *www.zeit.de/news/2018-10/24/regierung-prueft-finanzierungsmoeglichkeiten-fuer-fluessiggas-aus-den-usa-20181024-doc-1a99h8.*

284. *de.reuters.com/article/deutschland-pipeline-idDEKCN1N71W0.*

285. *ec.europa.eu/energy/en/topics/infrastructure/projects-common-interest.*

286. *www.eia.gov/outlooks/ieo/.*

287. *taz.de/US-Handel-mit-Erdgas/!5607696/.*

288. *deutsche-wirtschafts-nachrichten.de/2015/08/07/der-dollar-als-waffe-finanz-krieg-der-usa-gegen-russland-und-europa/.*

289. *www.bundesbank.de/resource/blob/663346/ab6c5320952fc5ed5b4a77b805c91e84/mL/gold-entwicklung-data.pdf.*

290. *www.spiegel.de/wirtschaft/soziales/rechnungshof-fordert-bundesbank-zur-inventur-der-goldreserven-auf-a-862719.html.*

291. *www.sueddeutsche.de/wirtschaft/bundesbank-rechnungshof-draengt-auf-inventur-der-goldreserven-1.1502875.*

292. *www.youtube.com/watch?v=5Ycy6uGRZF4.*

293. www.bundestag.de/resource/blob/538848/
78b9bde6a022d50c30a70768dfdedbf0/WD-4-110-17-pdf-data.pdf.

294. www.multiasset.com/infografik-wem-gehoert-der-dax/.

295. www.finanzen100.de/finanznachrichten/boerse/die-usa-besitzen-schon-ein-
drittel-der-deutschen-grosskonzerne_H948078436_10787791/.

296. de.wikipedia.org/wiki/BlackRock.

297. www.handelsblatt.com/finanzen/anlagestrategie/trends/dsw-studie-
aktionaere-in-deutschland-erhalten-2018-so-viel-dividende-wie-nie-
zuvor/21183048.html?ticket=ST-8789767-
ZDzhz4zNNmnDsdmmYG1n-ap5.

298. www.tagesanzeiger.ch/wirtschaft/unternehmen-und-konjunktur/das-
imperium-wird-zerschlagen/story/25230826.

299. Rügemer, Werner: *Die Kapitalisten des 21. Jahrhunderts. Allgemeinverständliche Notizen zum Aufstieg der neuen Finanzakteure*, PapyRossa
Verlag, 2018.

300. www.sueddeutsche.de/wirtschaft/diesel-skandal-deutsche-unternehmen-
zunehmend-im-fokus-der-us-justiz-1.3587697.

301. arbeitsunrecht.de/commerzbank-das-prinzip-america-first/.

302. www.handelsblatt.com/unternehmen/industrie/zweiter-monitor-bericht-us-
aufseher-macht-weiter-druck-und-fordert-nachbesserungen-von-
vw/24125048.html.

303. Ebd.

304. www.memo.uni-bremen.de/docs/m7704.pdf.

305. www.memo.uni-bremen.de/docs/m7704.pdf.

306. www.computerwoche.de/a/wikileaks-und-die-folgen-fuer-die-it-sicherheit-
in-deutschland,3330160,3.

307. www.faz.net/aktuell/technik-motor/iaa/daimler-chef-zetsche-fluechtlinge-
koennten-neues-wirtschaftswunder-ausloesen-13803671.html.

308. www.faz.net/aktuell/technik-motor/iaa/daimler-chef-zetsche-fluechtlinge-
koennten-neues-wirtschaftswunder-ausloesen-13803671.html.

309. www.bayernkurier.de/wirtschaft/9826-vbw-fuer-begrenzung-der-
zuwanderung/.

310. www.bayernkurier.de/inland/5766-die-maer-vom-gut-ausgebildeten-
fluechtling/.

311. www.iaw.uni-bremen.de/ccm/cms-service/stream/asset/
Arbeit%20und%20Wirtschaft%20in%20Bremen%20Nr%2028.pdf?
asset_id=10735044.

312. *www.lawaetz.de/wp/wp-content/uploads/2015/11/Abschlussbericht-Evaluation-XENOS-Bleiberecht-I-2011.pdf.*

313. *www.bayernkurier.de/inland/8190-neue-fluechtlingswelle-im-winter/.*

314. *www.globalmarshallplan.org/wp-content/uploads/2018/10/2016-11-denkschrift-bundesregierung-kurz.pdf.*

315. *www.wiwo.de/finanzen/immobilien/wohnimmobilien-boom-lockt-auslaendische-investoren-/22919026.html.*

316. *www.stuttgarter-nachrichten.de/inhalt.fluechtlinge-in-baden-wuerttemberg-zahnersatz-koennte-milliarden-kosten.9e9eceae-0ebf-48cd-b50a-8ca9e80a5706.html.*

317. *rp-online.de/nrw/landespolitik/essener-spd-politiker-halten-an-kritik-der-fluechtlingspolitik-fest_aid-18498987.*

318. Ebd.

319. *bibliothek.wzb.eu/pdf/2018/p18-001.pdf.*

320. *www.nachdenkseiten.de/wp-print.php?p=53109.*

321. Ebd.

322. *www.zeit.de/gesellschaft/zeitgeschehen/2016-07/fluechtlinge-deutschland-zahlen-thomas-de-maiziere.*

323. *www.faz.net/aktuell/politik/fluechtlingskrise/fluechtlingskrise-weniger-fluechtlinge-2016-registriert-14243100.html.*

324. *www.bamf.de/SharedDocs/Anlagen/DE/Publikationen/Broschueren/bundesamt-in-zahlen-2016.pdf?__blob=publicationFile.*

325. Schubert, Stefan: *Die Destabilisierung Deutschlands. Der Verlust der inneren und äußeren Sicherheit*, Kopp Verlag, Rottenburg 2018, S. 96.

326. *www.bakonline.ch/2011/artikel249.php;* die ursprüngliche Quelle – *www.contra-magazin.com/2015/06/fluechtlinge-sollen-europazusammenbrechen-lassen/* – ist nicht mehr auffindbar.

327. Ebd.

328. Ebd.

329. Die Internet-Nachrichtenseite Kopp Online ist nicht mehr abrufbar, war vom Autor zum Zeitpunkt der Verfassung dieses Buches aber einsehbar.

330. *www.unhcr.org/dach/de/was-wir-tun/globaler-pakt/new-yorker-erklaerung.*

331. Ebd.

332. Ebd.

333. *lichtweltverlag.at/2018/07/13/globaler-pakt-fuer-massenmigration-soll-noch-heuer-beschlossen-werden/.*

334. *www.geolitico.de/2018/05/12/un-wollen-migration-ohne-grenzen/.*

335. www.geolitico.de/2018/08/08/migration-als-grosses-geschaeft/.

336. www.unric.org/de/pressemitteilungen/4637.

337. Ebd.

338. deutsch.rt.com/international/69172-chef-un-welternahrungsprogramms-is-will/.

339. www.heise.de/tp/features/Arabische-Staaten-Die-Haelfte-der-Unter-30-Jaehrigen-denkt-an-Migration-4456778.html.

340. www.globalresearch.ca/how-the-us-under-obama-created-europes-refugee-crisis/5645304.

341. katehon.com/de/article/ungarischer-sicherheitschef-prepaid-karten-fuer-fluechtlinge-sind-illegal.

342. Ebd.

343. correctiv.org/faktencheck/migration/2018/11/23/unhcr-geldkarten-bezahlen-weder-flucht-durch-europa-noch-sind-sie-finanziert-von-george-soros/.

344. www.tagesschau.de/faktenfinder/ausland/fake-mastercard-unhcr-101.html.

345. udovoigt.de/?p=2823.

346. www.sueddeutsche.de/politik/islamismus-aus-deutschland-zieht-es-nur-noch-wenige-zum-is-1.3252194.

347. www.focus.de/politik/experten/tophoven/gastbeitrag-von-rolf-tophoven-is-gefahr-noch-nicht-gebannt-das-spektrum-des-terrors-nach-dem-fall-des-kalifats_id_8630260.html.

348. de.sputniknews.com/gesellschaft/20170818317080989-autos-werden-zur-waffe-experte/.

349. www.deutschlandfunk.de/terrorgefahr-is-rueckkehrer-stellen-heimatlaender-vor.799.de.html?dram:article_id=415574.

350. www.stuttgarter-nachrichten.de/inhalt.ludwigsburg-mutmasslicher-is-terrorist-festgenommen.6d671d45-559a-4617-90db-d904fd970efb.html.

351. www.kleinezeitung.at/steiermark/5667851/Graz_Elf-Jihadisten-verhaftet.

352. staatenlos.info/projekt-islamischer-staat-in-deutschland-europa/beweise-zum-aufbau-des-is-in-deutschland-und-europa.

353. gloria.tv/video/7FVAMnVeme8jCDNKcMzE7DfaZ.

354. www.dailymail.co.uk/news/article-3234458/Two-100-Syrian-migrants-ISIS-fighters-PM-warned-Lebanese-minister-tells-Cameron-extremist-group-sending-jihadists-cover-attack-West.html.

355. www.faz.net/agenturmeldungen/dpa/mad-enttarnt-20-islamisten-in-der-bundeswehr-14513675.html.

356. *www.focus.de/politik/deutschland/sie-wollen-den-umgang-mit-waffen-lernen-geheimdienst-enttarnt-20-islamisten-in-der-bundeswehr_id_6163758.html.*

357. *www.domradio.de/themen/soldaten-und-kirche/2019-04-08/wir-sind-es-ihnen-schuldig-zentralrat-der-muslime-fordert-militaerimame-der-bundeswehr.*

358. *augengeradeaus.net/2015/09/fluechtlinge-in-deutschland-die-unterstuetzunghilfe-der-bundeswehr/.*

359. *de.sputniknews.com/politik/20151019305025206-schlummernde-kamikaze-migranten-europa/.*

360. Ebd.

361. *www.welt.de/politik/ausland/article143186475/Das-naechste-grosse-Schlachtfeld-ist-Europa.html.*

362. *diepresse.com/home/politik/aussenpolitik/4868553/Die-Terroristen-auf-der-Balkanroute-und-die-Schlaeferzellen-in-Europa.*

363. *bnr.bg/de/post/100576320/die-welt-uberrascht-innenministerin-batschwarowa-is-soll-passe-von-der-bulgarischen-mafia-erhalten-haben.*

364. *www.kath.net/news/52201.*

365. Ebd.

366. *de.statista.com/themen/52/auswanderung/.*

367. *www.destatis.de/DE/Themen/Gesellschaft-Umwelt/Bevoelkerung/Wanderungen/_inhalt.html.*

368. *www.bamf.de/DE/Infothek/Statistiken/Asylzahlen/asylzahlen-node.html; jsessionid=6AFB864EAEEB9B6D03F32470FB78524A.2_cid294.*

369. *www.destatis.de/DE/Themen/Gesellschaft-Umwelt/Bevoelkerung/Wanderungen/_inhalt.html.*

370. *www.faz.net/aktuell/politik/inland/studie-deutschland-verliert-jaehrlich-25-000-staatsbuerger-an-das-ausland-13474356.html.*

371. *www.manager-magazin.de/magazin/artikel/a-422775.html.*

372. *www.oecd.org/berlin/presse/ueber-drei-millionen-deutsche-auswanderer-in-oecd-laendern.htm.*

373. *www.abendblatt.de/vermischtes/article106515809/Auswandern-liegt-im-Trend-Adieu-Deutschland.html.*

374. *www.journalistenwatch.com/2017/09/13/tschues-und-goodbye-immer-mehr-deutsche-verlassen-deutschland/.*

375. *www.expat-news.com/26497/panorama_auswandern_expatriates/umfrage-zum-arbeiten-im-ausland-mehrheit-wuerde-auswandern/.*

376. *www.afrasiabank.com/en/about/newsroom/global-wealth-migration-review-2019.*

377. Ebd.

378. Ebd.

379. *zeithistorische-forschungen.de/sites/default/files/medien/material/bade0305.pdf.*

380. *www.archives.gov/files/declassification/iscap/pdf/2008-003-docs1-12.pdf.*

381. Brzeziński, Zbigniew: *Die einzige Weltmacht,* a.a.O., S. 15 ff.

382. Brzeziński, Zbigniew: *Die einzige Weltmacht,* a.a.O., S. 54 ff.

383. Brzeziński, Zbigniew: *Die einzige Weltmacht,* a.a.O., S. 65f.

384. Brzeziński, Zbigniew: *Die einzige Weltmacht,* a.a.O., S. 92.

385. Brzeziński, Zbigniew: *Die einzige Weltmacht,* a.a.O., S. 91.

386. Brzeziński, Zbigniew: *Die einzige Weltmacht,* a.a.O., S. 95.

387. Brzeziński, Zbigniew: *Die einzige Weltmacht,* a.a.O., S. 105 ff.

388. Brzeziński, Zbigniew: *Die einzige Weltmacht,* a.a.O., S. 121.

389. Brzeziński, Zbigniew: *Die einzige Weltmacht,* a.a.O., S. 122.

390. Wertz, Armin: *Die Welt-Beherrscher. Militärische und geheimdienstliche Operationen der USA,* Westend, Frankfurt/Main 2015.

391. Brzeziński, Zbigniew: *Die einzige Weltmacht,* a.a.O., S. 49.

392. *www.neopresse.com/politik/stratfor-direktor-friedman-us-hauptziel-seit-einem-jahrhundert-ist-ein-deutsch-russisches-buendnis-zu-verhindern/.*

393. Ebd.

394. Churchill zu Lord Boothby, Robert, zitiert nach: *www.whatreallyhappened.com/WRHARTICLES/PROPAGANDA_IN_THE_NEXT_WAR_FOREWORD.html.* Siehe auch: Rogerson, Sidney: *Propaganda in the Next War,* Vorwort zur 2. Auflage 2001, erstmals 1938 erschienen.

395. Ebd. Siehe auch: Hughes, Emrys: *Winston Churchill. His Career in War and Peace,* S. 145; Hughes, Emrys (übers. von Andersch, Rudolf): *Churchill. Ein Mann in seinem Widerspruch,* Schlichtenmayer 1959; Englische Erst-veröffentlichung: *Winston Churchill: British Bulldog. His Career in War and Peace,* Exposition Press, New York 1955.

396. *de.sputniknews.com/kommentare/20190614325238100-usa-krieg-gegen-china-russland-gleichzeitig/?utm_source=https://cooptv.wordpress.com/2019/06/15/kampf-um-die-weltinsel-usa-muessen-gegen-russland-und-china-gleichzeitig-krieg-fuehren-sputniknews/&utm_medium=short_url&utm_content=mEpv&utm_campaign=URL_shortening.*

397. Ebd.

398. *www.foreignaffairs.com/issues/2019/98/3.*

399. Siehe Endnote 396.

400. Ebd.

401. *www.zeit.de/politik/ausland/2017-12/usa-donald-trump-nationale-sicherheit-strategie-vorgestellt.*

402. *www.freiewelt.net/blog/kontinuitaet-amerikanischer-weltmachtplaene-trump-stellt-neue-nationale-sicherheits-strategie-vor-10073291/.*

403. *www.luftpost-kl.de/luftpost-archiv/LP_16/LP13017_100817.pdf.*

404. Ebd.

405. *www.tagesschau.de/ausland/trump-raketenabwehrplaene-101.html.*

406. *www.zeit.de/2010/11/op-ed-USA-Raketenabwehrsystem.*

407. *www.tagesschau.de/ausland/trump-raketenabwehrplaene-101.html.*

408. *www.tagesspiegel.de/politik/trump-rede-in-warschau-ich-sage-hier-der-westen-wird-niemals-zerstoert-werden/20026478.html.*

409. Quigley, Carroll: *Tragödie und Hoffnung. Eine Geschichte der Welt in unserer Zeit,* Kopp Verlag, Rottenburg 2016.

410. *www.foreignaffairs.com/issues/2019/98/3.*

411. *www.youtube.com/watch?v=L3h56UlpJAQ.*

412. *alles-schallundrauch.blogspot.com/2015/02/die-welt-steht-vor-einem-grossen-krieg.html.*

413. Orzechowski, Peter: *Der Dritte Weltkrieg - Schlachtfeld Europa,* Kopp Verlag, Rottenburg 2014, S. 180.

414. *alles-schallundrauch.blogspot.com/2015/02/die-welt-steht-vor-einem-grossen-krieg.html.*

415. *www.sueddeutsche.de/politik/historiker-josef-foschepoth-im-gespraech-deutschland-wird-angriffsziel-der-us-dienste-bleiben-1.2043053.*

416. Ebd.

417. *www.nachdenkseiten.de/?p=50975.*

418. Wie alle vorangegangenen direkten und indirekten Zitate auf dieser Seite: Ebd.

419. Bischoff, Rainer: *Entmachtung der Hochfinanz,* Freiland Verlag, Süderbarup 2002, S. 235 f.

420. Orzechowski, Peter: *Durch globales Chaos in die Neue Weltordnung,* Kopp Verlag, Rottenburg 2016.

# Register